松尾隆佑／源島 穣／大和田悠太／井上 睦——— 編著

石神圭子／大嶋えり子／西山 渓／安藤有史
宮川裕二／西山真司／佐藤圭一

インフォーマルな政治の探究

政治学はどのような政治を語りうるか

吉田書店

インフォーマルな政治の探究
──政治学はどのような政治を語りうるか──

【目次】

序　章 | インフォーマルな政治を探究すべき理由
──政治学の狭さを乗り越えるために
松尾隆佑……1

はじめに　1
1　あなたが政治学者なら、どうして目の前にある政治を
語らないのですか　3
（1）限定された対象　（2）制約された方法　（3）不可視化さ
れた政治
2　さまざまな政治を語ること、さまざまな仕方で語ること　8
（1）どのような政治を語りうるか　（2）政治をどのように語
りうるか　（3）フォーマルとインフォーマルのあいだ
3　政治学の新地平を求めて　18
（1）本書の意義　（2）本書の構成
おわりに　23

第Ⅰ部　社会に遍在する政治をどのように語りうるか

第1章 | 権力を持つのは誰か？
──信仰ベースのコミュニティ・オーガナイジング
（Faith-Based Community Organizing）の解剖　石神圭子……29

はじめに　29
1　COとは何か、とはCOが何ではないのかを問うこと　32
（1）機能論　（2）方法論
2　権力を「下から」定義する　38
（1）COの始祖、アリンスキー　（2）権力への抵抗論理
3　揺れる公共圏　43
（1）パブリック・ナラティブ　（2）カウンター・パブリック
おわりに　46

第2章 | 日本のNPO法と市民社会の組織内デモクラシー
──立法過程における「定款自治」の成立を中心に
大和田悠太……51

はじめに　51

1 市民社会の組織内デモクラシーと日本の法制度　52
　　（1）なぜ市民社会の組織内デモクラシーか　（2）比較 CSO
　　法の中の日本の NPO 法　（3）研究上の問いと分析枠組み
2 NPO 法の立法過程・再考　57
　　（1）東京ランポ試案　（2）シーズ試案の発表とロビイング
　　（3）熊代試案の登場とシーズの選択
3 組織内デモクラシー論からみた NPO 法の成立と
　　その後　69
　　（1）考察　（2）モデル定款をめぐる議論の構図　（3）現代日
　　本の NPO 法人と「定款自治」の実態
　おわりに　74

第3章　**政治秩序としての企業間関係**
　　　　──日産とルノーによる非対称な同盟（アライアンス）の
　　　　　形成・維持・再編　　　　　　　　　松尾隆佑……79

　はじめに　79
1 企業間政治をどのように語りうるか　80
　　（1）組織間関係と相互依存　（2）企業間提携と国家間同盟
　　（3）事例と問い
2 非対称な同盟としての日産・ルノー関係　86
　　（1）なぜ同盟は形成されたのか　（2）なぜ同盟は維持された
　　のか　（3）なぜ同盟は再編されたのか
3 同盟理論からの説明　96
　おわりに　98

第Ⅱ部　フォーマル／インフォーマルな政治の交差を
　　　　　どのように語りうるか

第4章　**技能実習制度が存続した理由**
　　　　──〈地方〉から読み解く
　　　　　　　　　　　　　　　　　　　　　　源島 穣……105

　はじめに　105
1 分析枠組み　110

iii

2 〈地方〉の産業構造の構築　111
　（1）全国総合開発計画（全総）を通じた都市部－〈地方〉の格
差拡大　（2）〈地方〉の産業構造の構築
3 〈地方〉における技能実習制度の意味　118
　（1）技能実習制度の概要　（2）受入れ現場から見る〈地方〉
にとっての技能実習制度

おわりに　123

第5章　ことばに潜むジェンダー差別
──フランス語改革をめぐる議論の展開

大嶋えり子……127

はじめに　127
1 フランス語をめぐるジェンダーと政治の問題　128
　（1）ことばとジェンダー　（2）ことばと政治　（3）フランス
語に内在するジェンダー差別
2 1980年代から2017年までの議論　133
3 「包摂的書記法」の推進と排除　135
　（1）「包摂的書記法」とは　（2）多様なアクターによる2017
年の議論　（3）新たなやり玉・中黒　（4）＃MeToo、セク
シュアル・マイノリティ、ウォーキズム

おわりに　143

第6章　不妊の「脱政治化」の政治
──市場の再編と「個人的なことは個人的なこと」

井上　睦……149

はじめに　149
1 不妊問題の政治課題化をめぐって　152
　（1）先行研究の論点　（2）分析の視点と方法
2 労働市場の再編──女性の労働力化と性差別構造の維持　159
3 市場と家族の接続──少子化対策における問題の女性化　162
　（1）市場と家族の接続　（2）問題の個人化／女性化＝脱政治
化
4 「近代家族」の登場──問題の家族化と脱政治化　166
　（1）問題の家族化と不妊治療の政治課題化　（2）家族をめぐ

る「ニード解釈の政治」と不妊の脱政治化

おわりに　173

第7章 │ アクティヴィズムを卒業するとき
── 「現れなくなること」の政治について

西山 渓……179

はじめに　179

1　悩む──民主的な対話とアクティヴィストのジレンマ　183

2　引き継ぐ──ケアし、寄り添う　188

3　離れる──「政治」の継続　192

4　卒業と政治理論──現れること、現れないこと、現れなく
なること　195

おわりに　200

第8章 │ 暴動の政治理論
──登録される原因、登録されない不満

安藤有史……203

はじめに　203

（1）本章の概念──非登録・登録・脱登録　（2）対象と問題
の所在

1　暴動の政治学──因果説明を装った規範論争　209

（1）観察者による合理化　（2）因果説明を装った規範論争

2　公的調査による暴動の登録── 1981 年ブリクストン暴動と
『スカーマン報告』　216

（1）ブリクストン暴動　（2）『スカーマン報告』

3　公的調査ボイコットによる暴動の脱登録──ブリクストン
防衛運動　223

おわりに──原因をめぐる闘争　225

第Ⅲ部　政治を語り直す──オルタナティブを求めて

第9章｜統治性研究・ガバナンス理論と 国家・政治の概念に関する一断章

宮川裕二……235

はじめに──本章の課題　235
1 統治性研究とガバナンス理論それぞれの概要と 国家・政治の概念　237
2 統治性研究からのガバナンス／ガバナンス理論の洞察　241
  （1）W・ウォルターズの議論──ネットワークの強調による 国家観・政治観をめぐって　（2）E・スインゲドーの議論── 「市場」と民主主義、統治のテクノロジーをめぐって　（3） O・ラーションの議論──メタ・ガバナンスの統治合理性を めぐって
おわりに──権威的な国家中心的政治の台頭に触れながら　254

第10章｜アクターって誰？

西山真司……261

はじめに　261
  （1）本章の目的と構成　（2）本書全体のテーマとの関係　（3） 本章の構成
1 アクター概念の普及と使用　264
  （1）分析概念としてのアクターの登場　（2）アクター概念の 普及　（3）近年のアクター概念の広がり──アクターネット ワーク理論
2 合理的選択モデルとゲーム　270
  （1）合理的選択のモデルと人間の合理性　（2）ゲーム理論と 心
3 制度　275
  （1）制度とゲーム　（2）ルールとしての制度　（3）均衡とし ての制度　（4）言語行為としての制度
4 実践としてのゲーム　280

（1）ゲームをどのように記述・分析するか　（2）心の帰属先
──機械と幽霊
おわりに　285

第11章　市民の価値観の生態学的アプローチ
──実験的アプローチの「狭さ」を越えて

佐藤圭一……289

はじめに──量的研究＝「実験的アプローチ」か？　289
1　回帰分析を用いた研究の増加　291
　（1）『年報政治学』における動向　（2）回帰分析のロジックの
　特性とその陥穽
2　生態学的アプローチ　294
3　3G 論と社会価値　298
　（1）生態学的アプローチの分析フロー　（2）キッチェルトと
　レームの 3G 論
4　日本の市民社会と価値観の生態学　301
　（1）データと方法　（2）9 つの価値クラスター　（3）価値ク
　ラスターと政治参加
おわりに──生態学的アプローチとインフォーマルな政治　311

終　章　政治学の豊かなポテンシャル
──インフォーマルな政治の探究を振り返って

源島 穰／大和田悠太／井上 睦……319

はじめに　319
1　第Ⅰ部について　319
2　第Ⅱ部について　322
3　第Ⅲ部について　325
おわりに　329

あとがき　331

編者・執筆者紹介　334

序　章

インフォーマルな政治を探究すべき理由

──政治学の狭さを乗り越えるために

松尾隆佑

はじめに

　本書は、現在の政治学に見出せる「狭さ」を乗り越えることを目指している。ここでの狭さとは、大きく分けて二つの意味を持つ。第一に、政治学が限られた対象しか扱えていない、という対象面の狭さである。マクロで、フォーマルで、実体的な政治へと関心を集中させる現在の政治学は、ミクロで、インフォーマルで、非実体的な政治にあまり目を向けないため、その守備範囲は政治現象の一部にとどまる。簡単に言えば、国家やその統治機構と直結するわけでない社会内の多様な政治は、政治学の対象になりにくい[1]。

　第二に、政治学が用いる方法が特定のタイプのものに偏りがちになっている、という方法面の狭さである。既知の現象について、量的手法に基づき、

---

1) フォーマルな政治を「立法機関、行政機関においてなされる、法律や政令、指針、地方公共団体の行動計画等の公的な政策文書の策定過程において生起する交渉や駆け引き、決定」、インフォーマルな政治を「上記で設定された法的根拠をもとにして、個々の具体的文脈に即してどのように権利を実現していくか、をめぐる政治過程」と定義する例のように（辻 2016：168-169）、フォーマル／インフォーマルの区別は、統治機構の法政策に焦点を当てた議論のうちでも行われる場合がある。また、やはり国家統治を前提とする議論において、「法制度として整備された場で展開されるフォーマルな政治」だけでなく、アクターの性格、制度の機能、統治の手法における「インフォーマルな部分」に着目する重要性が強調される場合もある（日本比較政治学会編 2021：i）。これらに対して本書は、ごく緩やかな把握ではあるものの、基本的に国家権力と直結する政治現象をフォーマルな政治、それ以外の幅広い政治現象をインフォーマルな政治として特徴づけたうえで、フォーマルな政治にかかわる領域・アクター・活動に見出せるインフォーマルな部分（informality）、フォーマルな政治とインフォーマルな政治の関係、インフォーマルな政治そのもの、これらすべてを視野に収めて議論する。

因果の解明を目指す研究が盛んになった一方で、新しい現象を発見したり、現象の実態をつぶさに描き出したり、社会的な背景や文脈と結びつけて現象の理解を深めたりするような、（質的手法に基づくことの多い）研究は、どちらかと言えば減退傾向にある。このことは、やはり政治学が語れる政治の範囲を狭めるし、語り方の多様性を失わせかねない。

　対象の選択と方法の選択は連関しており、二つの意味の狭さが複合することで、政治学のレパートリーは少なくなってしまう。このような問題意識に基づいて、政治学のより豊かな可能性を模索する試みが、本書である。ただし、本書の眼目は政治学の守備範囲を広げたりレパートリーを増やしたりすることにあり、既存の政治学から生み出された研究の意義を否定することにはない、という点は強調しておきたい。政治学は国家への関心を捨てるべきだという愚かしい主張をするつもりも、量的研究や因果推論の価値を不当に貶めるつもりもない。そうではなく本書は、対象や方法の偏りによって研究上の死角が生じてしまうこと、見落としてしまう政治があることを克服すべき課題と捉え、これに対処すべく、政治学研究の拡張ないし多様化を求める姿勢を取っている。

　この姿勢に基づき、本書はバラエティに富んだ 11 本の論文を収録した。執筆者の専門分野は、政治理論、政治史、比較政治、社会運動論、政治社会学、公共政策学などさまざまであり、各々の関心のあり方や、「主流」の研究に対する認識と距離感も一様でない（マクロでフォーマルな政治は多くの論文に登場するし、量的手法を用いた論文もある）。それでも緩やかに共通しているのは、従来の政治の語り方に飽き足らず、研究の新しい地平を切り拓こうとする意欲である。以下では、こうした意欲が湧いてくる理由や、本書が目指している方向性について、序章としては多めの紙数を費やしながら、詳しく説明したい。

1 あなたが政治学者なら、どうして目の前にある政治を語らないのですか

（1） 限定された対象

　対象面の狭さは、政治学の社会的な有意性（relevance）や応答性を低下させるおそれがある。田村哲樹が「国家中心的政治像」や「方法論的国家主義」として指摘したように（田村 2019）、政治学は伝統的に、国家の統治機構という制度的実体を中枢とする、マクロでフォーマルな政治を主な研究対象としてきた。ところが現代では、国家の特権性は低下しつつある。

　20 世紀末以降の先進資本主義諸国は、民営化や規制緩和を通じて国家の財産や権限を切り崩すとともに、官民協働によるガバナンスを推進してきた。これはフォーマルな政治の領域が縮小ないし再編されたことを意味しており、政治的・公共的な問題として扱われてきたことが、自立した個人の選択と責任の問題や、中立的・効率的な統治の問題と見なされやすくなるという、脱政治化の効果を伴う（辻 2016：168-170；松尾 2019：20-22）。また、グローバル資本主義の発展につれて国家の統治能力に疑念が寄せられる反面で、GAFAM（グーグル、アマゾン、フェイスブック、アップル、マイクロソフト）をはじめとする私企業や、専門性を有する NGO の影響力が増大しており、グローバル・ガバナンスの文脈でも民間主体の政治的・公共的な側面は無視しがたくなっている（松尾 2022；2024）。しばしばフォーマルな政治過程を経由せずに市民の生活を実質的に規定するような、国家へと一元的に回収しにくい権力の働き、すなわち「主権を超える統治」（大竹 2018）への関心が高まっている背景には、このような歴史的変化がある。

　変化への対応として、たとえば法学では、統治の実効性・妥当性をめぐって国家法だけでなく非国家法の役割も重視する法多元主義や、デジタル領域の統治者として振る舞う GAFAM などのプラットフォーム企業を国家と共通の憲法的制約で縛ろうとするデジタル立憲主義が、盛んに議論されるようになっている（浅野 2018；山本 2022）。これに対して、政治学の動きは鈍い。主権の束縛を逃れて拡大するインフォーマルな統治実践、非国家主体が持ち

うる事実上の権力、企業やNGOのような民間組織・社会集団の内部で生起するミクロな政治現象などに焦点を当てた政治学研究は、乏しいままである。

社会学者ウルリッヒ・ベックは、「たとえフォーマルな政治システムの影響力が小さくなろうとも、政治家や政治学者はフォーマルな政治システムのなかに、ただそのシステムのなかだけに政治的なものを探し求めつづける」と述べた（Beck 1999：91＝2014：157、訳文は改めた）。どれほど国家の特権性が低下しても国家ばかりに密着を続ければ、政治学は市民生活に多大な影響を及ぼす権力の、ごく一部しか把握できなくなる。それは政治学が社会的に有意な問いの多くを適切に扱えず、社会に対する応答性を欠いた状態に陥ることを意味するだろう。

むろん政治学は、国家との心中を運命づけられているわけではない。ロバート・ダールは広く読まれた教科書において、「国家、自治体、学校、教会、企業、組合、クラブ、政党、市民団体その他もろもろの団体の運営のなかで、市民は政治にぶつかる」と述べ、「私的なクラブ、企業、労働組合、宗教団体、市民団体、原始的部族、氏族さらには家族までが」、「政治システムをもつ」と明言している（Dahl 1991：1、4＝2012：1、6）。これと類似の見方は他の政治学者や教科書にも見られるため、政治の場が国家に限られないこと自体は、少なくない政治学者が共有する認識と言ってよい[2]。

だが、「個人的なことは政治的である」というフェミニズムの主張を積極的に受け入れる政治学者であっても、実際に家庭内の権力作用や意思決定プロセスを自身の研究テーマに選ぶ人は稀である。大半の政治学者にとって、家庭、学校、職場、地域コミュニティなどに見出せるミクロでインフォーマルな政治や、そこで行使される社会的権力は、政治が身近にあることを示すために講義や教科書の導入部で触れるとき以外は脇へと追いやっておく、きわめて周辺的なトピックにすぎない。ミクロでインフォーマルな政治の存在を認める政治学者でさえ、マクロでフォーマルな政治を偏重するところに、国家中心的政治像や方法論的国家主義の頑強さが現われている。国家の特権

2）非国家領域における政治現象への言及が見られる現代日本の教科書として、坂本（2020）や砂原ほか（2020：3）を参照。関連する動向については、酒井（2024：221-222）も参照。

的な重要性が疑われなかった条件下であれば、そうした姿勢にも理はあったかもしれない。問題は、条件が変化しているにもかかわらず、マクロでフォーマルな政治の偏重が変わらない点にある。

　もとより、政治を国家と社会のどちらに見出すかといったことは、多元的国家論（政治的多元主義論）、政治過程論、行動論、新制度論などの登場とともに繰り返し争われた、政治学の古典的論点である[3]。統治機構や政治エリートではなく、有権者、世論、メディア、利益団体、社会運動などに目を向ける政治学研究は、無数にある。ただし、そうした研究も国家と結びつく限りの政治現象を扱うとしたら、国家中心的政治像や方法論的国家主義を逸脱しているわけではない。さらに、多くの政治学者は、議会や政党のように実体的な制度・組織と、選挙やデモのようなフロントステージ（表舞台）の見えやすい活動に注目するあまり、言語が内包する差別などの非実体的な政治や、社会運動内部の意思決定プロセスなどのバックステージ（舞台裏）で行われる政治には、光を当てない傾向にある。総じて現在の政治学は、多形的（polymorphous）で多面的な政治を、うまく把握できていない。

（2）　制約された方法

　政治学がマクロ・フォーマル・実体的な政治のみを研究対象とする傾向は、方法論的な制約と関連している。川崎修によれば、20世紀の多元主義論は「国家とその諸制度に実体的に同化されていた「政治的なるもの」が、社会の小集団に機能的に分化している状態をリアルに見る視角を提供」し、「非政治的とされてきた社会的諸制度に分散されている政治性を暴く」ことから、「社会の中に潜在する権力をミクロに見ていく上で有効なはず」であった。ところが観察可能性の要請が「方法論的に、政治というサブ・システム内での決定への影響力に政治の問題を限定化することを帰結した」ために、「社会内の諸権力の問題が、政治の制度的自明性を前提とした、諸集団間、諸エリート間の競争に翻訳されてしま」い、「「政治的なるもの」の脱実体化とい

3）日本においては、多元的国家論の受容を経て戦前に展開された、政治概念論争が知られている（大塚 2001）。

う多元主義が持っていた根本的問いの意義は見失われた、あるいは少なくとも限定されてしまった」（川崎 2010：72-73）。

　つまり観察可能性という方法論上の要請が強く意識されるようになって以降の政治学は、資料上の制約が大きく調査も困難である、ミクロな社会的権力やインフォーマルな政治の分析を避け、相対的にアクセスしやすい実体的対象を伴うマクロでフォーマルな政治へと、関心を縮減させていった。このことは政治学研究の精緻化を可能にした一方で、多様な研究の可能性を妨げ、政治学が持っていた豊かなポテンシャルを封じ込めてしまったのだろう。

　しかし遺憾ながら、精緻な方法に基づく研究成果が、大きな社会的有意性を備えるとは限らない。同時に、重要だが学術的厳密さを犠牲にしなければ扱いにくい対象を扱わないことは、一面では知的に誠実だと言えても、他面では社会から応答が期待されている問いを回避することになる。よく知られた寓話に、暗い夜道で落とし物をした人物が、そこが明るいという理由だけで、落とした場所ではない街灯の下を探しつづける、というものがある。特定の方法論的制約への拘泥は、政治学者が街灯から離れることを難しくしてしまうだろう[4]。

　たとえば近年の政治学では、既知の現象に関する因果の解明を重視する傾向が強まり、観察を通じて新しい現象を見出したり、よく知られていない現象の詳細な実態を描き出したりするような研究は、軽視されがちになっている。また、フォーマルな制度の機能や効果に着目した研究が著しい発展を遂げる一方で、地域・文化によって異なる社会的な背景や文脈の理解を通じて政治を分析する研究は、政治学の「主流」とは見なされにくくなった。さらに、（ストリートレベル官僚制論を踏まえるなどして）人びとの日常的実践に焦点を当て、統治機構から出力される決定や政策に市民がどのように対応しているかを明らかにする研究も、大いに不足している。

　方法論的制約ゆえに特定の領域や場面ばかりが研究対象となる傾向は、政

4）方法をめぐる論争も、政治学では古くから反復されてきた。研究の多様性確保を訴えたアメリカ政治学会の「ペレストロイカ」運動について、小野（2010）および小野（2011）を参照。

治学研究において構造的に周辺化されやすいトピックがあることを示唆している。社会内に遍在するミクロ・インフォーマル・非実体的な政治はもともと見えにくいが、そのために研究対象となることが少なく、より一層見えにくくされてしまう。そうした多様な政治は、いわば政治学の発展が生んだ死角に滑り落ち、不可視化されるのである。

（3） 不可視化された政治

　川崎は、現代思想系の議論を念頭に置きながら、実体的政治観に基づいて「見える「政治」から政治を問う」にとどまる政治学は、「一見政治とは無関係な所に見えざる〈政治〉を暴き出すことによって政治を問う」ような他分野の関心――しばしば「～のポリティクス」といった表現で示される――と、うまく接続されてこなかったと述べている（川崎 2010：2）。確かに、民間組織・社会集団の研究だけでなく、たとえば小説、漫画、映画などを題材に日常的な権力構造や政治的諸関係を分析するような作業も、現在の政治学にはあまり見られない。そうした仕事は政治学内部では異端視されやすく、他分野に委ねられてしまっているのだろう。だが、政治学者が一部の政治に関心を集中させ、残余の政治が非政治学で論じられることに疑問を抱かない現状の奇妙さは、改めて強調するに値する。

　人びとが日常的に直面する権力作用として重要な例は、性欲の形成や性愛関係の構築である。セクシュアリティをめぐる欲求は自然に生じるわけではなく、ある社会内のジェンダー規範とヒエラルキー、それらに基づく差別といった構造的な権力の働きを受けながら、政治的に形成される（Srinivasan 2021）。そのため、最も私的に思える性行為のあり方でさえ、安易に非政治的であるとは即断できない。同様に食欲も、社会や集団の経済的・文化的な特徴を背景に、特定の食習慣を促す諸力の介入を受けながら、非自然的に形成される。産業化された屠殺が非ヒト動物にもたらす圧倒的な暴力は、それがマジョリティの欲求・習慣と不可分でありながら日常的には不可視化されている点で、とりわけ政治的に配置されている（Pachirat 2011）。

　これらは、人びとの選好そのものをつくり出す三次元的権力にかかわる問

題であり（Lukes 1974）、実証的な分析が容易でないとしても、その重要性は明白なように思える。権力の働きは、日常生活に浸透して行為の前提になることによってこそ、より強固となっていく。たとえば誰もが日常的に使用する言語には、ある社会の権力構造が歴史的に生み出してきた差別や偏見が埋め込まれているため、言語を用いたコミュニケーションは、人びとの意識や価値観の形成を通じて、抑圧の維持・強化に貢献しうる（大嶋 2023）。一見すると非政治的に見える日常的実践は、実のところ背後にある権力構造の産物かもしれない。したがって社会の秩序を規定している権力を解明するためには、明示的な権力が行使される場面を見るよりも、ローカルな日常的実践を観察することで権力の作用を推論するほうが、有効な場合がある（西山 2019）。

　このように考えてくると、政治学がミクロ・インフォーマル・非実体的な政治を他分野の研究対象であるかのように等閑視することは、いかにも奇妙である。そこで次のように問うことが許されるであろう。「あなたが政治学者なら、どうして目の前にある政治を語らないのですか」、と。

2　さまざまな政治を語ること、さまざまな仕方で語ること

（1）　どのような政治を語りうるか

　ここからは、政治学が進むべき方向性を考えていきたい。本書は、政治学が共通して関心を向ける政治を、特定の領域や形態のものに限定するべきでない、と主張する立場を取っている。政治の定義には、異なるアクター間での権力作用、紛争とその解決、集合的意思決定など、さまざまな学説がある（松尾 2019：49-50）。本書は特定の定義を採用するつもりはないが、政治を特定の対象と切り離した「ものの見方」と捉える川崎の姿勢を基本的に共有している（川崎 2023）。たとえば国家と企業がどちらも政治的側面と経済的側面を併せ持つように（Dahl 1959：9＝1960：43）、政治や経済は特定の領域や集団と排他的に結びつくわけではない（杉田 2015b：2-8）。政治はあくまでも対象の一面に現われるのみであり、逆に言えば、どのような対象にも

部分的には政治的性格を見出せる可能性がある。

　同様に田村は、私的領域と見なされがちな日常生活にも「暴力あるいは支配・服従関係」と「異なる人々の間での問題解決や共棲のための活動・取り組み」は見られるとして、「日常生活の中の政治」を提起する（田村 2019：3）。そして、政治を国家または政府に結びつけたかたちで捉える方法論的国家主義に問い直しを迫る業績として、ベック（サブ政治）やアンソニー・ギデンズ（ライフスタイルの政治）のほかに、神島二郎（日常性の政治学）、篠原一（ライブリー・ポリティクス）、高畠通敏（政治の発見）らの議論を挙げている（田村 2019：3-5）。政治学の守備範囲を広げようとする本書もまた、こうした潮流に連なる試みである。

　政治学が国家や政府を固有の研究対象と見なしやすいのは、特定の領域や実体への密着が「学としての存在根拠の不安定要因を取り除くという大きな効果」を持つ、という事情もあるだろう（川崎 2010：59-60）。しかしながら、対象は経験的に変化しうるため、学問分野は対象それ自体ではなく、対象のうちに何を認識しようとするのかという、関心の共通性に支えられる必要がある。それが「ものの見方」の違いである。たとえば経済学と社会学は、家族という同じ対象について、各々のアプローチによって異なる側面を明らかにする研究を行っている。これらに加えて家族の政治的側面を論じる政治学研究が展開されても、不思議はない。政治学にとって固有の関心が、その研究を導くはずだからである。

　国家中心的でない政治像を前提とすれば、私的とされる領域や集団の内部にも政治現象を探っていくことはできる。異なる利益を追求する多様なアクターを含む集団におけるガバナンス（管理・経営・運営）、ルールメイキング、自治、参加、デモクラシーといった課題は政治学的関心にかなうし、複数の社会集団間で生起する対抗や協働といった諸関係の分析も重要である。また、日常的にありふれた実践や、必ずしも実体を伴わない相互行為に潜在しているような、自明性の低い権力作用についても、政治学が積極的に検討を行う理由がある。

　網羅的な言及は不可能だが、政治学の研究対象に含まれうる社会領域・社

会集団と関連の動向を、いくつか挙げてみよう。インフォーマルな権力の働きを重視してきたフェミニズムの議論を踏まえて親密圏に注目する政治学者は、これまでもいた（齋藤 2020）。この文脈では、家族や共同生活単位におけるデモクラシーの可能性を論じることが可能である（田村 2022）。また、親密圏で交わされる政治的会話に着目した貴重な実証研究もある（横山 2023）。ただし、そこで想定されている「政治の話」は基本的にフォーマルな政治に関するものであり、政治的会話が人びとの態度や行動に与える影響を通じて、マクロな民主政治の機能と結びつく部分に関心が向けられている点では、国家中心的政治像は維持されている。

　狭義の学術研究ではないが、学校や PTA を題材にした政治学者の著作としては、岡田憲治によるものが注目される（岡田 2022；2023）。岡田は政治の特質を「選んで、決めて、受け入れさせる」ことに求めており（岡田 2023：51）、たとえば校則の決定や運用などをめぐって、「政治は国会だけじゃなくて、君の学校でも教室でも起こっている」と語る（岡田 2023：62）。そして、「日常の生活空間（とくに教室内）で頭を抱えながらうずくまるのではなく、少しでも心穏やかに、安心して過ごすために、なにより政治学が役に立つ」と述べており（岡田 2023：7）、政治学の知見を積極的に非国家領域へと応用する姿勢を明示している。

　企業はマクロでフォーマルな政治における重要なアクターの一種として扱われるものの、その内部統治や企業間関係、社会的権力などに政治学者の目が向くことは少ない（Dahl 1959；大嶽 1996）。ただし近年は、国家と企業の相似性を前提に企業の民主化を論じたダールと共通する関心が復活しており、職場デモクラシーの研究が増加している（Dahl 1985；松尾 2021）。企業と同じく労働組合や各種の非営利団体・利益団体についても、そのガバナンスや組織内デモクラシー、組織間関係は政治学研究の対象となりうる[5]。

　5）国家に回収されない独自の資源や能力を持つ組織としては、宗教団体も重要である。「キリスト教会が国家とは別系統で、むしろ国家に先んじて教団の組織化を進め、国境を越える堅固な組織をつくり上げた」という事情から、近代国家が成立するまで教会政治（ecclesiastical government）が世俗政治と並列的に捉えられていたという歴史的事実は、改めて思い起こされてよい（杉田 2015b：5-6）。

また、より緩やかな社会運動の内部における意思決定プロセスも、分析に値する（安藤 2019；富永 2022）。

　地域コミュニティの権力構造を解明しようとする研究は、政治学と社会学にまたがる広範な議論を巻き起こした（Polsby 1963；Dahl 1967；秋元 1971）。もっとも、統治機構を動かして政策決定に影響を及ぼせる集団の構成と機能が主に論じられたという意味では、ここでも国家中心的政治像は無縁でない。地域住民の組織化によって社会問題の解決を図ろうとするコミュニティ・オーガナイジングについては、日本の政治学における注目度が低く、最近まで研究は少なかった（石神 2021；2024）。他方、地方政府と連続的な活動を行う民間組織として、自治会・町内会に着目した議論も重要である（Pekkanen 2006；名和田 2021）。より非国家的な性格が強い集合住宅に関する研究としては、団地における自治や住民運動を扱ったもの（原 2012；2019）、マンションの管理組合を論じたもの（西田 2007）、いわゆるゲーテッドコミュニティの住宅所有者組合を取り上げたもの（McKenzie 1994；竹井 2005；菊地 2018）、などがある。

　住宅を含む建築や空間が政治に及ぼす影響の研究は、政治史分野を中心に発展してきた。議事堂や官庁の庁舎、政党本部のほか、君主の宮殿や、政治エリートが身を置く邸宅・別荘などに着目した議論が多いものの（御厨 2013；御厨／井上編 2015；御厨編 2016；佐藤 2020）、原武史は市民の集会やデモが行われる公園・広場も論じている（原 2022）。本書にとっては、こうした研究がインフォーマルな空間やバックステージに光を当てていることの意義が大きい。佐藤信は、「政策対立や政局を単に公的領域に於いて展開される論理として把握」する多くの政治史研究において、「空間や身体は閑却され、私的領域もまた分析の枠外に捨て置かれてきた」と述べたうえで、「私生活と切り離すことができない具体的な身体」が「生きる空間を見つめ直すことは統治の実態に迫るうえで欠かすことの出来ない作業ではなかろうか」、と指摘する（佐藤 2020：487）。国家中心的政治像に沿った研究においても、公的領域に現われる政治主体の再生産を可能にする私的領域（ケアが行われる領域）に目を向けなければ、重要な現実を取り逃がしてしまうので

ある。

（2）　政治をどのように語りうるか

　本書のもう一つの主張は、政治学が幅広い対象を扱っていくためには、必ずしも特定の方法論的立場に拘泥せず、研究の目的に適した多様な方法を積極的に採用することが望ましい、という点にある。研究の目的や扱う対象によって、用いるべき方法は変わる。因果の解明ではなく、特定のアクターや現象、それらの社会的な背景・文脈に関する理解の向上を目指す場合は、自然科学に倣った強すぎる方法論的制約を受け入れる必要はない（筒井 2021）。

　政治学者が街灯の下を離れて探し物をするにあたっては、さまざまなアプローチが使用可能である。たとえばアクターや現象を深く理解するためには、フィールドワークによる参与観察を行うエスノグラフィが重要な方法である。人びとが思い描く政治的リアリティを知るためには、日常的実践を記述するエスノメソドロジーも有用だろう。自発的選択を損なわないかたちで作用しながら、人びとの行動や社会の秩序を一定の方向へと導く権力を捉えるためには、ミシェル・フーコーに端を発する統治性研究が有効でありうる（宮川 2023）。

　研究対象の拡大や方法の多様化に困難がつきまとうことは確かである。民間組織・社会集団に関しては体系的に分析可能なデータが整備されていないことも多く、重要な記録・文書の欠落や非公開など、利用可能な資料の制約は公的部門よりも大きい。こうした制約のため関係者・当事者へのアンケートやインタビューが欠かせない手法となるが、営業秘密やプライバシーに抵触しうるおそれも大きいことから、調査や研究成果の出版には細心の注意が求められる。現地で継続的な調査を行ったり、関係者・当事者と行動を共にして参与観察を行ったりする必要がある場合は、成果をまとめるまでに要する時間は長くなりやすい。多様な研究を促進するためには、こうした課題の認識を広く共有することも求められる。

　調査・分析の対象である人物と密接なコミュニケーションを取ったり共に行動したりすることが必要になると、対象との適切な距離の取り方も難しい

課題となってくる。研究者が実践者ではなく観察者であろうとすれば、自身を対象と同一化させることは避けるべきだろう。関係者・当事者からもたらされる情報や資料は誤りや偏りを含んでいるかもしれないし、（それが善意であっても）何らかの意図や戦略に基づいて提供されている可能性もある。多面的な現実をバランスよく描き出すことは容易でない。研究者が適度な自制と懐疑を保たなければ、信頼できる研究成果を生み出すことはできないだろう。

　もっとも、真空で行われるわけでない学術研究は不可避的に社会の諸力に規定されるため、観察者と実践者を厳格に切り離そうとしすぎることも非現実的な姿勢である。たとえば、近年の日本でニュースに接触する人びとは、中国政府やロシア政府の「代理人」と目される人物の発言を、強烈な懐疑によって包み込むように推奨される。これを裏返せば、日本やアメリカの国益を念頭に置きながら研究と言論活動を行うタイプの国際政治学者の発言もまた、中立的な観察者のそれとは程遠いことになる。多数の研究者に雇用や資金を供給する政府機関が学界に及ぼす影響は、軽視されるべきでない[6]。さらに、必ずしも特定の国や地域の利益を重視しない研究者の仕事であっても、意図にかかわらず政府機関に利用されたり現実に影響を及ぼしたりする可能性はある。

　つまり注意が必要なのは、政治学者自身も社会の権力構造から逃れられない以上、できるだけ中立的な観察者であろうとしても、無意識のうちにバイアスを抱え込んだり、結果的に権力構造の再生産に加担したりすることがありうる、という事実である。公的な記録や統計は一般的に信頼性が高く、情報公開制度に基づく透明性や利用可能性も比較的確保されやすい。だが、それは公的データに誤りや偏りが含まれていないことを意味しないし、政治的動機に基づく統計の操作が疑われる事例や、公文書の改ざん事例は実際にある。その一方で、たとえば差別や抑圧を受けてきたと主張する少数民族が整理された資料を持っておらず、断片的なナラティヴに基づく証言だけを提示

　6）この点に関連しては、内閣調査室が戦後日本の知識人に対して行った多種多様な接触の記録も参照に値する（志垣 2019）。

するとしても、これを直ちに信頼できないとは言えない。もし多角的な検討を経ずに甚だ疑わしいと判断するなら、証拠の客観的評価だけでなく、証言者に対する偏見も働いている可能性があるだろう。そこには、認識的不正義（epistemic injustice）と呼ばれる問題が横たわっている（Fricker 2007）。そもそもフォーマルな統治権力が用意する枠組みに組み込まれないか、何らかの理由で組み込まれることを拒んでいる集団の声は、学術研究においても捕捉しにくい。したがって研究者自身は学術的な規範に則って中立的に振る舞っているつもりであっても、統治権力にとって好都合な働きをしている場合がある。方法論的制約による研究の不足や不十分性は、社会内の構造的な支配や不平等と、図らずも癒着してしまうかもしれないのだ。

　もっと卑近な例として、アメリカ政治研究の意義を説明する必要は小さいが、アジア・アフリカの途上国に関する研究は意義の説明を求められやすいとか、マイナーな言語で書かれた論文は読まれないといった傾向を想起するだけでも、社会的に周辺化されている領域や集団が学術的にも周辺化されがちになることは明らかである。マジョリティとマイノリティ、中心と周辺の非対称性を生む権力構造の下で、マクロ・フォーマル・実体的な政治ばかりに目を向けることは、それだけ周辺化されたマイノリティの存在を視野の外に置いてしまいやすいということでもある。構造的な劣位に置かれ、収奪される側にある人びとの現実を少しでも明らかにしようとする研究が、方法論的な厳密さに欠けるという理由で蓄積されなければ、そのことの公共的な不利益は計り知れない。それゆえ方法的な多元主義を採用することの意義は、既存の権力構造の影響を受けた政治学者が系統的なバイアスを身につけている可能性に反省を迫り、その限界を乗り越えようとする点にも求められる。

　とりわけ日本の政治学者の多くは、都市に居住する健常者男性であり、社会的に有利な地位を占めるマジョリティ集団に属している[7]。議会の構成員

7）2020年に日本政治学会の「女性研究者の学会参画に関する検討ワーキンググループ」が作成・公表した報告書によると、会員に占める女性の割合は13.9%である（日本政治学会2020）。もちろん、第三者が性自認や障害・疾病の有無を一方的に判断できるわけではないし、社会的な有利不利を特定の属性だけから論じることの限界には注意が必要である。

がマジョリティばかりであれば、社会内に存在する多様な利益やパースペクティヴは適切に代表されにくい、ということは広く認識されている。研究者が有する属性の偏りを議員と同列に語れないとしても、研究のプロセスで考慮される利益やパースペクティヴの多様性が損なわれる可能性は否定しがたい。従来の政治学が、子どもや女性、障害者など多様な存在を包摂しうる主体像を前提にして政治を語ってきたかは、甚だ疑問である（鈴木 2023）。あるいはまた、経済的・文化的な周辺であるとともに、農産物や電力の供給などを通じて大都市圏の再生産（ケア）を支えてきた地方の実態も、マジョリティ政治学者の死角になりやすい。政治学における多様性を確保するためには、自らが有する特権性や系統的バイアスに自覚的になることも含め、研究者自身が社会の権力構造から規定されている事実と正面から向き合うことが必要になる。

（3） フォーマルとインフォーマルのあいだ

　本書は、政治学者がこぞってミクロ・インフォーマル・非実体的な政治の研究に重心を移すべきだと主張するわけではない。特権性が低下したとしても国家の重要性が失われるわけではないし、家父長制が私的領域と公的領域にまたがって機能するように、さまざまな社会領域・社会集団に見出せるミクロ政治も、何らかのかたちではマクロ政治とかかわっている場合が多いだろう。とはいえ、あらゆるミクロ政治をマクロ政治が一元的に統括しうると想定することは、もはや難しい（川崎 2010：5-6）。フーコーの議論に従えば、「社会内の権力を一挙に全体として把握できる、管制高地のような特権的視点の可能性」はないのである（杉田 2015a：200）。それぞれ異なる文脈を持つ種々のミクロ政治は、必ずマクロ政治の文脈に回収できるわけではない。この点の認識において本書は、権力を特定の制度的な場に集積されるものと見る政治観と距離を置いている。

　すでに述べたように、多くの政治学者は、必ずしも国家とは結びつかないインフォーマルな政治の存在を認めつつも、その重要性はフォーマルな政治よりも低いと想定している。それは、フォーマルな政治が法的・物理的な強

制力の行使可能性（主権）と直結しており、個々の社会集団よりも大規模な市民の権利や利益に共通して深刻な影響を及ぼせるため、権力や公共性の程度において顕著に重要だからである。そこで、インフォーマルな政治の研究を拡大していくためには、フォーマルな政治との接点や相互作用に着目して重要性を示すことが有効でありうる。だがそれだけでなく、権力や公共性の再解釈を図ることで、インフォーマルな政治それ自体の重要性を示す方向性も考えられる。

　たとえば現代の大企業は、国家・自治体に比肩する甚大な影響を市民に及ぼしうる権力を行使できる点で、社会全体にかかわるという意味の「全体的」な公共性を帯びている。また、職場や家庭など私的とされる領域で働く社会的権力も市民の権利や利益にとっての脅威であるから、そのコントロールにかかわるインフォーマルな政治は、社会全体との結びつきとは独立に、それぞれ公共性を持つと考えることはできる。小さな国家・自治体がそのために政治学の研究対象から除外されるわけではないように、権利や利益の保護が問題になる市民（the public）の規模は、公共性を否定する根拠にならない。これは国家中心的政治像が前提としてきた全体的な公共性とは別種の観念であり、誰もがどこでも共通に直面しうる現象に伴うという意味で、「遍在的」な公共性と呼びうる。そして、全体的な公共性と遍在的な公共性は、どちらかの重要性が明らかに大きいわけではない。

　マクロな政治をミクロな政治よりも優先的に考えてよいとは限らないという意味では、国と地方の対等性を提起した松下圭一の議論も、本書と接続可能である。ローカルな政治がナショナルな政治に規定されているように、ナショナルな政治もグローバルな政治に規定されており、主権国家の権威が最終的（final）であるとは単純に言えない。そして、ナショナルな民主政治があればローカルな住民自治は必要ないとか、グローバルな分配的正義が実現するなら各国が独裁的に統治されていても構わないなどと考える人があまりいないように、大きな単位の政治が小さな単位の政治よりも明らかに重要なわけではない。この点は、社会全体でのリベラルな諸価値の実現に資するのなら、個々の政党・NGO・社会運動団体の内部におけるイリベラルな統治

は許容されてよいのか、それとも社会全体の民主化を促進するためにこそ、まずは各集団の民主化を求めていくべきなのか、といった議論につながる。

　ミクロでインフォーマルな政治に光を当てようとする本書は、それによってマクロでフォーマルな政治との違いがどこにあるのかを浮かび上がらせ、フォーマルとインフォーマル、さらには各々の領分へと割り当てられやすい政治と非政治を分ける境界線への注目を促すことになる。齋藤純一はフェミニズムの功績として、「公と私を分ける境界線はけっして自明なものではなく、あらかじめ公共的とされている事柄について論じあうのが公共の議論ではないという知見」を挙げている（齋藤 2020：218）。これを踏まえれば、政治と非政治を分ける境界線も自明ではなく、あらかじめ政治的とされている事柄について論じあうのが政治の議論ではない、とも言えるだろう。人びとが何を政治（的）だと捉えるのかというリアリティは、時代や状況に応じて可変的であり、政治／非政治の境界線を、誰が、なぜ、どのように引こうとするのかという動態や、境界画定の妥当性や引き直しをめぐる争いの分析も、政治学的関心の重要な対象となりうる。

　必ずしも公共的・政治的とは認められなかったり、公／私や政治／非政治の線引きについての対立が見られたりするようなアクターや現象を取り上げること、つまりフォーマルとインフォーマルの「あいだ」に関する探究も、本書の目指す方向性には含まれている。フォーマルな統治権力の枠組みに包摂されることを望みながら拒まれる例としては、移民・難民や生活保護申請者を想起できる。望まずとも否応なく編入されてしまう例としては、被占領地域の住民や、都市に対する地方が重要かもしれない。組み込まれることを自ら拒み、フォーマルな領域から退出したりインフォーマルな領域にとどまったりする例としては、政治活動からの離脱者や、「暴徒」「アウトロー」「テロリスト」などと呼ばれる集団を挙げられるだろう。包摂・編入が行われる／行われないプロセス、あるいは包摂・編入を求める／求めないという対抗関係を扱う研究も、政治学を豊かにすることができる。

3　政治学の新地平を求めて

（1）　本書の意義

　以上の認識と動機から出発する本書は、対象面と方法面の問い直しを通じて、政治学を新しい地平に導こうとする企てである。多様な研究の可能性を実際に追求する途上では多大な困難も予想されるが、対処すべき主要な課題を明確化して整理することも、本書の目的には含まれる。

　本書が持ちうる第一の意義は、政治学に潜在する豊かな可能性を引き出そうとする取り組みである点に求められる。国家中心的政治像や方法論的国家主義を相対化する先行研究としては、「日常生活と政治」を掲げた田村らのプロジェクトがある（田村編 2019）。本書は——執筆者がほとんど重なっていないにもかかわらず——田村らの議論を引き継ぎつつ発展させる性格を持っているが、いくつかの差異も有する。本書は、日常／非日常ではなくフォーマル／インフォーマルという区分に焦点を当てることで議論のスコープをより広く取っており、より多様なテーマを取り上げており、対象面だけでなく方法面からも政治学を再考することに、より意識的である。これらの特徴を活かして一層総合的な検討を図り、社会に遍在する政治の多形性・多面性に目を向ける政治学研究の潮流を確かなものにすることが、本書のねらいである。

　本書の第二の意義は、政治学の社会的な有意性・応答性を高めるための方向性を示している点に見出せるだろう。社会的に重要と考えられている問題を政治学が適切に取り扱うためには、必ずしも国家と結びつくわけではないミクロ・インフォーマル・非実体的な政治にも目を向け、それらの研究に適した多様な方法を積極的に採用していく必要がある。本書に収録した諸論文は、こうした方向性をさまざまなテーマに即して提示している。

　最後に第三の意義として、本書が政治学の外部に及ぼしうる影響も挙げておきたい。本書は、見えやすい政治を偏重してきた政治学と見えにくい政治に関心を傾けてきた他分野が次第に隔絶するようになった経緯を踏まえたうえで、その溝を埋めようとする政治学からの再接近であると受け取ってもら

うことが可能である。すなわち本書は、政治学と非政治学の接続可能性を高めることにも貢献しうる。

（2）　本書の構成

　本書は三つのパートで構成される。第Ⅰ部の「社会に遍在する政治をどのように語りうるか」には、政治学が社会のなかにある多様な政治を取り扱う可能性を示すため、地域コミュニティ、市民社会組織、企業といった異なる特徴を持つ社会領域・民間組織に関する三つの論文を収録した。

　第1章の石神圭子「権力を持つのは誰か？──信仰ベースのコミュニティ・オーガナイジング（Faith-Based Community Organizing）の解剖」は、宗教的基盤に支えられたアメリカの市民社会で発展したコミュニティ・オーガナイジング（CO）の要諦を説きながら、COが周辺化された住民の組織化を通じて関係的な権力を生み出し、ローカルな対抗的公共圏の形成を促す様を描き出す。選挙政治・政党政治と距離を置くCOの実像や、宗教的なものの公共的役割という、日本では理解されにくい諸点を明らかにする一方、ヒエラルキー型の組織で養成されたオーガナイザーの介入に潜在的な暴力性も看取する石神は、政治学ならではの視角を提示している。

　第2章の大和田悠太「日本のNPO法と市民社会の組織内デモクラシー──立法過程における「定款自治」の成立を中心に」は、市民社会組織の統治構造を定める法制度の多様性を比較法的に整理したうえで、民主的統治を緩やかにしか要求しない日本のNPO法がどのように成立したのかを分析し、立法プロセスではまったく別の構想も存在していたことを明らかにする。大和田の議論は、一見するとインフォーマルな政治のルールを決めるフォーマルな政治を取り上げているようにも読めるが、市民社会組織の側が統治構造を自分たちで決めやすい「定款自治」を選んだ側面に光を当てたり、「モデル定款」などのソフトローが果たす役割を指摘したりする点で、組織内デモクラシーの可能性が市民社会の自律的な機能それ自体にも左右されることを浮かび上がらせている。

　第3章の松尾隆佑「政治秩序としての企業間関係──日産とルノーによ

る非対称な同盟（アライアンス）の形成・維持・再編」は、国家と企業のアナロジーに基づき、日産自動車とルノーの長期にわたる提携（alliance）の歩みを国家間の同盟（alliance）になぞらえて分析する試みである。非対称性を内包した両社の関係に伴うコンフリクトとその帰結を、国際関係論の同盟理論を援用して説明可能であるとの主張は、政治学が企業間関係の研究に参入するための糸口を指し示す。

第Ⅱ部の「フォーマル／インフォーマルな政治の交差をどのように語りうるか」には、マクロでフォーマルな領域とミクロでインフォーマルな領域にまたがって、あるいは両領域の境界を問うかたちで生じる政治現象を捉え直すため、都市と地方の構造的格差、言語に埋め込まれた差別、リプロダクティブ・ヘルス／ライツの脱政治化、社会運動からの離脱、暴動の理由をめぐる言説闘争、といったテーマに関する五つの論文を収録した。

第4章の源島穣「技能実習制度が存続した理由──〈地方〉から読み解く」は、戦後日本において三大都市圏と非三大都市圏の格差を拡大させる産業構造が構築されてきた歴史を、技能実習生が後者の地域社会の維持に不可欠となった現状と結びつける。そして、多くの途上国出身者を隷属的労働に従事させながらも技能実習制度が存続しえた理由を、地域間格差の再生産メカニズムに求める。地方の現実を通して、社会経済的な不平等を重層的に生み出しつづける権力作用を明るみに出そうとする源島の姿勢は、個々の公的意思決定に着目するだけでは見えてこない構造を描くために有効だろう。

第5章の大嶋えり子「ことばに潜むジェンダー差別──フランス語改革をめぐる議論の展開」は、文法的性を持つフランス語の使用に伴うジェンダー差別の是正をめぐり、研究者、教師、メディアなど、多様なアクターを巻き込んで展開された改革論議を扱う。公私を横断して使われる言語は日常的実践による流動性を持ち、公権力もコントロールしきれない部分が大きい。大嶋の子細な分析においても、公的機関のフォーマルな対応と市民社会のインフォーマルな慣用の双方が、フランス語の「脱男性化」の進行に寄与したとされる。

第6章の井上睦「不妊の「脱政治化」の政治──市場の再編と「個人的

なことは個人的なこと」」は、不妊治療を公的支援の対象として集合的課題に移行させる一方で、個人の主体的選択という論理によって帰結は女性に引き受けさせる、という日本社会の矛盾した構造がどのように形成されたのかを論じる。フェミニズムが鋭く指摘してきたように、性と生殖は私的な問題と考えられやすい反面、しばしば国家による介入の標的ともなる。井上は言語と同じく公私をまたいで存在する身体に焦点を当てることで、公／私や政治／非政治の境界設定をめぐる政治的動態を描き出している。

　第7章の西山渓「アクティヴィズムを卒業するとき──「現れなくなること」の政治について」は、日本の若い気候アクティヴィストたちの事例を取り上げ、一般に否定的な意味を付与されやすい社会運動からの離脱が、運動の活性化を促したり別の形態による政治参加につながったりする、自発的で積極的な選択としての「卒業」でもありうることを主張する。マクロでフォーマルな変化を求める社会運動から離れるゆえに見えにくくなる人びとは、単に私的領域へ帰った（脱政治化した）と考えられやすい。西山渓の議論は、バックステージにあたる社会運動内部の意思決定プロセスをありありと記述しながら、公共圏に「現れない」者や「現れなくなる」者が果たしうる政治的役割を提示することによって、政治／非政治はそれほど明瞭に分けられるものでないと理解させてくれる。

　第8章の安藤有史「暴動の政治理論──登録される原因、登録されない不満」は、暴動をめぐってイギリスで行われた公的調査や、暴動の理由に関する保守主義的・自由主義的・急進主義的な諸解釈のせめぎ合いを論じることで、ある集団や社会問題をフォーマルな認識ないし記録へと組み入れる「登録」を、しない／させようとする争いだけでなく、登録を意識的に拒む「脱登録」の動きもありうる点に注意を促す。こうした安藤の洞察は、フォーマル／インフォーマルの境界設定も諸アクターの思惑と結びついている現実や、あえてインフォーマルな領域にとどまろうとする存在が持つ政治的意味に、目を開かせるものだろう。

　第Ⅲ部の「政治を語り直す──オルタナティブを求めて」には、政治学が前提としやすい概念やアプローチの理論的・方法論的な再検討を通じて政治

の適切な語り方を模索するため、統治性研究の立場から国家および政治の概念を問い直す論文、学史的反省を通じてアクター概念の含意と陥穽を明らかにする論文、因果推論とは異なるロジックによる量的研究の意義を提示する論文の三つを収録した。

第9章の宮川裕二「統治性研究・ガバナンス理論と国家・政治の概念に関する一断章」は、各分野の統治実践において国家と非国家主体がネットワーク化され、相互依存の拡大と深化が進むなかで発展してきた行政学・公共政策学のガバナンス理論を、統治性研究の側から批判的に吟味する。統治性研究は主権国家による諸行為を、その背後にあって社会全体を特定の方向へと秩序づける一種の合理性（統治性）の効果と見る。宮川が描く統治性研究とガバナンス理論の交錯は、国家の特権的地位を相対化して国家中心的でない政治像を確立するうえで、有用な材料を提供している。

第10章の西山真司「アクターって誰？」は、行動論、合理的選択理論、新制度論などの発展を経て政治学に定着したアクターという概念を捉え直すことで、従来よりも多種多様なアクターを視野に入れる本書の先に目指されるべき記述・分析の方向性を提出する。政治学は学問的自立の初期から、観察不可能な人間の心をどのように位置づけるかに、頭を悩ませてきた（西山2024）。これに対して西山真司は、アクターの選択がゲームの構造を規定する制度や文脈に左右される点を指摘し、選択とルールの組み合わせである「実践」への注目を促すことで、不可視の「心的なもの」に、社会的な実践の内部で示され理解されうるものとしての位置づけを与える。

第11章の佐藤圭一「市民の価値観の生態学的アプローチ——実験的アプローチの「狭さ」を越えて」は、回帰分析など同質的なサンプルへの介入効果の量を見ることで因果推論を目指す「実験的アプローチ」に対して、異質なサンプルの規模や分布の把握を志向する「生態学的アプローチ」が存在することを論じ、多様な政治の研究を行ううえで後者が有する利点を明らかにする。佐藤の整理は現在の政治学に見られる方法面の狭さとそれに伴う問題を指摘しながらも、繰り返し再演されてきた量的研究と質的研究の対立ではなく、量的研究内部に存在する異なる複数の方向性を意識させる貢献として

貴重である。

　最後に、これらの各章から導き出された政治（学）の姿をつなぎ合わせることで新しい政治学の可能性を展望するとともに、なお残されている課題を確認するため、終章として源島穣／大和田悠太／井上睦「政治学の豊かなポテンシャル——インフォーマルな政治の探究を振り返って」を置いた。

おわりに

　繰り返しになるが、本書の執筆者はそれぞれ少しずつ違う考えを有しており、以上に述べた認識と動機をすべて等しく共有しているわけではない。各章の議論も、相互に差異や矛盾を含んでいる部分があるだろう。これは独立した研究者たちの共同プロジェクトにとって当然のことであるし、統一性の過度な追求は、多様な政治学研究を促進しようとする本書の基本姿勢ともそぐわない。読者にはぜひ、まだ見ぬ政治学の可能性をさまざまな方向に探る冒険的な一冊として、本書を読み進めて欲しい。そして、今よりも豊かで、開かれた、包摂的かつ応答的な政治学の姿を、本書とともに構想してもらえると嬉しい。政治（学）の未来に希望を持てるように。

参考文献

秋元律郎（1971）『現代都市の権力構造』青木書店。

浅野有紀（2018）『法多元主義——交錯する国家法と非国家法』弘文堂。

安藤丈将（2019）「社会運動における日常の政治」田村哲樹編『日常生活と政治——国家中心的政治像の再検討』岩波書店、33–59。

石神圭子（2021）『ソール・アリンスキーとデモクラシーの挑戦—— 20 世紀アメリカにおけるコミュニティ組織化運動の政治史』北海道大学出版会。

石神圭子（2024）「参加を仕組む——アメリカのコミュニティ・オーガナイジングの組織運営及び動員過程」『国際社会研究』13：59–84。

大嶋えり子（2023）「フランス語の改革をめぐる議論と取り組み——アカデミー・フランセーズの反言語改革言説の分析」『金城学院大学論集．社会科学編』19（2）：54–74。

大竹弘二（2018）『公開性の根源——秘密政治の系譜学』太田出版。

大嶽秀夫（1996［1979]）『現代日本の政治権力経済権力』増補新版、三一書房。

大塚桂（2001）『近代日本の政治学者群像——政治概念論争をめぐって』勁草書房。

岡田憲治（2022）『政治学者、PTA会長になる』毎日新聞出版。

岡田憲治（2023）『教室を生きのびる政治学』晶文社。

小野耕二（2010）「政治学の再検討と紛争処理論の意義」『法政論集』237：253–284。

小野耕二（2011）「「新しい政治学」への展望——「政治変容」と「政治学の変容」との架橋」『法政論集』242：69–110。

川崎修（2023［2006]）「政治」川崎修／杉田敦編『現代政治理論』新版補訂版、有斐閣、1–19。

川崎修（2010）『「政治的なるもの」の行方』岩波書店。

菊地端夫（2018）「"私的政府"による公益提供？——米国ゲーテッドコミュニティにおける自治体とHOAの責任領域の交錯の視点から」『公益学研究』18（1）：13–21。

齋藤純一（2020［2008]）『政治と複数性——民主的な公共性にむけて』岩波書店。

酒井大輔（2024）『日本政治学史——丸山眞男からジェンダー論、実験政治学まで』中央公論新社。

坂本治也（2020）「政治とは何か——政治学って学ぶ意味あるの？」坂本治也／石橋章市朗編『ポリティカル・サイエンス入門』法律文化社、1–16。

佐藤信（2020）『近代日本の統治と空間——私邸・別荘・庁舎』東京大学出版会。

志垣民郎（2019）『内閣調査室秘録——戦後思想を動かした男』岸俊光編、文藝春秋。

杉田敦（2015a［1998／2000]）『権力論』岩波書店。

杉田敦（2015b［2005]）『境界線の政治学』増補版、岩波書店。

鈴木知花（2023）「政治思想における人間像の再構成——ケアの倫理の見地にもとづいて」『函館大学論究』54（2）：81–102。

砂原庸介／稗田健志／多湖淳（2020［2015]）『政治学の第一歩』新版、有斐閣。

竹井隆人（2005）『集合住宅デモクラシー——新たなコミュニティ・ガバナンスのかたち』世界思想社。

田村哲樹（2019）「「日常生活と政治」という問題」田村哲樹編『日常生活と政治——国家中心的政治像の再検討』岩波書店、1–11。

田村哲樹（2022）「家族と民主主義」二宮周平／風間孝編『家族の変容と法制度の再構築——ジェンダー／セクシュアリティ／子どもの視点から』法律文化社、198–216。

田村哲樹編（2019）『日常生活と政治——国家中心的政治像の再検討』岩波書店。

辻由希（2016）「ジェンダー平等の実質化と日本政治」『法社会学』82：167–178。

筒井淳也（2021）『社会学——「非サイエンス」的な知の居場所』岩波書店。

富永京子（2022）「現代のアクティヴィズムにおいて「代表」は機能しているのか——「代表」しているのは誰なのか、あるいは「代表」されないのは誰なのか」山崎望編『民主主義に未来はあるのか？』法政大学出版局、271–302。

名和田是彦（2021）『自治会・町内会と都市内分権を考える』東信堂。

西田奈保子（2007）「自立型マンション管理組合と新しい自治組織の可能性——自立型組織の形成とその意義」羽貝正美編『自治と参加・協働——ローカル・ガバナンスの

再構築』学芸出版社、107–132。

西山真司（2019）『信頼の政治理論』名古屋大学出版会。

西山真司（2024）「心的なカテゴリーは政治の世界をどのように作ったのか―― C・メリアムと心理学」『ノモス』54：1–37。

日本政治学会（2020）『女性研究者の学会参画に関わる検討ワーキンググループ最終報告書』2020年9月26日、https://www.jpsa-web.org/news/society/n201028/

日本比較政治学会編（2021）『日本比較政治学会年報 第23号 インフォーマルな政治制度とガバナンス』ミネルヴァ書房。

原武史（2012）『団地の空間政治学』NHK出版。

原武史（2019［2012］）『レッドアローとスターハウス――もうひとつの戦後思想史』増補新版、新潮社。

原武史（2022）『空間と政治』放送大学教育振興会。

松尾隆佑（2019）『ポスト政治の政治理論――ステークホルダー・デモクラシーを編む』法政大学出版局。

松尾隆佑（2021）「民主的企業統治の擁護――共和主義的諸構想からステークホルダー・デモクラシーへ」『法と哲学』7：145–171。

松尾隆佑（2022）「グローバル・ガバナンスにおける非国家主体の正統性と政治的CSR」山崎望編『民主主義に未来はあるのか？』法政大学出版局、111–133。

松尾隆佑（2024）「プラットフォーム企業の権力と正統性――デジタル立憲デモクラシーの方へ」『年報政治学』2024-Ⅱ：173–194。

御厨貴（2013［2010］）『権力の館を歩く――建築空間の政治学』筑摩書房。

御厨貴編（2016）『権力の館を考える』放送大学教育振興会。

御厨貴／井上章一編（2015）『建築と権力のダイナミズム』岩波書店。

宮川裕二（2023）『「新しい公共」とは何だったのか――四半世紀の軌跡と新自由主義統治性』風行社。

山本龍彦（2022）「近代主権国家とデジタル・プラットフォーム――リヴァイアサン対ビヒモス」山元一編『憲法の基礎理論』信山社、147–181。

横山智哉（2023）『「政治の話」とデモクラシー――規範的効果の実証分析』有斐閣。

Beck, Ulrich（1999）*World Risk Society*. Polity.［山本啓訳（2014）『世界リスク社会』法政大学出版局］

Dahl, Robert A.（1959）"Business and Politics: A Critical Appraisal of Political Science," *American Political Science Review*, 53（1）：1–34.［小田垣光訳（1960）「ビジネスと政治――政治学からの批判的評価」『アメリカーナ』6（11）：37–54］

Dahl, Robert. A.（1991[1963]）*Modern Political Analysis*. 5th ed., Prentice-Hall.［高畠通敏訳（2012）『現代政治分析』岩波書店］

Dahl, Robert A.（1967）*Who Governs? Democracy and Power in an American City*. Yale University Press.［河村望／高橋和宏監訳（1988）『統治するのはだれか――アメリカの一都市における民主主義と権力』行人社］

Dahl, Robert A.（1985）*A Preface to Economic Democracy*. University of California Press.［内山秀夫訳（1988）『経済デモクラシー序説』三嶺書房］

Fricker, Miranda（2007）*Epistemic Injustice: Power and the Ethics of Knowing*. Oxford University Press.［佐藤邦政監訳（2023）『認識的不正義──権力は知ることの倫理にどのようにかかわるのか』勁草書房］

Lukes, Steven（1974）*Power: A Radical View*. Macmillan.［中島吉弘訳（1995）『現代権力論批判』未来社］

McKenzie, Evan（1994）*Privatopia: Homeowner Associations and the Rise of Residential Private Government*. Yale University Press.［竹井隆人／梶浦恒男訳（2002）『プライベートピア──集合住宅による私的政府の誕生』世界思想社］

Pachirat, Timothy（2011）*Every Twelve Seconds: Industrialized Slaughter and the Politics of Sight*. Yale University Press.［小坂恵理訳（2022）『暴力のエスノグラフィー──産業化された屠殺と視界の政治』明石書店］

Pekkanen, Robert（2006）*Japan's Dual Civil Society: Members without Advocates*. Stanford University Press.［佐々田博教訳（2008）『日本における市民社会の二重構造』木鐸社］

Polsby, Nelson W.（1963）*Community Power and Political Theory*. Yale University Press.［秋元律郎監訳（1981）『コミュニティの権力と政治』早稲田大学出版部］

Srinivasan, Amia（2021）*The Right to Sex*. Bloomsbury.［山田文訳（2023）『セックスする権利』勁草書房］

第Ⅰ部

社会に遍在する政治を
どのように語りうるか

第 1 章

権力を持つのは誰か？

──信仰ベースのコミュニティ・オーガナイジング
(Faith-Based Community Organizing) の解剖

石神圭子

はじめに

「僕たちはアクティヴィストでは断じてない。住民の間に「関係（rela-tionship）」を築くんだ。数年をかけて粘り強く。終わりなんかない」[1]。
テネシー州ナッシュヴィルにあるコミュニティ組織、NOAH（Nashville Organized for Action and Hope）[2] のコミュニティ・オーガナイザー、トンプソン（仮名）はこう強調した。その「関係」を構築することがいかに厳しい道のりかを吐露したあとで、オーガナイザーとしての誇りが滲み出たひと言である。

　彼のようなオーガナイザーが中心となってアメリカ社会に定着している活動を、「コミュニティ・オーガナイジング（Community Organizing：以下、CO）」という。それは、社会経済的に周辺化された近隣地域の人々をエンパワーしていくことをいい、1930 年代のアメリカで確立された。CO は、近隣の日常生活を脅かしている問題を拾い上げ、住民の権力（power）を構築し、生活改善を実現していくプロセスである。オーガナイザーは、このプロセスにおいて、組織化を「後方支援」するのみであり、決して「組織の顔」になってはならない。主役はあくまで住民であって、オーガナイザーは住民自らがニーズを表明・集約し、自治体に異議申し立てを行い、生活を改善す

1）テネシー州ナッシュヴィルでのインタビューから引用（2024 年 6 月 26 日実施）。
2）33 頁表の③ Gamaliel Network の支部である。

29

るための「根回し」に徹する。オーガナイザーは訓練・教育された人々で、一つの地域の問題が改善すれば別の地域へと焦点を定める。彼らは、貧困地域を外部から規定する諸問題を調査し、住民に働きかけ続ける「黒子」なのである。かくして、オーガナイザーと「アクティヴィスト」は明確に区別されるというわけだ[3]。

　1990年代から2000年代にかけて、政治学者、社会学者の間で、COはPTA、病院、労働組合など地域の様々な「組織」を基盤とし（コミュニティ組織は「組織の組織（Organization of organizations）」と言われる）、中でも信仰（教会）を主なリソースとしていること[4]、組織衰退率が相対的に低いこと、そしてアメリカ人の1%以上を会員に取り込んでいる最大の任意団体（コミュニティ組織）を形成していることが次々と指摘された（Skocpol, Ganz and Munson 2000；Hart 2001；Warren 2001）。その後、COはパットナム以来の市民参加論と明確に接続されつつ、市民社会再生の担い手として期待され始めた（Skocpol 2003）。続いて2008年にオバマ政権が誕生すると、「コミュニティ・オーガナイザー」としてのオバマのキャリアが明らかとなり、「コミュニティ・オーガナイジング」研究は、社会科学の広範な領域を横断する――政治学・社会学・社会福祉学・公共政策学・政治神学・公衆衛生学――研究対象として確立した。

　他方、COが領域横断的な学問対象として日本で認知されたのは極めて最近のことである（室田／石神／竹端編 2023）。それでも、COが信仰（教会）を母体としていることについてはほとんど真剣に考察されていない。政治学領域に限って言えば、皆無といっていい。近隣（neighborhood）というミクロな単位に教会や信仰といった「私的」な要素が加わっているのだから、従来の政治学の守備範囲ではない。そもそも宗教は会話を止めるもので、ゆ

3）本章は、是非とも本書第7章（西山渓論文）と比較しながら読んでいただきたい。西山の議論には、日本のCO研究に欠如している政治学的含意が見事に明示されている。

4）アメリカでは研究者によってChurch-Based Community Organizing, Faith-Based Community Organizing, Broad-Based Community Organizing が使い分けられている。本章では、議論の一貫性を保つため、Faith-Based Community Organizing を用い、「信仰ベース」と訳を統一する。

えに政治と融合できない、文化戦争を激化させるという議論が根強いといってよいだろう。だが、宗教政治学者ウスノウは、近著において、宗教的実践は生活世界において十分に制度化されており、それゆえ内部の権力メカニズムを分析する必要がある、と述べる（Wuthnow 2023）。そして CO 研究の最前線を担う政治神学は、宗教と政治の分離議論に相対し、信仰（教会）を中心とした組織化によって「いかなる公共圏が形成されているのか」を実証してきた（Wood 2002；Snarr 2011；Bretherton 2015；Stauffer 2024）。

　本章は、こうしたアメリカの CO 研究群の問題意識を引き継いでいる。しかしながら、先行研究の多くは長期間の参与観察に基づいており、（それゆえに）多くは CO の「成功物語」を描写する傾向にある。そうした研究論文を参照する日本の CO 研究者もまた（筆者自身を含め）、この「成功」の呪縛から長らく解かれていない。また、CO は、大恐慌後のアメリカの都市部において着手され、政教分離原則（国教の禁止と信仰の自由）の下、アメリカ型福祉国家の確立と共に発展してきたという壮大な歴史的コンテクストを有する。先行研究は、実はこうしたコンテクストを前提に、議論している。対して日本においては、コンテクストを捨象し、一般向けに CO の手法を紹介する啓蒙書が出回っているのが現状である。こうした CO 研究の潮流とその影響を踏まえ、筆者の問題意識は、CO が形成する公共圏を認めつつ、オーガナイザーが有する権力・権威に着目し、地域社会に「介入」することの暴力性や組織内の権威主義体制といったリアリスティックな側面がいかにして公共圏に作用しているのかを分析する点にある。

　とはいえ、日本の政治学領域における CO 研究の貧困状態に鑑みれば、読者を置き去りにした議論はできない。そもそも、CO とは何なのかが整理・共有されていない状態で、オーガナイザーの機能に加えて政治と宗教の関係を一方向的に伝えることでは、CO への理解は深まらないだろう。したがって、本章は上記の問題意識に踏み込むというよりも、CO の真髄である信仰（教会）ベースのコミュニティ組織（Faith-Based Community Organization：以下、FBCO）に焦点を当て、そこで営まれている活動とはいったい何であるのかを、先行研究をもとに「解剖」する。それによって、これまで可

視化されてこなかった CO の政治学的検証の可能性を論証することに重点を置く。

　ここで強調したいのは、こうした「配慮」をしなければならないこと自体が、既存の政治学の「狭さ」を明示しているということだ。CO という地域コミュニティへのミクロでインフォーマルな「介入」は、見ようとしなければ見えないし、アメリカを主たる実践場としている以上、方法論上の限界もある。しかし、公私の境目を縦横無尽に超えていく営み＝ CO を、政治学が捉えられないのなら、社会内の諸権力の問題を扱う政治学の本来の意味を失うことになる。

　本章は、以下の構成から成る。

　第 1 節では、CO とは「何ではないのか」という点から機能と方法に着目して整理し、FBCO の活動の特徴を浮き彫りにする。第 2 節では、FBCO の始祖、アリンスキーをインテレクチュアル・ヒストリーの中に位置付けつつ、人民の権力と倫理・宗教の関係を整理する。第 3 節では、宗教と政治の問題が FBCO の実践の中でどのように回収されるのかを明らかにする。

1　CO とは何か、とは CO が何ではないのかを問うこと

（1）　機能論

　ウッドとウォレンによれば、FBCO は、①「宗教右派」②「社会福祉サーヴィスの提供を行う宗教組織」の二つには含まれない——それらの機能とは対照的ですらある——「メンバーが公共圏で政治的目標を追求する力を与える組織」（Wood and Warren 2002 ; 10）である。では、どのような意味でFBCO は上記の二つに「含まれない」のだろうか。

　ウッドらは、FBCO の特徴として、教会・教区を主な母体としつつ、地域の多様な組織を含み、エキュメニカルな組織であること（ゆえに Broad-Based Community Organizing とも呼ばれる）、地域に根差していること、マルチ・イシューを掲げること、専門家としてのオーガナイザーが常駐していること、内国歳入法第 501 条（c）（3）団体であるため、非営利組織として

第 1 章　権力を持つのは誰か？（石神圭子）

表　現存する FBCO 組織と設立年、地方支部数

組織名（設立年）	地方支部数
① Industrial Areas Foundation（IAF）（1940）	60（海外：U.K., Australia, Germany, Canada）
② Faith in Action（1972）	46
③ Gamaliel Network（1968）	44
④ Direct Action and Research Training Center（DART）（1982）	31

税制上の優遇措置を受けることができる代わりに、候補者の擁立だけでなく、特定の政党の支持、党派的動員などの政治活動に制約を受けること、を挙げている。さて、①の宗教右派は、1980 年代以来、教会を通して市民の積極的な参加を促す媒体として台頭しはじめ、共和党の盤石な支持基盤を形成した。これに対して FBCO は、公民権運動のような政治的大義を支えるリベラルな宗教的実践の一つであり、かつ周辺化されたコミュニティの再生を通してアメリカ民主主義の活性化をもたらす[5]。

　②については、若干の説明が必要である。アメリカにおいては、非営利組織が「市場の失敗」と「政府の失敗」を補うものとして機能してきた（Salamon 1995）。アメリカの市場システムに内在する限界、それに伴う「フリーライダー」問題の解消には、政府による介入が効果的だが、政府によっても拾えないニーズが残される。非営利組織は、こうしたニーズを充足するものとして政治システムの一端を構成してきた。さらに、独立革命以前から教会が社会に解放されてきたアメリカでは、地方教会が極めて多様な形態をとっており、それらの多くは地域住民の生活を支援するために内国歳入法第501 条（c）（3）団体を設立して、間接的に様々な社会福祉プログラムを実施してきた。近年では、民間寄付の最も多くを占めるのが、宗教と何らかのかかわりを持つ「信仰を基盤とする組織（Faith-Based Organization：以下、

5）だが、Wilcox と Robinson は、宗教保守の台頭とは反対に、社会正義などを掲げるリベラルな団体、たとえば FBCO の一つである Industrial Areas Foundation（表参照）は「広範な基盤を確立できていない」としている（Wilcox and Robinson 2007：24）。

33

FBO）」となっている（堀内 2002）。

　このような FBO の位置づけを大きく変えたのが、2001 年、ブッシュ政権下でホワイトハウスに設置された「信仰及びコミュニティに基づくイニシアティブ推進室（Office of Faith-Based and Community Initiatives）」である。これは FBO に、教育、住宅、健康、法務（犯罪抑止）、労働、農務（栄養プログラム）といった各省庁の関連センターを通して直接的なサーヴィスの提供者として機能することを求めるものであった。ブッシュ大統領の意図は、宗教的な目的で設立された慈善団体（救世軍や YMCA）に加え、教会、シナゴーグ、モスクに対しても、非宗教系の慈善団体と同等の条件で公的資金を受ける機会を提供することで、社会福祉サーヴィスの安定的供給を確保することであった。こうした取り組みは、実は 1996 年のクリントン政権下で成立した社会福祉改正法の中に盛り込まれた「チャリタブル・チョイス（Charitable Choice）」条項が用意したものだった。これは、教会、シナゴーグ、モスクなどが、一般のサーヴィス提供型 NPO と同じように、政府の助成金を受けて社会福祉サーヴィスの提供を行うことを許可するものである。

　1980 年代のレーガン政権期、社会福祉予算は大幅に削減され、ホームレスが急増した。これを受け、事実上、サーヴィス提供型の FBO が、多くの社会福祉サーヴィスの拡大を担うことになる。こうした中で 1996 年の「チャリタブル・チョイス」その他関連法の成立は、二つの変化を生じさせた。第一に、政府助成金を受けるセクト系サーヴィス FBO は宗教的アイデンティティを希釈することなくサーヴィスの提供ができるようになった。第二に、教会やシナゴーグは、従来、FBO を設立して間接的にサーヴィスを提供してきたが、これらの宗教施設は直接、政府助成金交付の対象となったのだった[6]。

　かくて、「思いやりのある保守主義」を掲げたブッシュ大統領の「信仰及

6）宗教的アイデンティティを希釈しないということは、理事や一般事務員の雇用に際しても各宗教集団固有の基準に拠ってよいということである。もちろん、サーヴィスの受益者に礼拝や聖典教育など布教活動への参加を強要してはならず、助成金の使途はサーヴィスの提供のみに限定されている（堀内 2002：48）。

びコミュニティに基づくイニシアティブ」は、地域に密着した宗教組織に福祉サーヴィスを委託する「福祉の民営化」の流れを推進するものだった。木下によれば、この流れを主導した「チャリタブル・チョイス」を支える理論は、貧困や福祉依存は行動やモラル、精神的な要因に原因があり、公的プログラムはそうした問題を克服することができない——ゆえに政府の代替として宗教組織がそれを担う——ということであった（木下2007）。しかし、端的に言えばこの試みが成功したのかは明確ではない。たしかに、政教分離原則をめぐる最高裁の態度は年々軟化しており、細やかなサーヴィスの提供という点でもFBOと政府の協力関係は望ましいとされる（石原2010）。だが、現場は複雑な補助金申し込みと契約に伴うペーパーワークの増大や官僚制化など、負担を抱えてもいる。また、FBOによる社会福祉サーヴィスが一般のNPOよりも効果を上げているという実証データは未だ存在せず（堀内2002）、そもそも宗教活動と福祉サーヴィス提供を厳密に分離できるのか、という疑念も残る（木下2007）。

　さて、FBCOはこうした政府主導のプログラムとどのように異なるのだろうか。一言でいえば、FBCOは福祉サーヴィスの提供といった既存のシステムの拡充ではなく、自治に基づいている。市民をサーヴィスのレシピエントではなく、民主主義のエージェントとして見なし、他者と手を携えて公共空間を形成する存在に「育て上げる」。そこで宗教組織は、住民が抱える問題のセラピーではなく、社会変化を生み出す苗床として機能するのだ。むろん、宗教と連動して外部の資金・人材がコミュニティに「介入」する点についてはFBCOも、「信仰及びコミュニティに基づくイニシアティブ」も同じだが、貧困や健康の問題を公的な問題として「下から」政治的イシューに転換するのか、それらを「上から」個人のモラルという私的領域に留めるのか、の違いは大きい。

　とはいえ、両者をボトムアップとトップダウンと単純化することも適切ではない。スコッチポルは、名著『失われた民主主義（*Diminished Democracy*)』で、「ボトムアップの形式をとった、事実上専門家集団によるトップダウン組織」を批判している。そして、真のボトムアップ組織としてFBCO

の一つで全米最大の支部数を誇る IAF（Industrial Areas Foundation：以下、IAF）（現存の FBCO については前掲表参照）を評価する（Skocpol 2003）。

　だが、ここには市民を「育成する」「オーガナイザー」というナナメの存在への視点が抜け落ちている。後述するように、オーガナイザーという存在は、FBCO を単なる「草の根の民主的組織」に留めていない。彼ら・彼女らは、リーダーシップを発揮しつつ聖職者とともに（あるいは聖職者として）公私の領域を自由自在に行き来し、新たな公共圏を形成している。

（2）　方法論

　CO は、組織化の方法論も独自のものを有しており、これがオーガナイザーの役割を規定しているといってよい。CO 研究が意識してきたのは、CO と動員（Mobilizing）は異なるという点である。マカレヴィによれば、動員とは、個人を、ある行動に向かわせるように結束させる集団化のプロセスを伴う。他方、コミュニティの組織化とは、既存の集団はすべて出発点となり、感情や相互理解を涵養するための実践を不可欠とする、基盤形成（base building）である（McAlevey 2016）。また、政治学者のハンは、動員を「取引的アクティヴィズム（transactional activism）」、CO を「変容的アクティヴィズム（transformational activism）」と区別する。前者は集会に来た人の数やソーシャル・メディアによる拡散規模に焦点を置くが、後者は関わる人々の志向の変化（他者との協同性、自己の主体性の確立など）に目を向ける（Han 2014：96）。CO は、住民に、自らの人生とその課題、課題が生じる理由を考えさせることで、人々の内面を変容させるものだということは、広く共通認識となっている（Medellin et al., 2021）。

　では、それはどのように行われるのか。近年共有されている CO 独自の方法は、「関係的ミーティング（relational meeting）」「ハウス・ミーティング（house meeting）」、そして「一対一対話（one-on-one）」などと呼ばれる。関係的ミーティングは、地域のヴォランティア（＝リーダー）とオーガナイザーが協力して準備する中規模なセッションで、ハウス・ミーティングは教会や学校に希望する数名が集まって極めて雑談に近い形式で日常的問題の共

第1章　権力を持つのは誰か？（石神圭子）

有を行う。一対一対話は、オーガナイザーと住民との30 〜 40分の対面（現在はオンラインでも行われる）のセッションのことをいう。どのセッションでも、議論をファシリティトするオーガナイザーやリーダー、そして聖職者は徹底して住民の「自己利益」――人々が自分の生活において大切だと感じていること――を重視し、彼ら・彼女らの話（ストーリー）を「傾聴する」ことが求められる。そして、住民の中に組織化の「動機」が形成されるように、注意深く質問を投げかける。このやり取りの中で、住民は自分の人生を異なる角度から捉え、社会を構成する権力関係を見出していく（Stauffer 2024）。これらを総称して、「リスニング・キャンペーン（listening campaign）」といい、地域コミュニティにある教区（congregation）を基礎単位としてオーガナイザーが全体を総括する[7]。

　ここで、オーガナイザーとリーダー、聖職者はそれぞれ異なる役割を求められている。まず、オーガナイザーになるには各組織が開催する1週間から10日程度のトレーニング・セッション（training session）を受講せねばならない。参加者は、800ドル程度（宿泊費・食費込み）の安くない受講費を支払い、寝食を共にし、朝から夕方まで座学（ハンナ・アレントやバーナード・クリックを読む）、実践教育を受ける。ある参加者が「軍隊のようで、僕には合わなかった」と振り返っているように、この時点で、実は多くの参加者が「脱落」していく。オーガナイザーとして雇用された後も、半年程度の試用期間（多くは無給）を耐えねばならない。正式に雇用されたのちには、シニア・オーガナイザー、リード・オーガナイザーへと昇進・昇給していくが、入り組んだ人間関係に疲れ果て、「バーンアウト」していく者も多い（石神 2024）。このように選抜された少数精鋭のオーガナイザーは、地域コミュニティに直接入り込むことはしない。必ず事前にコミュニティの構成を調査し、その上でFBCOに会費を支払う学校や労働組合、移民団体、教会などに所属する住民からリーダーをリクルートし、彼ら・彼女らを指導する役割を追う。

7）なお、それぞれの名称は、各組織によって微妙に異なっている。

リーダーの中から、トレーニング・セッションに参加するものも少なくない[8]。ヴォランティアとはいえ、各セッションにおいて、コミュニティを「代表」するリーダーの存在は重要且つ不可欠である。リーダーは、オーガナイザーの仕事を評価するという役割も有する。たとえば、オーガナイザーが成果を挙げて昇給を望む場合、オーガナイザーはリーダーに支部の銀行口座を開示したうえで、その可否はリーダーに一任される。両者の間には、単なる信頼関係ではなく、運営上のチェック・アンド・バランスが機能しているといってよい（石神 2024）。そして、聖職者は、日曜の礼拝で信徒にFBCO の活動への理解を促し、自らもリーダーとして活躍することが多い。リーダーからオーガナイザーに「転職」する者がいるように、オーガナイザーが聖職者の資格を有していることもある。

FBCO は、こうしたオーガナイザー養成システムと、現場でのオーガナイザーによるリーダー教育、聖職者とのプラグマティックな協力体制を1970年代までに確立した。

2　権力を「下から」定義する

（1）　CO の始祖、アリンスキー

実は、上記のような FBCO の理念と実践を確立したのは、1930 年代のシカゴで IAF を設立した「コミュニティ・オーガナイジングの父祖」、アリンスキー（Saul D. Alinsky）である。ここでは、FBCO の核心となる権力の概念をアリンスキーの理念から抽出し、政治と宗教に関する議論への補助線としたい[9]。

アリンスキーは、1930 年にシカゴ大学社会学部卒業、犯罪学を専門として修士課程に入学したいわゆる「シカゴ学派」の社会学者である。アル・カ

8）2011 年の時点で、アメリカの FBCO には 2 万人以上のリーダーが存在し、そのうちの5000 人が過去 1 年間にトレーニング・セッションに参加したと言われる（Fulton 2017）。
9）以下、アリンスキーの記述については注釈がない限りすべて石神（2021）からの引用である。

第 1 章　権力を持つのは誰か？（石神圭子）

ポネの組織に出入りする少年ギャングの調査や、刑務所での調査官を経て、青少年調査研究所に勤務、そこがシカゴ市の貧困コミュニティの調査に着手すると、自身も周辺化されたコミュニティに精通していった。市中心部の食肉加工工場の裏手にある、いわゆる「新移民」と呼ばれる東南欧系移民居住区、「バックオブザヤーズ」がその一つで、アリンスキーはここで研究者生活を脱し、「オーガナイザー」として組織化に着手することになる。ここで彼は、当時敵対関係にあったカトリック教会と CIO（Congress of Industrial Organizations）と協力し、住民の組織化に成功、1940 年に IAF を設立した。

　アリンスキーは、明確にインテレクチュアル・ヒストリーの中に位置づけられる。彼がフランスの哲学者ジャック・マリタンや、ラインホールド・ニーバー、ジョン・デューイに知的影響を受けたことは既に指摘されているが（Bretherton 2015）、最も影響を受けたのはアレクシ・ド・トクヴィルだった。自己利益から「啓蒙された自己利益」を導く共同性、その舞台となる地方自治、デモクラシーという目的の追求という点において、アリンスキーはトクヴィルを引き継いでいた。他方、アリンスキーは政治的リアリストでもあり、ゆえに民衆（people）の無力と不平等から出発した。無力な民衆（have-nots）は、彼らを周辺化する構造的権力を打破するための「権力（power）」を持つことが必要である。この人民の権力の重視が、右派からは「非道徳的」、左派からは「急進的」として嫌悪されたのだった。

　だが、この権力概念は過激思想ではもちろんない。アリンスキーは、1961 年に「権力の道徳性（Morality of Power）」というスピーチ（のちに彼の著書『ラディカルの教則（*Rules for Radicals*）』1972 年出版に掲載）を行っている。現代リアリズムを代表するウェーバーは、政治（国家）を倫理的にするのは、政治の決定的手段となる暴力の結果に責任を取ることであるとしたが、アリンスキーは、このスピーチで関係的な権力（relational power）──個々人が他者と共に構築する権力──が暴力に代わって機能する方法に関心を寄せている。アリンスキーが『ラディカルの教則』のタイトルを、当初『貧者のためのマキャヴェリ（*Poor Man's Machiavelli*）』としていた（出版社に反対さ

39

れ変更）のは、それゆえである。1960 年代、教会やリーダーらとの会議の席で、彼はいった。「結局は、彼ら（住民）が自ら辿ってきた道を恥じぬよう、（彼らが）責任を取るべきだ」（Schutz and Miller 2015：70）。

　彼のいう権力の道徳性とは、関係的権力と自己利益を用いて、民主的な熟議（deliberation）と行動を促進する方法を学ぶことである。アリンスキーが再三述べるように、リベラルとラディカルの根本的違いは権力の問題にある。曰く、「リベラルは客観性や公正中立な正義感を標榜し、頭の中でのみ民衆を愛しているに過ぎない〔中略〕そして、リベラルは民衆が実際に目的を達成しようとすると、その手段には同意しない。なぜなら、彼らは民衆の権力とその行使には極端な恐怖心を抱いているからだ」（Alinsky 1946＝1989：15）、と。

　事実、権力を定義するとき、アリンスキーはウェブスター辞典の定義を引用し、「行動する能力」とした。こうした権力観は、フェミニズム研究者、アレンのいう権力の定義「ある行為者または行為者の集合が行動する能力」と重なり合う。彼女は、権力を「power over（ある人々が他者を支配する力）」、「power to（人々が支配に抵抗する力）」、そして「power with（人々が連帯してともに支配に挑戦する力）」を包含するものとする（Allen 1999）。アリンスキーはアレンのように、権力を戦略的に用いるためには、それを広義に理解する必要があると考えていた。では、行動する力とはなにか。彼は「抵抗者による反応（the reaction of the opposition）」（Alinsky 1971＝1989：74）だという。政治学者プルワニは、上記のアリンスキーの定義をルークスの権力の概念化（Lukes 1974）を念頭に置きながら、主体性の概念に関する重要な指摘だとする（Phulwani 2016：867）。主体性とは、他者からの解釈とそれへの反応から成っているのであり、「無視されないこと」が前提である。主体的であるためには、ある行為の源となっている他者との関係に自己が存在しなければならない。これが、アリンスキーの関係的な権力の真の洞察である（Phulwani 2016：868）、と。

　既存の政治制度によって抑圧されてきた人々は、自己を利益最大化の主体として見なすことができない。組織化が自己利益を優先するのは、人々に自

己のアイデンティティと政治的利害の間に深いつながりを持たせ、自己利益を当事者自身が定義することを重要視したからである。オーガナイザーは、人々が自分の利益をどのように理解しているかを学び、同じ利益を持つ仲間を探しだし、権力の使い方を教える。オーガナイザーを介在させて個人主義への解毒剤、「啓蒙された自己利益」を導くのだというトクヴィル的思考のアップデートは、こうしてアメリカの CO の原理を形成したのだった。

（2）　権力への抵抗論理

　ユダヤ系ロシア人の 2 世であったアリンスキーは、信仰に篤い人物ではなかった。だが、アリンスキーの活動に最も理解を示したのは、地域に資産を有するカトリック教会だった。当初、「利害関係」によって繋がっていたアリンスキーとカトリック教会の関係は、労働者の権利保障や人種差別の禁止、都市住民の生活保護などが宣言に盛り込まれた第 2 バチカン公会議を経て強固になった[10]。1969 年に結成されたアメリカのカトリック教会による「人材開発キャンペーン（Campaign for Human Development）」は、公会議後のアメリカのカトリック内のリベラル派を結集させ、アリンスキーの活動に対する経済援助を開始、現在も IAF 南西部支部をはじめとするFBCO の活動を支援している。

　また、近年、歴史学の立場からアリンスキーの活動を再評価したサントゥによれば、アリンスキーはカトリックの社会教義の一つ、「補完性の原理（principle of subsidiarity）」に強く影響を受けていた（Santow 2023）。補完性の原理とは、可能な限り地方（国家ではない教会や家族、学校など）に意思決定権を委譲することで、個人の尊厳を守ろうとするものである。むろん、この原理はアメリカにおいて州権論を支持する保守層にも利用されうる。だが、サントゥは神学者の議論を引用し、「白人の逃亡（white flight）」[11]とい

10）1965 年、後のローマ教皇パウロ 6 世（モンティニ大司教）とアリンスキーはミラノで会い、イタリアにおけるオーガナイジングの可能性について話している。

11）白人居住区に「黒人がやってくる」と脅して不当に安く家を売らせ、その家を黒人に高く売るという不動産業者の行為を「ブロックバスティング（街区破壊商法）」、黒人居住区を融資危険地域として銀行が融資を渋る「レッドライニング」、そうした住宅市場を放置した政府の

第Ⅰ部　社会に遍在する政治をどのように語りうるか

った人種問題の根底にある市場、国家による政策との闘いの象徴としてのアリンスキーを強調する。そして、「補完性の原理とは〔中略〕個人の尊厳を確保するための社会条件——共同体、制度、あるいは政府による活動——に対する倫理的命令に基づいている〔中略〕つまり、地方の活動は望まれるが、倫理的命令の観点からより広範な活動が必要とあらば、そうすべきなのだ」（Santow 2023：307）と指摘する。

　通常、地方自治の原理に組み込まれる「補完性の原理」だが、とりわけアメリカの人種問題は決して地方自治で解消されるものではない（むしろ自治が人種問題を温存・悪化させる）。歴史的には、ジョンソン政権時代、「貧困との闘い（War on Poverty）」政策の一環として、「コミュニティ活動事業（Community Action Program）」が実施された。全米の 1000 余りの都市にコミュニティ活動機関を設置、連邦資金を投入することで貧困者のエンパワメントを行う——「自助」により人種問題を緩和する——というこの政策は、結局のところ、現場の意思決定に貧困の当事者を入れるものではなく、当事者の不満と失望を生んだ。むろん、アリンスキーは人種的コミュニティを組織化し、都市行政との対決姿勢を強めた。こうしてコミュニティ政策が生じさせる諸問題に精通していたアリンスキーが、補完性の原理を念頭に、社会編成原理の再編に焦点を当てていたとすれば、FBCO はその初期から宗教と手を取り、草の根から公共圏を模索していたことになる。

　1972 年のアリンスキーの死後、IAF は組織構造を刷新、現在のような運営システムを確立するとともに、組織化にコミットすることの価値を前面に打ち出すようになった。神学部の教員で、牧師の資格を持つスタッファーは、自身も NOAH でオーガナイザーとして活動しながら、その目的を「価値観とコミットメントのモザイクを生み、それが宗教的に多様な有権者の連帯を効果的に促進すること」という（Stauffer 2024）。

　では、そうした試みは、具体的にどのように行われているのだろうか。

不作為が、1960 年代以降の都市中心部のスラム化を引き起こした。

3　揺れる公共圏

（1）　パブリック・ナラティブ

　FBCO が「目に見える」結果を生んだ事例として、ミシガン州デトロイト市の MOSES（Metropolitan Organizing Strategy Enabling Strength）の活動がある。デトロイト市は、過去 70 年間、白人が郊外に「逃亡」することによって人口が減少し、市中心部には黒人貧困層が居住、市の黒人人口は白人を上回っていた。MOSES は、1997 年に市の有志の聖職者が FBCO の一つ、Gamaliel Network（前掲表参照）のトレーニングを受けたのち、正式に Gamaliel Network の支部となった。周知のとおり、2009 年の金融危機によりデトロイト市のクライスラーと GM が経営破綻（市は 2013 年に破産）、インフラの一つである水道局が売却され、市債の返済に充てられることになった。以前は行われることがなかった水道料金の滞納による断水が行われるようになり、これにより多くの人が家を失った。このことをいち早く察知し、重大視したのは、リスニング・キャンペーンを行っていた牧師たちだった（Haapanen et al. 2023）。

　以後、MOSES のオーガナイザーと聖職者らはミシガン州立大学やウェイン州立大学の公衆衛生学、工学の教授らから知識を得、独自に調査を行い、水道使用の公平性に関する提言をまとめた。同時に、市政において聖職者の力が大きいことを利用し、水道代が払えず家を手放す人々が増加すれば、市財政は改善しないと主張、水道インフラと料金に関する意思決定に地域社会の意見を反映させるよう、市長や市議会議員に圧力をかけていった。

　他方、住民には個人主義に基づく自己責任が蔓延していた。MOSES は、組織化の過程で、個人化された「ナラティブ」を公的なものに転換していった。「水は基本的人権で、断水は尊厳の軽視だ」。聖職者らは住民に語りかけた。続けて、問いかけた。「デトロイト市民「だけ」が不当な水道料金を負担するのか？水道を使う人々全員が負担すべきではないのか？」（Haapanen et al. 2023：12）。そして、最終的に市と郡（カウンティ）の間に引かれた人種的境界線をも強調した。白人の逃亡は、郊外に白人を引き寄せる不動

第Ⅰ部　社会に遍在する政治をどのように語りうるか

産業や黒人に融資を行わない銀行が引き起こすものである。水という基本的人権の侵害（断水）は、空間と人種の問題なのだ、（Haapanen et al. 2013：13）と。

　ハーパネンらによれば、パンデミック下でも続けられたMOSESの活動は、最終的に断水停止を導いた。そして、その成功要因は「参加者らが個人的な痛みや葛藤を他者と共有することで、同じような苦難を経験している人々と関わり始めたことだ」という（Haapanen et al. 2013：11）。個人の苦難を公的な文脈に転換し、苦難の根本的原因に対応するために住民の間に強固な信頼関係を創出し、これをもとに行動へと移す。こうした市民活動の環境整備のために、FBCO独自の教育体系を含む方法論があるのである。FBCOがマルチ・イシューを掲げるのは、非対称な権力構造とそれに基づく人々の痛みは日常のあらゆる側面に潜在しているからである。周辺化された人々の声は脆弱で、個人主義や自己責任のナラティブに絡めとられる。人種やジェンダーといった権利をめぐるイシューは、弱い声を強い連帯に転換していく――パブリック・ナラティブの形成――過程で、オーガナイザーらの力を得ながら集約されていくものなのだ[12]。

（2）　カウンター・パブリック

　近年、政治神学の領域では、宗教と世俗という二分法を拒絶し、FBCOを、「カウンター・パブリック（counter public）」を形成する場とみなしている。カウンター・パブリックとは、ある集団の支配的な解釈に対抗する広く開かれた対話の場である（Stauffer 2024）。宗教と政治は融合しえない（切り離すべき）という従来の議論に対して、スタッファーは、特定の宗教を排除し中立を重んじる世俗主義の「イデオロギー」は、世俗それ自体に組み込まれているジェンダー、人種、宗教的ヒエラルキーを無視している、と批判する。

---

[12]　水道事業の民営化に伴う「水貧困」、そうした資本の論理に対抗する「コモン」の拡充を図る「自治」の重要性は、近年「コミュニティ・オーガナイジング」への言及とともに、指摘されている（斎藤／松本編 2023）。筆者は、こうした議論に深く共鳴しつつ、日本とは異なる社会編成原理を有するアメリカの文脈を捨象した過度な一般化には慎重なスタンスをとる。

「世俗」とは宗教への敵意や理性、平等、民主主義に憑りつかれた、抑圧のイデオロギーである、と。事実、たとえば黒人教会は、既存のアメリカの民主主義の制度や慣行を批判する場であった。黒人コミュニティと重なり合う黒人教会は、白人社会に対する抵抗だけでなく、黒人社会の共同体意識と自律性・主体性の涵養を促進した。そこでは、政治と宗教、公と私は常にあいまいで、すっきりと二分できるものではなかった。宗教的コミュニティ意識が、黒人の経済的協力関係を構築し、政治的な力へと転換されたように（Stauffer 2024：29）。

　この「カウンター・パブリック」の概念は、神聖な価値（sacred value）に基づいて関係的な権力を構築していくことを前提としている。FBCO は必ずしもキリスト教に限らず、イスラム教やヒンドゥー教も受け入れる。その点で、FBCO 組織はアメリカでも最も宗教的・人種的に多様な組織であり、分裂を招きかねない相互の相違ではなく、異なる信仰を持つ者同士の共通の価値——たとえば愛や個人の尊厳——を用いて関係性を構築していく（Fulton 2017）。信仰に基づいた価値が共有されなければ、ミーティングや意思決定が支配的権力に浸食されてしまう。つまり、信仰に基づいた価値＝宗教的規範は自他ともに従う行動パターンとして機能し、それらを受け入れる参加者の間に——政治という営みに不可欠な——信頼を生むことが想定されているのである。ブリザートンは、社会の周辺に追いやられた集団のアイデンティティ強化ではなく、集団の内側（排除された側）と外側（「市民」の側）を媒介・攪乱する組織として FBCO を位置付けているが（Bretherton 2015）、スタッファーらはより、価値の問題を重視している。現代の政治社会においては、人々の内面に潜む怒りや悲しみといった情念（passion）を適切に表現する慣習を培う必要があり、それは神聖な価値と深くつながっているからだ（Stauffer 2024）。

　濃淡はあるにせよ、近年の CO 研究者が共有している「カウンター・パブリック」とは、費用便益を最大化しようとする資本主義の論理や、それに裏打ちされた人種的不正義といったドミナントな価値への「対抗」である。パブリック・ナラティブはそうした抵抗の手段として効果的に用いられている。

FBCOは、政党に回収される「宗教左派」を形成するわけでもなく、単なる「社会運動」とも言い切れない。だからこそ「不可視化」されてきたのだが、アイデンティティ・ポリティックスの台頭と分断が問題視される現在、FBCOが形成する公共圏が「カウンター」として機能しているのは明らかだ。むろん、組織内部にはオーガナイザーの成果主義に基づいたヒエラルキー構造が存在するし（石神 2024）、そもそも教会というFBCOの中心的要素こそが、宗教指導者による権威の象徴でもある[13]。男性がマジョリティを占める聖職者に権威が集中すれば、最周辺化されているマイノリティの女性は組織から離れていく。その意味で、「可視化」されたとたんに権力や権威のありかが問われるのが、FBCOなのである。公共圏はつねに揺れ動くものとして捉えねばならない。

おわりに

「僕たちは特別な人間ではない。普通の人たちと同じだ。ただ、組織化は「友達同士のなれ合い」の中では成功しない。だから、自分と「彼ら（＝住民）」には意識的に線を引くようにしているんだ。」

冒頭のトンプソン（仮名）は、インタビュー中にこう断言した。筆者がインタビューを繰り返してきたオーガナイザーらは、「指導者らしく」ふるまうことに長けていた。社会運動やNPO活動において重要視される「フラットな関係」や、「フォロワーの多い（物腰はやわらかいが芯があり、魅力的に映る）アクティヴィスト」とは正反対の「オーガナイザー」が地域社会に受容されているのは、FBCOという自己利益を集団的決定につなげる回路が、アメリカ社会において「制度化」されていることを意味する[14]。

---

13) 聖職者でもあるスタッファーは、公共圏は「宗教的言語で行われる説明を」誰にでもわかるような言葉に「翻訳（translation）」されることによって形成されうるとしたハーバーマスの近年の議論を踏まえている。

14) いうまでもなく、ここでは前頁で論じたような、宗教が「規範」として機能している点と合わせて、こうした市民が集まる場という「制度」が政治の未来のカギとなるというアンセルの近年の議論を下敷きにしている（アンセル 2024）。

また、FBCO 組織は、イシューの策定、政治家への陳情・請願のほかに、有権者登録運動などを行っている。だが、そのための調査や根回しはオーガナイザーとリーダー、聖職者が行い、地域住民は受動的である。アメリカにおいて「周辺化された人々」の多くは既存権力構造の埒外に置かれた人種的・民族的マイノリティであることを考えれば、これはごく当然の帰結である。だが客観的には、「エリート」集団が貧困地域を組織化するという非対称関係が浮上することになる（石神 2024）。そしてこれは、本章で触れてきたような「国家権力によるコミュニティへの介入」に付随する問題を超えた問題である。したがって、FBCO を分析するときには組織する側とされる側に生じる違和感や対立さえも捉える必要があるのだ。「マジョリティ」が「マイノリティ」を組織化するとき、そこに「不可視化された暴力」は生じないのか。この点は残された課題であり、先行研究でも十分に扱われていない。それゆえ、CO をたとえば「市民教育の効果的手法」（岡崎 2023）として矮小化する議論には、留保をつけざるをえない。

　最後に、本章で「解剖」された FBCO は、所詮、その活動の一端でしかないことを付け加えたい。本章で触れられなかった先行研究のほうが圧倒的に多く、研究上の論点も多岐に渡る。それは、CO という実践が豊かな学問的可能性を有していることを示すとともに、政治学領域に、「今後は CO を無視できない」という事実を突きつけてもいる。

参考文献

アンセル、ベン（2024）『政治はなぜ失敗するのか――５つの罠からの脱出』砂原庸介監訳、飛鳥新社。

石神圭子（2021）『ソール・アリンスキーとデモクラシーの挑戦―― 20 世紀アメリカにおけるコミュニティ組織化運動の政治史』北海道大学出版会。

石神圭子（2024）「参加を仕組む――アメリカのコミュニティ・オーガナイジングの組織運営及び動員過程」福岡女子大学国際文理学部紀要『国際社会研究』13。

石原圭子（2010）「ブッシュ政権による信仰基盤・地域構想――政治と宗教との新たな地平」『東海大学総合教育センター紀要』30。

岡崎晴輝（2023）「市民の統治技術論のために」『年報政治学』2023-II。

木下武徳（2007）『アメリカ福祉の民間化』日本経済評論社。

斎藤幸平／松本卓也編（2023）『コモンの「自治」論』集英社。

堀内一史（2002）「ブッシュ政権における政府と民間非営利組織とのパートナーシップ
　　──「信仰およびコミュニティに基づくイニシアティブ」を中心に」『麗沢学際ジャーナル』10（2）。

室田信一／石神圭子／竹端寛編（2023）『コミュニティ・オーガナイジングの理論と実践──領域横断的に読み解く』有斐閣。

Alinsky, Saul D.（[1946] 1989）*Reveille for Radicals*. Vintage Books

Alinsky, Saul D.（[1971] 1989）*Rules for Radicals: A Pragmatic Primer for Realistic Radicals*. Vintage Books

Allen, Amy（1999）*The Power of Feminist Theory: Domination, Resistance, Solidarity*. Westview Press.

Bretherton, Luke（2015）*Resurrecting Democracy: Faith, Citizenship, and the Politics of a Common Life*. Cambridge University Press.

Fulton, Brad R.（2017）"Fostering Muslim Civic Engagement through Faith-Based Community Organizing", *Journal of Muslim Philanthropy and Civil Society* 1（1）.

Haapanen, Krista A., Christens, Brian D., Speer, Paul W., Freeman, Hannah E.（2023）"Narrative Change for Health Equity in Grassroots Community Organizing: A Study of Initiatives in Michigan and Ohio", *American Journal of Community Psychology* 73（3-4）.

Han, Hahrie（2014）*How Organizations Develop Activities: Civic Associations and Leadership in the 21st Century*. Oxford University Press.

Hart, Stephen（2001）*Cultural Dilemmas of Progressive Politics: Styles of Engagement among Grassroots Activities*. University of Chicago Press.

Lukes, Steven（1974）*Power: A Radical View*. Macmillan Press.

McAlevey, J. F.（2016）*No Shortcuts: Organizing for Power in the New Gilded Age*. Oxford University.

Medellin, P. J., Speer, P. W., Christens, B.D., and Gupta, J.（2021）"Transformation to Leadership: Learning about Self, the Community, the Organization, and the System". *Journal of Community Psychology*, 49（8）.

Phulwani, Vijay（2016）"The Poor Man's Machiavelli: Saul Alinsky and Morality of Power". *American Political Science Review* 110（4）.

Salamon, Lester M.（1995）*Partners in Public Service: Government-Nonprofit Relations in the Modern Welfare State*. Johns Hopkins University.

Santow, Mark（2023）*Saul Alinsky and the Dilemmas of Race: Community Organizing in the Postwar City*. The University of Chicago Press.

Schutz, Aaron., Miller Mike（2015）*People Power: The Community Organizing*

Tradition of Saul Alinsky. Vanderbilt University Press.

Skocpol, Theda（2003）*Diminished Democracy: From Membership to Management in American Civic Life*. University of Oklahoma Press.

Skocpol, Theda, Ganz, Marshall and Munson, Ziad（2000）"A Nation of Organizers: The Institutional Origins of Civic Voluntarism in the United States". *American Political Science Review*, 94（3）.

Snarr, Melissa C.（2011）*All You That Labor: Religion and Ethics in the Living Wage Movement*. New York University Press.

Stauffer, Aaron（2024）*Listening to the Spirit: The Radical Social Gospel, Sacred Value, and Broad-Based Community Organizing*. Oxford University Press.

Warren, Mark R.（2001）*Dry Bones Rattling: Community Building to Revitalize American Democracy*. Princeton University Press.

Wilcox, Clyde and Robinson, Carin（2007）"Prayers, Parties, and Preachers: The Evolving Nature of Political and Religious Mobilization", J. Matthew Wilson ed., *From Pews to Polling Places: Faith and Politics in the American Religious Mosaic*. Georgetown University Press.

Wood, Richard L.（2002）*Faith in Action: Religion, Race, and Democratic Organizing in America*. University of Chicago Press.

Wood, Richard L., Warren, Mark R.（2002）"A Different Face of Faith-Based Politics: Social Capital and Community Organizing in the Public Arena", *International Journal of Sociology and Social Policy*, 22（9-10）.

Wuthnow, Robert（2023）*Religion's Power: What Makes it Work*. Oxford University Press.

第2章

日本のNPO法と市民社会の組織内デモクラシー
── 立法過程における「定款自治」の成立を中心に

大和田悠太

はじめに

　本章は、市民社会の組織内デモクラシーを主題とし、日本における法制度や、そのもとでの組織の実態について分析するものである。日本では1990年代以降、NPO法の成立をはじめとした制度変革がなされ、市民社会を取り巻く環境が大きく変わった。NPO法人は急速に増加し、約5万に上っている。市民社会の発展をめぐる議論は活発になされ、NPO研究も増加した。しかしながら、そこにおいて組織内デモクラシーという視点は欠落しがちであったことが否めない。そのようななかで本章は、組織内デモクラシー研究の視点からNPO法成立以後の日本の市民社会について再考し、研究に一石を投じたい。

　以下では、まず、市民社会の組織内デモクラシーの政治学的位置づけを論じたうえで、その視点から市民社会組織（civil society organization：CSO）に関する法制度の多様性と日本のNPO法の特徴を確認する。ここでは比較法的考察により、国際的にみて日本のNPO法は、組織内デモクラシーを求める規制が弱いことを指摘する。続いて、このような法制度が、なぜ、いかにして生まれたのかを、NPO法の立法過程分析により明らかにする。本章の中心は、この分析である。そのうえで最後に、以上の法制度のもとでの日本のNPO法人の実態を一瞥したい。

1　市民社会の組織内デモクラシーと日本の法制度

（1）　なぜ市民社会の組織内デモクラシーか

　CSO の内部のデモクラシーは、政治的に重要な意味をもつ。トクヴィル以来の「デモクラシーの学校」の理論は、その説明の一つである。日常生活で関わる様々な組織の運営でデモクラシーの手続きを経験するなかで、人々は市民的スキルや政治的有効感覚を獲得していく。それは、国、自治体をはじめ様々なレベルの政治参加の基礎となる。もちろん、CSO がデモクラシーを機能させる因果メカニズムは、この論理によるものだけではなく、したがって組織内が民主的な団体だけが民主政治を支えるというわけではないが、重要な回路の一つといえる（Warren 2003；Fung 2003；Freise and Hollman 2014；Bolleyer 2024）。

　他方で、市民社会の枠組みは法制度として定められている。そのため市民社会の組織内デモクラシーを考えるうえで、国、自治体などのレベルの政治は無視できない。もちろん、法だけでなく様々な政策要因を論じる必要があるが、法は市民社会の最も基本的な枠組みをつくり出している。こうした法領域は非営利法、市民社会法、アソシエーション法などと呼ばれているが（Salamon 1997；van der Ploeg et al. 2017；佐藤 2023）、以下、本章ではCSO 法と呼ぶ。

　CSO 法については国際比較研究も進んでいるが、比較法学的アプローチでは、ある制度がなぜ選択されてきたか、どのような市民社会の実態に帰結しているかは基本、射程外である。他方、政治学において市民社会の組織内デモクラシーは利益団体研究などで一大論点となってきたが（Jordan and Maloney 2007；Halpin 2010）、CSO 法研究との接続は弱い。そのようななか本章と関心が大きく重なる数少ない研究として、欧州の CSO 法を比較政治学的に分析した Bolleyer（2018）や Hadjievska（2018）が挙げられるが、本章は、これらを意識しつつ日本を対象とした分析を行う。

　なお、ここでのキーワードは組織内デモクラシーであるが、本章が扱うのと同様の対象は専ら、非営利組織のガバナンスという言葉を用いて研究され

てきた。しかし、両者は異なる概念である。たとえば、Meyer and Mair (2015) は、非営利ガバナンスに関する言説を「経営主義型」「専門職業型」「市民型」「家族型」「草の根型」の五つのタイプに整理している（Donnelly-Cox et al. 2020 も参照）。組織内にデモクラシーを確立しようとするのは市民型であるが、ガバナンスは他のモデルによっても成立しうる。他方で、組織内デモクラシーの存在は、シティズンシップの涵養など個別団体のガバナンス向上以外の機能を果たしうる（Enjolras and Steen-Johnsen 2015）。

　非営利ガバナンス研究の主流は経営学や会社法におけるコーポレート・ガバナンスの延長で、アメリカを中心に発展した。しかし、理事会分析への関心の集中など、その一面性も指摘されてきた（Cornforth 2012）。そのようななかでパースペクティブとしてのデモクラシーを強調する Guo et al. (2013) や、北欧諸国などの伝統に留意してメンバーシップ型組織の民主的ガバナンスを考究する Hvenmark and Einarsson (2021) などは重要な視点を提供している。こうした議論を踏まえつつ本章は、理事会のみならず、集合的意思決定にメンバー全員が関わる総会の役割や、メンバーと理事などとの間に成立する代表関係に焦点をあてて CSO を分析する。

（2）　比較 CSO 法の中の日本の NPO 法

　国際的にみると CSO 法の多様性は顕著である（Salamon 1997；Bolleyer 2018；van der Ploeg et al. 2017）。本章が着目する組織内デモクラシーに関する規定も例外ではない。リベラル・デモクラシー諸国に絞って議論するかぎり結社の自由が認められるのは共通であるが、法人法制や税制は大きく異なる。団体が一定以上、組織化された活動をする場合、一般に法人として活動する。よって、法人格取得要件が、組織発展の重要な規定要因（インセンティブ、アイデア）となる。団体の組織内デモクラシーに関わる要素も、このような要件となっている場合がある。

　対照的な事例であるイギリス法とオランダ法を取り上げて説明しよう（Salamon 1997；Hopt and von Hippel 2010；van der Ploeg et al. 2017；Hadjievska 2018）。まず、コモンロー系法伝統の典型たるイギリス法では、

53

団体の組織構造について法は多くを定めない。団体内部のことは団体に任されている部分が多い。信託、法人格なき社団の形態をとる場合と異なり、有限責任会社の法人格をとる場合は会社法に基づく組織設計が必要だが、やはりメンバーが意思決定に参加する仕組みは必須でない。税制優遇が関わるチャリティの認定にも様々な要件があるが、組織構造に関する事柄は、ほとんど含まれない。

　これに対して、オランダ法では、法人の組織内デモクラシーを強く要求している。社団について、全体として法規制は最小限にとどめられているのであるが、こと組織構造については満たすべき条件が詳細に書かれている。必ず年一回の総会を開催し、会計の報告を受けるほか、規約変更、理事会の最低半分の選任と解任、会員の入会を理事会が拒否したときの判断、会員資格停止、社団の解散、および法律や定款が他の機関の権限として定めていないことの決定は、総会の権限である。オランダ法は、総会を通じて会員が意思決定に関わり理事会を統制するほか、情報公開の義務により組織の透明性を確保している（Li 2005）。

　リベラル・デモクラシー諸国の CSO 法は、この両極の間のどこかに位置づけて捉えることが可能であろう[1]。たとえば、ベルギーは社団について、総会のみに理事選出や予算・決算承認などの権限を与えている。スペインも要求水準が高い。ドイツ、カナダ、オーストラリアなども、理事の選挙を定めている。ただし、義務的とまでは言えず、判例は柔軟性を認めているとも指摘される。アメリカ法はイギリス法に近く、そもそも理事会と総会という二本柱の仕組みをとっていない（Salamon 1997；Hopt and von Hippel 2010；van der Ploeg 2017）。

　1）言うまでもなく、規制が強い部類の法規制は、組織内デモクラシーを促進する意図によるものばかりでない。そのことは、権威主義体制が CSO の活動を強く規制することを考えれば明らかである（Dematte 2020）。他方、組織内デモクラシーを促進する意図を強くもつ国家も、法で法人を規制するばかりではない。たとえばスウェーデンでは、CSO の団体内部を規律することは法伝統になじまないとして、団体の民主的統制を意図した立法案が何度も否決されている。しかし、様々な団体支援政策の枠組みで組織内デモクラシーの有無を基準としている（Bolleyer 2018）。

では、日本の CSO 法は、どう位置づけられるだろうか。日本の市民社会を長らく規定してきたのは、1897 年以来の民法 34 条の公益法人制度と戦後の各種特別法からなる体制である。明治民法の制度はドイツ民法などの影響を受け作成されたが、日本独特の要素が多くあった。社団法人の機関は社員総会と理事を必置とし、監事の設置は任意であった。総会の権限は、定款で理事などに委任したものを除く全てとし、定款変更や解散など他の条文で総会決議を必要としているもの以外、定款に委ねた（林 1976）。ただし、旧公益法人制度は、法人の設立は主務官庁の許可により、運営を行政が指導・監督する仕組みであった。その下で、理事の選任を総会で行うことなどは一般的だったようである（森泉 2004：61-62）[2]。

とはいえ、行政の統制は裁量的であり、恣意的介入も可能だった。そもそも国家が「公益」を定義し、限られた団体のみに法人格を認める体制であった。多くの市民活動にとって法人格のハードルは高く、縦割りの行政分野に対応した活動に限定された。非営利だが公益目的とは言えない団体には法人格取得の道がなかった（岡本 2015）。この体制は約 100 年間、変わることがなかったが、そこに風穴を開けたのが特定非営利活動促進法（NPO 法）であり、その後、同法改正や公益法人改革関連 3 法などが続いた。法人制度改革により市民社会を取り巻く制度環境は様変わりし、多くの CSO が新たに法人格を取得した。

1998 年成立の NPO 法は、社員総会、理事（3 人以上）、幹事を必置としているが、社員総会に関しては民法の条文を準用するとのみ書いた（30 条）。この部分は、公益法人制度改革（2008 年）の際に、現行 NPO 法第 14 条の 5（「特定非営利活動法人の業務は、定款で理事その他の役員に委任したものを除き、すべて社員総会の決議によって行う」）に移されたが、内容に変化はない。他の条文で総会の決議が必要と書かれたのは定款変更、合併、解散のみであり、それ以外は定款で自由に設計でき、理事会で決定する仕組みも可能である。その一方、行政の統制は排除されている。許可主義でなく準則主義に近い認

2）たとえば、「公益法人の運営に関する指導監督基準」（1986）では「社団法人の理事は、総会で選任するものとする」などと書いている。

証の制度を採用し、情報公開の仕組みを設けて市民のチェックを重視した（堀田／雨宮 1998）。なお、2008 年成立の一般社団法人法では、社員総会、理事、監事を機関としたうえで総会の専権事項に理事の選出を含めるほか、組織ガバナンスを詳細に設計している（熊谷 2016）。会社法をモデルとしたものであるが、ここは NPO 法人との違いになっている（濱口 2019）。

　このように、組織内デモクラシーをめぐる日本の法人法の要求は緩やかであり、NPO 法についてそれが際立つ。総会、理事、幹事を設けるなど一定の規律は存在し、団体内部の事柄を団体の自由に任せているわけではない。英米などと比べれば、規制があるともいえる。しかし、前述のようにヨーロッパ諸国では、組織内デモクラシーを強く要求するケースがあるし、少なくとも理事を総会で選挙することを法で規定することなどは一般的である。以上のことから、本章では、NPO 法に論点を絞って分析を進めたい。

（3）　研究上の問いと分析枠組み

　上述のような NPO 法の組織法的特徴について、多くの研究があるわけではないが、自由度の高さを評価する向きがある一方、河島（2005）、馬場（2013）、松村（2018）などが批判的に論じているのは注目される。しかし、ここでは評価には立ち入らない。本章で考えたいのは、そもそも上述の NPO 法の特徴が、なぜ生まれたのかという問いである。NPO 法の立法過程については、初谷（2001）、小島（2003）、谷（2003）、松並（2008）、原田（2020）など、すでに多くの研究が存在するが、この問いについては明らかにされていない。

　NPO 法の立法過程は、五つの時期に区分できる（小島 2003；原田 2020）。①阪神・淡路大震災発生まで（〜 1994 年 12 月）、②第 1 次与党合意まで（〜 95 年 12 月）、③第 1 次合意破棄から第 2 次与党合意まで（〜 96 年 9 月）、④民主党との調整を経て市民活動促進法案の衆院通過まで（〜 97 年 6 月）、⑤参院での修正を経て特定非営利活動促進法の成立まで（〜 98 年 3 月）、である。結論から言えば、組織内デモクラシーに関わる論点は②までに決着が着いた。③以降の激しい政党間対立で争点化しなかったことは、本章の論点が

立法過程に関する先行研究で扱われてこなかった理由の一つであろう。

　しかしながら、立法過程で他の選択肢が追求されなかったわけではない。ここで注目すべきは「シーズ＝市民活動を支える制度をつくる会」（C's）である。NPO法は「市民立法」と呼ばれるように、市民社会のアドボカシーを背景とした立法過程が最大の特徴であり、その中心的担い手がシーズであった（原田2020）。シーズは、①市民活動団体が簡易に法人格を取得できる制度（できるだけ準則主義に近いもの）、②市民活動団体への支援税制、③市民活動団体の情報公開の仕組みの三つを目標に掲げた運動体だったが、以下で詳しくみるように、当初、これらに加えて組織内デモクラシーの構想をもち、総会が強い権限をもつ法人法の試案を掲げていた。ところが、シーズの掲げた主張で法律に反映されたものは多いにもかかわらず、この点についてはそうならなかった。

　本章は、立法過程の全体像については先行研究の理解を概ね共有している。そのうえで以下、組織内デモクラシーに関する上掲の条文が、いかにして成立したかという個別論点の解明を目的に、立法過程を再検討する。資料については、認定NPO法人まちぽっと所蔵の未公刊資料（「シーズ資料」および「東京ランポ資料」）を活用したこと、複数のキーパーソンに対するインタビューを実施したことが本章の特徴である。このほか、認定NPO法人まちぽっとウェブサイト「NPO法制定10年の記録」（以下、「10年の記録」と略記し、座談会やインタビューの番号を付す）、シーズ（1999）など当事者の著作物、および各種の二次文献も参考にした。

2　NPO法の立法過程・再考

（1）　東京ランポ試案

　1898年以来の日本の法人制度に対する批判的な議論の高まりと制度改革の機運は、1990年代に入る頃には高まっていた。80年代後半より様々なグループが訪米し、アメリカのNPOとそれを支える制度について学んだ。また、地球サミット（1992年）など国際会議において世界のNGOが集った

とき、組織基盤の彼我の差が痛感された。こうしたなかで日本の市民社会を支える法制度の問題点に目が向けられ、NPO法制定運動の前史となる動きが生まれていた（高田 2018；「10年の記録」Ⅲ-2-1）。

1993年になると、日本の市民社会を取り巻く法制度の改革案の検討が、いくつかの流れで生まれた。NIRA（総合研究開発機構）委託の研究グループ、NPO研究フォーラム、東京ランポ、自由人権協会、市民フォーラム2001などである。そして94年11月に、東京ランポ、自由人権協会、市民フォーラム2001の研究会を母体として結成された、立法運動に取り組む組織がシーズであった（山岡 1996；シーズ 1999：2）。結成時の構成団体は21であり、その後、拡大していった（『C's ニュースレター』創刊0号：1）。

ここで注目すべきは、東京ランポにおける市民活動推進法研究会の議論である。これはシーズの法人制度構想に直接つながる。東京ランポは、91年の生活クラブ生協・東京による「（仮称）東京市民活動センター」構想（市民運動全国センター、情報公開法制定市民運動が賛同）に発端があり、93年1月より生活クラブ生協・東京の一室で準備を開始し、4月に正式発足した。その中心にいたのが、生活クラブ生協・東京の林和孝であった。林和孝は、上述の80年代からの流れのなかで、世田谷のまちづくり関係のグループ（林泰義が中心）、日本太平洋資料ネットワーク（柏木宏、岡部一明）などと交流しながら、市民活動に関する法制度に問題意識を深め、東京ランポを立ち上げた（「10年の記録」Ⅲ-2-6）。

市民活動推進法研究会は、東京ランポの林和孝、辻利夫に加えて、当時ちょうど立法運動を視野に活動を本格化させようとしていた松原明の3人で立ち上げた。東京ランポ正式発足前の2月から始まった研究会は立法運動の構想を立て、運動に必要な法案の検討を開始した（「10年の記録」Ⅲ-2-1）[3]。準則主義、優遇税制、情報公開の3本柱は、ここでの議論で生まれて

3）まちぽっと資料によると、93年4月の第3回研究会（NPO支援制度研究会）までで立法運動の構想を確立し、法案に関する本格的議論を5月の第5回研究会から行っていたことがわかる（まちぽっと資料1-1-4、7、9、12、13）。その後、立法運動の戦略については主に松原、法案研究については主に林が詳細なレジュメなどを作成し、研究会で議論を重ねている。94年1～3月には試案の詳細が詰められていた。そこではA案とB案の二つを考案し、検討し

いた（同Ⅲ-2-6）[4]。こうした作業の結果、東京ランポの「市民活動促進法案」（以下、東京ランポ試案）が出来上がった。

東京ランポ試案は 4 月 23 日、シンポジウム「市民活動を支える制度を考える」において発表された。この集会は、法人制度に関する東京ランポ試案のほか、寄付税制に関する自由人権協会の試案、NIRA 研究グループの調査結果など市民社会からの様々な提案を大々的に発表するとともに、立法運動体の結成を宣言することをねらいとして企画されたものである。この集会の盛況に手応えをもって、シーズが 11 月に結成される（「10 年の記録」Ⅲ-2-1）。

ここで注目すべきは、東京ランポ試案が、組織内デモクラシーを意識した試案だったことである。法案検討資料（林和孝が作成）をみると、市民活動法人の「意思の決定は総会で行う」「民主的な運営」といったフレーズが初期より出てきている（シーズ資料Ⅰ-1-15）。市民活動促進法案を構想した林は、4 月のシンポジウムに先立ち、1994 年 3 月号の『月刊自治研』に「市民活動推進法の展望」という文章を発表しているが、そこには次のようなくだりがある[5]。

ていたこと、社会福祉法人（社会福祉事業法）、管理組合（区分所有法）、生活協同組合（消費生活協同組合法）、地縁団体（地方自治法）などの法人法の条文比較を行い、それを踏まえて試案を構築していたことなどがうかがえる（まちぽっと資料Ⅰ-1-26、27、28、29、30；シーズ資料Ⅰ-1-15、Ⅲ-1-8、18、20、23 など）。

4）簡易な法人格取得と税制優遇の仕組みについては、当時の様々な提言が共通して求めていたことであった。市民活動団体の情報公開というアイデアは、ランポの研究会で辻が出した（「10 年の記録」Ⅲ-2-6）。情報公開法を求める市民運動に取り組んできた辻は、政府の情報公開のみならず、市民団体にもそれが必要であるという考えをもっていた。日本の左派の政治・社会運動の組織論が有していた閉鎖性に疑問をもっており、そのことが上の考えの背景の一つだったとも語っていた（辻インタビュー）。辻をよく知る奥田裕之・前まちぽっと事務局長の回顧によれば、辻は「学生運動の失敗の落とし前をつける」と、しばしば語っていた。辻は自身の関わってきた、あるいは見聞きしてきた日本の社会運動の反省点として、しばしばアンダーグラウンド的な活動になってしまった、その原因として、集団内部の閉鎖性とフォーマルな団体構築の忌避の二点があったという認識にいたっていた（2024 年 12 月 7 日の「辻利夫さんを偲ぶ会」でのスピーチ）。辻において、いわゆる「1968 年」の運動とその後の反省的考察が、NPO 法の精神につながっていたというのは、興味深い事実である。

5）後に林は、連載「法人制度革命」『社会運動』（2010 年 2 月）において市民社会組織のガバナンスを論じている。その最終回では「民主主義の学校」の議論に触れ、Skocpol（2003 ＝2007）なども引いている。

市民団体は、一般に資本をもたない。人の結合だけが「資産」だとすれば、会員数、理事・幹事数など、一定数の人数をもって、法人の要件とすることが妥当と考えられる。組織の要件としては、規約または定款をもち、団体を代表する者がおり、民主的な手続きで団体の意思決定がなされることが最低、必要となるだろう（林 1994：38）。

　試案の条文をみると、「第3　組織及び運営の原則」に「自主的かつ民主的に運営されていること」と書かれている。「第11　総会」の「11-2　総会議決事項」は、「(1) 定款の変更 (2) 役員の選任 (3) 解散 (4) 会員の除名 (5) 合併 (6) その他定款で定める事項」となっている（シーズ資料 I -1-25）。現行法の条文と比べると、役員の選任や会員の除名を専権事項とするなど、総会の役割を明確に規定している。もう一つ現行法と異なるのは、一定規模以上の団体において、総会に代えて総代会を開いて議決することを可能としている点である（林 1994：38）[6]。

　この試案の条文をつくったのは林だった（「10 年の記録」Ⅲ-2-6；辻インタビュー；松原インタビュー）。林は議員秘書を務めた経験もあり、立法に関する知識が豊富だった。その林は、「戦後の政治風土のなかで労働組合やそれに関連する社会運動を見聞きした者にとっては、組織内民主主義や会員参加は、いわば当たり前のことでした」というが（林インタビュー）、付け加えるならば地域社会で独創的なデモクラシーの理論・実践を築き上げてきた生活クラブの思想的蓄積も重要な前提だろう（岩根 2012；横田 2002）。また、生協運動のなかで、民主的管理や組合員自治などを重んじる協同組合思想にも通暁していたはずである。

　この試案をつくる際には、生協法の条文が参考にされた[7]。生協法の組織ガバナンスは、組合員のメンバーシップを基礎に民主的運営を行うものであ

6）現行法では総代会を設けることは可能だが、社員総会の代わりにはならない（堀田／雨宮 1998：215）。
7）松原は、この試案が生協法をモデルとしてつくられたことは間違いないと、当時の議論を振り返る（松原インタビュー）。林は、様々な法律を比較検討したとしつつも、役に立ったのが生協法だとはいえるだろうと振り返っている（林インタビュー）。

る。総代会の規定などからも、生協法の影響がうかがえる[8]。そうした背景のもと林が書きあげたのが上掲の条文だったが、辻は、市民活動団体の組織ガバナンスに関しては「こんなものだろうだね、普通はこうだろうねという感じで、それほど議論にならなかったと思う」と研究会の議論の様子を振り返る（辻インタビュー）。

　以上、市民社会において生まれたNPO法の青写真をみてきた。94年後半からは、政党レベルの動きが本格化した（小島2003：65-71；原田2020：67-72）。6月の自社さ政権成立は大きな変化であり、政策決定システムも変化していた。また、小選挙区比例代表並立制導入を背景に各党には、無党派層の支持を集める、新しい支持基盤にNPOを組み込むといった考えが生まれていた（谷1999：245；原田2020：49；松原／大社2022：208）。11月に結成されたシーズは、立法の機運の高まりをみて当初計画を前倒しするかたちで本格的運動の開始を急いだ（『C'sニュースレター』創刊0号：2）。そのようななか95年1月、阪神・淡路大震災が発生した。

（2）　シーズ試案の発表とロビイング

　震災後、NPO法をめぐる政策過程は急展開した。2月に「ボランティア問題に関する関係省庁連絡会議」（18省庁連絡会議）が設置され、経企庁主導で「ボランティア支援法」の準備を進めた。与党3党の「NPOプロジェクトチーム」（与党PT）、新進党の「NPOパートナーズ」の立ち上げなど、政党の動きも加速した。市民社会の動きとしては4月に、シーズなど3団体の呼びかけで「市民活動の制度に関する連絡会」を結成した（小島2003：77-105；原田2020：75-78）[9]。

8）前述のとおり、法案検討作業では他法の法人格の比較検討がなされたが、総会の権限については、社福は規定なし、地縁団体は民法の規定を準用しているのに対して、管理組合と生協が独自規定をもっていることを、林は捉えていた。

9）震災をきっかけにNPO法が成立したという解説がみられるが、正確ではない。NPO法の立法への流れは95年より前に始まっていたこと、その担い手たちが、震災を受けて開始した連絡会議主導のボランティア支援立法を阻止したことで、その後、議員立法によるNPO法が実現したことを強調しておく必要がある。

シーズは当初、先行していた情報公開法制定運動をモデルに、市民運動として広範な組織を全国に拡げていくイメージで戦略を立てていた。しかし、震災で政府、与野党が一気に動いたことを受けて戦略を転換し、東京中心でシーズ試案をつくり、議員立法の実現を目指した（松原 1999）。この判断のもと、まずは 3 月にシーズの法案検討委員会が「市民活動を推進する二つの法律に関する提言（案）」を発表し、そのうえで 8 月、法人制度部分にあたる「市民活動推進法（試案）」（シーズ試案）を発表した（シーズ資料Ⅲ-3-8；シーズ 1996）。

法案検討委員会の中心は、林、松原と浅野晋であった（「10 年の記録」Ⅲ-2-6）。浅野は弁護士であり、アルコール問題全国市民協会の運動に取り組んでいた。シーズ試案は、東京ランポ試案を土台に修正を加えるかたちでつくられたが、その過程では浅野が積極的に議論をリードしたという（林インタビュー；松原インタビュー）。前述のとおり林のベースには生協法があり、情報公開の仕組みは辻の主張であったが、浅野の発想のベースは会社法であり、キーワードとしたのは「私的自治」であった。シーズ試案は、これら三つの要素が組み合わさるかたちで出来上がったものだといえる（松原インタビュー）。

総会の権限などに関する条文は東京ランポ試案から大枠に変化はなく、組織内デモクラシーの構想が保たれているが、より徹底するかたちの修正も加わった。シーズ試案の第 5 章「運営」第 1 節「総会（総会の権限）」をみると第 23 条に「総会は、この法律又は規約の規定する事項に限り決議することができる。／2　次の各号に掲げる事項は、総会の決議を経なりればならない」とあり、①規約の変更、②解散及び合併、③毎年度の予算案、④毎年度の活動方針及び事業計画、⑤収支計算書、賃借対照表及び活動報告書、⑥役員の選任及び解任、⑦会員の除名、⑧その他規約で規定する事項、が挙げられている（シーズ 1996：12）。東京ランポ試案の条文に、③④⑤が新たに加えられている。

シーズ試案は市民活動法人の運営について詳細な規定を意識的に設けていた（シーズ 1996：2）。シーズは、「法人の組織・運営についての民法の定め

は、必ずしも市民活動法人の理想や実体に沿ったものではありません。そこで、市民活動法人の理想・実体に即し、「私的自治の原則」、「情報公開の原則」に基づいた組織・運営の定めを設ける必要があります」とも述べている（シーズ 1996：37）。民法の準用でよしとは考えていなかったわけである。

　また、ここで私的自治というとき、行政の統制からの自由に加えて、自治の理念に基づく組織ガバナンスとして組織内デモクラシーが位置づけられていたことは注目される。私的自治の概念を説明するなかでシーズは、会社を株主がチェックする仕組みを法律がつくっているように、市民活動法人をメンバーがチェックする仕組みを、総会の規定などでつくることが重要だと述べている（シーズ 1996：49-50）。試案発表に先立つ 7 月の松原作成資料では、私的自治の説明において「新法においては許認可主義の廃止、民主的組織運営とセルフチェック制度の整備という方針が出てくる」と述べている（シーズ資料Ⅲ-3-2）。

　シーズは試案の解説において、立法コンセプトを私的自治の原則、市民主体・参加の原則、情報公開の原則、公平な社会的負担の原則の四つとし、「対象となる団体」「法人のコントロール」「税法上の扱い」の構想を固めたと書いている。このうち「法人のコントロール」については、「監督・所轄官庁」を置かず「私的自治の原則を重視」するとし、「会員によるチェック」「監査によるチェック」「情報公開によるチェック」「罰則」で統治をデザインした。「会員によるチェック」の一つとして「総会によるチェック」が重視されたが、ほかにも会員の代表訴訟などの仕組みが設けられていた（シーズ 1996：4-7）。

　シーズ試案は東京ランポ試案と比べても厳格な法人コントロールの仕組みをもつものになったが、それには次のような理由もあった。行政の監督なしでは法人ガバナンスは成り立たないという意見は根強くあり、また、オウム真理教事件を受けて、団体に対する監督を強めるべきだという主張が強まってもいた。そのなかで、行政の統制なしで、いかに厳格な仕組みがつくれることを示す必要があった。政省令で官庁の統制が入り法律の趣旨が損なわれる可能性をなくすため、細部まで法律に書ききることは立法運動の方針だっ

たが、そこに以上の背景も加わって、私的自治の原則のもと厳格な仕組みをつくるよう生協法や会社法の規定を細かく入れていったというのである（松原インタビュー）。

　以上のような試案を8月に発表しつつ、シーズは様々な方面に働きかけた。ロビイングで中心的役割を果たしたシーズ事務局長の松原は、「シーズ試案を発表した時点でのねらいとしては、NPO法案の一つの選択肢を示すことにより、より市民サイドの議論を活発化させることと、市民側のニーズを的確に立法者に伝えるということがありました」「その後の政党の動きや市民側が個別に独自の試案を提案していく状況を見るとき、このねらいは十分達成されたのではないかと考えています」と述べている（シーズ1996：初版第二刷への追記）。松原は次のようにも語っている。

　　粗々でもいいから、割とみんなが見てがっちりとした試案を作っちゃうんです。じゃないと、みんなどこが好きだ嫌だ、良い悪いと具体的に言えないから。法律は細部が大事なんです。「神は細部に宿る」を合言葉にして、ともかく全体をバサッとでも細かく示して、それをガンガン修正していく。意見をもらっていく。みんな大枠だと抽象的な意見しか出せないのですが、細部を出すと具体的な意見をもらえるんですね。〔中略〕それを出して、次は各党に諮ってもらう。政党ごとに特色があるので、政党に渡して、お宅の色がしっかり出るように、好きなようにアレンジしてください、各政党案として出してくださいと、こうやったんです。〔中略〕実は夢があって、明治期に憲法試案がいっぱい出されたじゃない。ああいうのを目指したんです（松原インタビュー）。

　シーズのロビイングは、インサイドとアウトサイドの両戦略を組み合わせたダイナミックなものであった（原田2020：98-118）。要望書や試案を提示したうえで、他の団体にも提言を促しつつ、公開シンポジウムや意見交換会を頻繁に催した。議員に直接のロビイングも行っていたが、シンポジウムなどに、ほぼ毎回、議員が参加していた。そのような公開の場で様々な意見が

出されたほか、アンケートが実施され、フィードバックがなされた。このような「ダイナミックな公開対話のプロセス」に、シーズのロビイングの特徴があった。東京ランポ試案やシーズ試案も、このようなプロセスを作り出すための道具として位置づけられていた（松原インタビュー）。

（3）　熊代試案の登場とシーズの選択

　こうしたなかで9月以降、政党案が次々とまとめられていった。9月5日の与党PTで自民党の熊代試案が提出されると、26日には社会党試案と、さきがけの堂本試案が提出された。その後、与党PTでは一本化を目指す議論が行われた。野党の新進党も法案を作成し、いち早く衆院に法案提出した。11月、経企庁は連絡会議の中間報告を官房長官に提出したが、これに与党PTが強く反発し、発表の見送り、連絡会議の活動停止で決着した。これにより議員立法を行うことが決まった。その後、与党PTは12月に「市民活動促進法案（仮称）・骨子試案」に合意した（理解の仕方の確認が必要だった三つの論点について96年2月に合意が成立した）（小島2003：77-105；原田2020：75-78）。

　この第一次与党合意にいたる過程で、シーズはロビイングを活発に行った。しかし、本章の論点との関係で注目されるのは、こと組織内デモクラシーに関する条文は、争点化されなかったことである。シーズ試案を受けて発表された様々な試案や提言では、日弁連や神奈川ネットワーク運動のものなどが、総会の権限に関してシーズ試案23条と同様の条文を採用していた。一方、熊代試案はシーズ試案と対照的であり、こうした条文が存在しないものだった（シーズ資料Ⅳ-3-44）。堂本試案も総会の規定は簡素だったが、理事の規定で総会の選任としていた（シーズ資料Ⅳ-3-51）。ところが、このような違いは目立った対立につながらないまま推移し、結局、12月の骨子試案では「総会に関しては、民法の所要の規定を準用するものとする」とだけ書かれることとなった（シーズ1999：85）。

　なぜそうなったのだろうか。この時期、与党PTの調整は難航しており、最大の争点としては、対象となる団体の定義や行政の関与の仕組みをめぐる

第Ⅰ部　社会に遍在する政治をどのように語りうるか

意見対立があった。それに比べれば関心の集まりにくい論点だったといえるかもしれないし、シーズのロビイングにおいて、与党案を中心に論点を絞って具体的修正を求めていくアプローチをとるとなると、いたずらに争点を拡大することは妥当でなかったと想像することはできる。しかし、ロビイングのキーパーソンである松原明の証言などを踏まえると、そうしたこととは別に大きく三つの理由が見えてくる。

　第一に、シーズ試案に対する市民社会からの反応である。「まず大前提として言わなければいけないのですが、シーズ案は当初、非常に不評だったのです」と松原は語る。とくに法人の組織、運営についての詳細な規定は、多くの団体から「きつすぎる、使いにくい」と受け取られた。そうした声を受けて「なるべく多様な団体が使えることを設計コンセプト」に、さらなる検討をしていく方向になったという（松原インタビュー）。シーズ（1996）掲載の「シーズ・試案に対するシーズ会員からの意見・疑問・批判」には、次のようなコメントが紹介されているが、これらは様々な意見のなかの一部であった（松原インタビュー）。

　　法人内の民主的かつ公正な意思形成と適正な執行を確保するために、詳細な規定を法律で定めるという問題意識は理解できる、その意図とは裏腹に、それらの法律条項につき違反の有無などの調査という理由で行政又は捜査当局の介入の恐れなしとしないのは、これまでの様々な法律で問題になったところである。そちらの視点からもう一度各条項を洗いなおしてみることも必要ではないだろうか。〔中略〕会員数、資産、予算規模が小さい団体は一定の要件を定めて適用除外規定を設けないと、小規模あるいは発展途上にある多様性ある団体が利用しにくくなるのではないか（シーズ 1996：55）。

　　私的自治や自己管理は、本来それぞれが独自に考え試行錯誤しながら築き上げていくべきもので、法律で規定し上から押しつけるものではない。シーズや他の市民公益法人を支援する組織が、何らかのガイドラインや

規約のモデルを提示するのはいいとしても、細かい規定を法律に盛り込む必要はない。［中略］社会的な責任を負うという意味では、市民公益法人として登録しようとする団体は、ある程度組織がしっかりしていないといけないだろう。しかし、今回の試案にもられた内容がクリアーできるような団体でなければ資格がないというのはハードルが高すぎる。［中略］試案では、組織の形が会員総会を頂点とした会員制しか認めていないが、運営委員会が最高議決機関であるような組織も存在するだろうし、組織形態についてももっと幅をもたせた方がいいのではないか（シーズ1996：56）。

　第二に、そのようななかで熊代試案が示されたことである。自民党の熊代昭彦は、厚生省社会援護局局長などを務めてきた人物であり、社会福祉法人に詳しかった。熊代試案は、社会福祉事業法の条文に修正を加えるかたちで熊代が書き上げたものだった（「10年の記録」Ⅲ-2-10）。加えて熊代には、「ボランティア団体」が使う法律だから、なるべく敷居の低いものにすべきだという考えがあったという。そのため法人の組織・運営に関する熊代試案の規定は、極めて簡素であった（松原インタビュー）。このようななかでのシーズの判断を松原は次のように振り返る。

　　彼［熊代］は「ボランティア団体の法律だから、あんまりガチガチすると、やれなくなっちゃうよ」って言ったんですよ。自民党もそういう考えだし、どんどんとこの法律のことが知れ渡ると、グラスルーツの団体、割と小さな団体からも声が出るわけですね。思いっきり敷居を下げるか、という話は、やっぱり法律の検討過程で出てきた。特に自民党試案がハードルを思いっきり下げてくれたので、むしろこれに乗っかるか、と。熊代試案に乗っかったわけです、この件では。あとは、もう民主主義なんだから。定款自治の考え方を強化していけばいいかと。定款って憲法じゃないですか。自分たちで憲法を決めて自分で自治すればいいんじゃないかと（松原インタビュー）。

第Ⅰ部　社会に遍在する政治をどのように語りうるか

　第三は、いま引いた証言の最後の下りに関わることであるが、シーズの思想についてである。ボランティア支援法的な発想は、シーズが強く否定してきたものだったが（松原／大社 2022：209）、組織・運営の規制を緩めること自体は、自治の範囲が広がるといった捉え方をすることができた。実のところシーズの思想には、そう考える土壌があった。大陸ヨーロッパ諸国などに、組織内デモクラシーを理念として総会の理事会コントロールを重視するパターンの法体系があることは第1節でみたとおりである。しかし、NPO法の立法運動の担い手たちがモデルとしていたのは、むしろアメリカのNPOと法制度だった（原田 2020）。

　松原は、「シーズは明確な意図をもって、アメリカのNPOの制度をモデルとしました」「英米仏独など制度を比較した場合、米国の制度が最も行政からの支配力を排除できると判断したんです」などと述べる（松原インタビュー）。東京ランポ試案やシーズ試案の発想は、生協法などが参考にされて生まれたものであったが、アメリカをモデルと明確に意識し、考察を深めれば深めるほど、総会中心の組織内デモクラシーに拘る理由が見当たらなくなることは確かであった[10]。

　以上を背景として、シーズ試案にあった組織内デモクラシーの要求は、表だった対立のないままに議論から消失していった[11]。ここまでみてきたのは立法過程の1、2期であるが、その後の3～5期も、やはり争点にならなか

---

[10]　前述のとおりシーズ試案の際は、政府や自民党の説得を意識して、厳格な法人統制の仕組みを打ち出してきた事情もあった。そのようななか、むしろ自民党の熊代から居度は低い方がよいと主張される格好となった。それを受けた上記の方針転換に、シーズ内で反対は出なかったという（松原インタビュー）。なお、東京ランポ試案の作成で優れた理論家としての役割を果たした林は、この時期のロビイングの局面ではシーズの中心にはいなかった。東京ランポからは辻が主に参加していた（林インタビュー）。

[11]　96 年 2 月に与党 PT で座長の堂本が提示した市民活動促進法の条文案だと、骨子試案のとおり総会規定を民法の準用とした一方、理事に関する条文で、総会による選出を定めていた（シーズ資料Ⅳ-1-21）。しかし、その後の時期に出される条文案では、これはなくなっている。4 月に自民党が出した修正案は、12 月および 2 月の与党合意から大きく後退する内容であると多くの批判を浴びたが、総会の権限の弱さなど管理、運営に関する点を強く批判する勢力は、もはや見当たらなかった。

った。結果、この点に関しては95年9月の熊代試案の考え方がベースとなって議論が推移し、98年3月に成立した法律の条文は第1節でみたとおりのものとなった。その後、シーズは同法成立を準則主義に近い制度と情報公開という二つの目標が達成されたと評価しつつ、残された税制優遇の実現を目指して運動を続けていった。

3 組織内デモクラシー論からみたNPO法の成立とその後

（1） 考察

当時の民法の公益法人の簡素な統治の仕組みは行政の指導・監督を前提にしていたが、NPO法では、行政の統制を排除する一方で、民法の条文を準用した。その結果、NPO法においては、「定款自治」が極めて広く認められるかたちとなった。組織をめぐる法案の発想は、当初のシーズ試案では市民自治にふさわしい法人組織の保障だったが、より民間への規制が少ないことへと力点が転じた。そうなった理由については、様々な市民団体からの要望、自民党側のキーパーソンだった熊代の意向、それらを踏まえたシーズの判断、発想の転換があったことを明らかにしたが、さらに踏み込んで以上の経緯を読み解くと、いくつかの構造的背景も見えてくる。

第一に、95年のシーズ試案に対して市民社会から不満が噴出した事実があった。しかしながら第1節でみたように、シーズ試案と類似の法制度をもっている国は存在する。本来、組織・運営関係の条文の増加を押しなべて国家介入の根拠になると警戒する必要はない。小規模団体も含めてデモクラシーの構造を要求することが必ずしも不当に厳しい縛りだというわけでもないだろう。そう考えると、こうした不満が無視できないかたちで出た事実の意味に目を向ける必要がある。そこには日本の国家・市民社会関係の歴史を背景とした相互不信の強さや、組織的に脆弱な当時の市民社会の構造を読み取るべきかもしれない。

第二に、NPO法の歴史は、福祉レジームの歴史と無関係ではなかった。主に自民党内に社会福祉分野を想定した「ボランティア促進」という発想が

あったことは、しばしば指摘されるところである[12]。熊代は福祉より災害ボランティアが念頭にあったとも述べているが（「10年の記録」Ⅲ-2-10）、やはりボランティア団体が使う法律というイメージを強くもっていた。社会福祉法人をモデルに市民活動法人を設計していた事実もある。こうしたボランティア促進のねらいと、市民社会からの組織の緩やかさへの要求は、結果としてシーズ試案を挟撃するかたちとなった。

　第三に、法伝統の違いは、政治過程において重要な意味をもっていた。80年代後半以降、日本の市民社会の変革を求める議論では、アメリカのNPOと法制度が参照点となってきた経緯がある（高田2018；原田2020）。シーズも、その流れのなかにあった。英米法の論理に馴染むほど、CSOの理事会を総会がコントロールする仕組みを積極的に支持する論理は後退する。こうした法伝統の受容の特徴が、NPO法の組織法的特徴の形成と連関していた。

　最後に、NPO法の立法過程については、先行研究が強調するように、政界再編期の流動的な政党政治や、小選挙区制導入後の政治力学が重要な背景になっていた。この状況が異なっていたら、議員立法のプロセスもシーズのロビイング戦略も、まったく別様になっていただろう。そこにおいて法人の組織・運営に関する条文が、本章でみたのとは別の着地の仕方をみた可能性は、十分に考えられる。

　欧州のCSO法の比較研究においてBolleyer（2018）は、各国法の違いの背景にデモクラシーの歴史、福祉国家と非営利組織のレジーム、法伝統、政治制度といったマクロな要因を見出した。必ずしも同じではないが広い意味では類似した要因が、本章でみた政治過程にも影を落としていたといえる。とはいえ、NPO法の立法は、約100年続いてきた法人制度との断絶を企図した大きな変革の挑戦であり、長期的、構造的な背景のみならず、様々なア

---

12) 堂本暁子は次のように述べる。「3党の意図するところは本質的に違っていた。自民党は介護等の分野でボランティア的な性格の強いNPOを期待し、社民党には平和・環境運動の市民団体の要望があり、それらの要望に応えようとした。さきがけは、官僚支配から市民が主役になる社会への変革の要として、NPOを位置づけていた」（堂本2000：166）。加藤（1999：119-120）も参照。

クターによる政治的な選択の契機に注目する必要があるのは言うまでもない。

そうであるからこそ、市民立法の駆動力だったシーズにおける論理に強調点の変化があったことは重要である。東京ランポ試案には組織内デモクラシーの思想が通底しており、それを発展させたシーズ試案では、私的自治の原則のもと行政の監督をなくすというとき、総会中心の法人統制が、情報公開とともに強調されていた。しかし、その後は、私的自治はキーワードであり続けたものの、情報公開のみをオルタナティブとした発信が目立つようになった。そのような言説は、法人格の濫用の恐れから行政の統制が必要と主張する人々に対する説得の論理として奏功し、普及浸透していくこととなった（松原／大社 2022：183、210-211）。

（2）　モデル定款をめぐる議論の構図

その後のシーズは、現行制度の自由度の高さをポジティブに捉えているといえる。1995 年前後の政治過程で生まれた現行法規定を、自覚的に選び直したともいえる。それは、アメリカの NPO に関する理解を一層、深めていったことと関係しているだろう。松原は、「1998 年に NPO 法を作った当時は、まだ NPO 法人がどういう仕組みになればいいのか正直良く分かっていない点が多々ありました。／しかし、その後、NPO 法人には、社員主導型や理事会主導型などのタイプを分けて、選択できる方がいいことや、理事の代表権は少数者に集中した方がいいことなどが分かってきました」「英米では、理事会しかない NPO 法人が多いのです」などと述べている（『シーズ通信』58）。

まさにこのような認識のもと出されたのが、シーズの定款作成マニュアルである。NPO 法のもと各団体は定款をつくるわけであるが、そこで参考にされるものとして、自治体のモデル定款などが出されている。法規制が緩やかであり「定款自治」に任されている事柄ほど、ソフトローの果たす役割は大きい。法成立直後より関係者は、この次元の取り組みが重要になることに気付いていた（堀田／雨宮 1998：41-42）。そのようななかシーズも 2000 年に定款作成マニュアルを発行したのであるが、その中心コンセプトは現行法

の自由度の高さを前提として、英米のモデルも視野に入れながら組織構造を自由に選択していくことの薦めであった。

シーズの定款作成マニュアルは、総会と理事会についてのNPO法の規定を端的に解説したうえで、団体の意思決定について「総会主導型」と「理事会主導型」の2類型を打ち立た。前者は、総会で予算や事業計画を決め、その達成を次の総会で評価するので「公約実行型」、後者は、団体のミッションの実現に向けて理事が責任を果たしたかの結果を評価するので「結果重視型」ともいえると説明する。そのうえで同書は「これからの日本のNPOの発展を考えるときは、私としてはもっと結果重視の団体が育つことが重要だと考えます」「その点からも理事会主導型か、中間型をお勧めするわけです」「総会主導か、理事会主導か、というのは、民主主義や独裁的体制とはほとんど関係がないということをぜひご理解ください」と説く（シーズ2000：155）。

自治体のモデル定款では、予算や役員選任を総会の決議事項とする総会主導型のものも多かった。そして法人の実務においては、行政書士などが自治体のモデル定款を無批判に採用して定款がつくられるケースが多かった。シーズは、そういった状況をよしとせず定款自治の実質化を目指していた。その意味で、松原の言葉を借りれば、NPO法人のガバナンスをめぐるせめぎあいはNPO法成立後も続いていた（松原インタビュー）[13]。その際にシーズは、NPO法が可能にした自由度の高さを踏まえて可能となる選択肢として、英米で一般的な組織モデルを普及させる役回りを果たしていたのである。

（3）　現代日本のNPO法人と「定款自治」の実態

CSOの多様な組織モデルの是非を論じる紙幅はない。ただ、一点だけ指摘しておくなら、総会主導型と理事会主導型の類型差が、民主的か非民主的かと必ずしも重ならないというシーズの指摘は、全く正しい。たとえば予算の決定などを総会で行わないとしても、非民主的とは言えない。総会が選ん

13）辻は、組織ガバナンスに関する議論は、むしろNPO法成立後にたくさんした覚えがあると回想する（辻インタビュー）。

だ理事による理事会で決定がなされていれば、代表デモクラシーが成立しているからである。したがって理事を総会が選出する限り2類型は、あくまで組織内デモクラシーの類型論である。いわゆる最小限主義的デモクラシー基準を満たさず組織内が非民主的だといえるのは、理事を総会で選出しない場合である。問題はこれも現行法は許容しているということである。

　NPO法人の定款自治の実態は、どうなっているだろうか。この点について最後に、筆者が作成した「NPO法人定款データセット」により確認してみよう。同データは、NPO法に基づく情報公開により自治体が公表しているNPO法人の定款に基づき、団体プロフィールをデータ化したものである。ここでは東京都のデータのうち、千代田区のデータを取り上げる。NPO法人の総数は595であり、そのうち定款データが取得できた団体は531である[14]。

　総会で理事を選出しているか、総会で予算の決定をしているかに注目してみると、それぞれ該当する団体は78.7%、69.3%である。総会で予算を決めるのは、いわば組織内の直接デモクラシーといえる。そのような定款をもつ団体が7割近くに上るというのは、やや予想外の結果といえるかもしれない。しかし、より注目されるのは、理事が総会で選ばれている団体が8割弱であることのほうではないだろうか。モデル定款の多くが理事選出を総会の権能としているとすれば、デモクラシーとは異なる体制をもつ2割強の団体の体制選択は自覚的なものであろう。

　この状況をどう評価するかについては、意見が分かれるところだろう。一方に、スコッチポルの言う「失われた民主主義」の道をたどっているといった批判的な捉え方がありうる（Skocpol 2003＝2007）。NPO法の欠陥を見出す議論、あるいは柔軟性があることは望ましいとしつつ、ソフトローの次元で組織内デモクラシーを促すことをよしとする考えもあるだろう。他方で、市民のチェックを可能とする情報公開がNPO法のポイントであり、会員による統制にこだわる必要はないという主張も考えられる。ただし、情報公開制度のもと市民が選ぶ／選ばないという行為が、団体の質を向上させると期

---

14) このデータの詳しい分析については、大和田（2025）を参照。本章では一例として千代田区のデータを紹介したが、当然ながら自治体ごとの傾向の違いがあると考えられる。

第 I 部　社会に遍在する政治をどのように語りうるか

待する発想は、市場メカニズムのそれに近い（堀田／雨宮 1998：191）。

　アルバート・ハーシュマンのいう「発言」と「退出」をめぐる理論的考察につながってくる議論であるが（Hirschman 1970＝2005）、ここで退出の論理を中心に考えるとき、組織ガバナンスとは異なる次元で有する組織内デモクラシーの社会的効用については視野外に置くことになる。ただし、最後に補足しておくならば、いま一つの理路として、メンバーシップを前提とした組織内デモクラシーにこだわらずに市民参加とデモクラシーを構想する道はありえる。それが「デモクラシーの学校」になる可能性もある。緩やかにつながる関係者を意思決定に関与させていく NPO3.0 という松原／大社（2022）が提示する方向性は、こうした文脈で注目できるかもしれない。このあたりは今後の議論のフロンティアである。

おわりに

　以上、組織内デモクラシーという視点から日本の NPO 法と NPO 法人の実態をみてきた。NPO 法人の組織・運営に関する規制の緩やかさは、1995 年前後の政治過程の産物であったといえる。そのような過程をみるに、シーズの立法運動のリアリズムは、評価することができる。一方、シーズ試案にいたる初期の議論の蓄積は、オルタナティブの存在を示している。ありえた選択肢の存在や可能性に目を向けさせることは、歴史研究の一つの効用である。

　本章で焦点をあてた NPO 法の組織法的特徴は、英米法的発想を前提として非営利ガバナンスを論じる場合には、とくに疑問視されないかもしれない。しかし、非営利ガバナンスではなく市民社会の組織内デモクラシーという視角をとり、比較 CSO 法の議論を踏まえて日本の市民社会を見つめるとき、そこには学問的問いが見出された。そして、そのような本章の問いと視角は、集合的意思決定としての政治が社会に遍在するというものの見方・考え方を前提とすることによって成り立つものであるということができる[15]。

15）　この見方・考え方を極めて明快に示しているものとして、田村ほか（2020）が挙げられる。本書序章も参照。

【付記】本章は、辻利夫、林和孝、松原明の各氏のインタビュー協力なくして完成できなかった。また、まちぽっと所蔵資料の利用に際して、小林幸治、米倉克良の両氏に助力を賜った。この場を借りて深く感謝申し上げたい。なお、その後、辻氏が逝去された。ご冥福を祈るとともに、本章を捧げたい。本章は、JSPS 科研費 24K16287 の助成を受けた研究成果の一部である。

参考文献

岩根邦雄（2012）『生活クラブという生き方——社会運動を事業にする思想』太田出版。

大和田悠太（2025）『公共利益を組織する——日本消費者連盟と市民社会のデモクラシー』法政大学出版局、刊行予定。

岡本仁宏編（2015）『市民社会セクターの可能性—— 110 年ぶりの大改革の成果と課題』関西学院大学出版会。

加藤紘一（1999）『いま政治は何をすべきか——新世紀日本の設計図』講談社。

河島伸子（2005）「NPO ガバナンスの日米比較—— NPO 法人法における構造と課題」『ノンプロフィット・レビュー』5 (1)：1-11。

熊谷則一（2016）『逐条解説一般社団・財団法人法』全国公益法人協会。

熊代昭彦編著（2003）『新　日本の NPO 法——特定非営利活動促進法の意義と解説』ぎょうせい。

小島廣光（2003）『政策形成と NPO 法——問題、政策、そして政治』有斐閣。

佐藤岩夫（2023）『市民社会の法社会学——市民社会の公共性を支える法的基盤』日本評論社。

シーズ（1996）『市民活動推進法・試案（法人制度）＆ 討議用資料』C's ブックレット・シリーズ No.1。

シーズ（1999）『解説・NPO 法案　〜その経緯と争点〜』C's ブックレット・シリーズ No.2、第 3 版。

シーズ（2000）『NPO 法人定款作成マニュアル』C's ブックレット・シリーズ No.7、第 3 版。

高田昭彦（2018）『市民運動としての NPO —— 1990 年代の NPO 法成立に向けた市民の動き』風間書房。

谷勝宏（2003）『議員立法の実証研究』信山社。

田村哲樹／近藤康史／堀江孝司（2020）『政治学』勁草書房。

堂本暁子（2000）「NPO 法の立法過程——環境 NPO の視点から」鳥越皓之編『環境ボランティア・NPO の社会学』新曜社、164-174。

初谷勇（2001）『NPO 政策の理論と展開』大阪大学出版会。

馬場英朗（2013）「非営利組織のガバナンス——市民主体によるモニタリングの理念と

現実」『地域社会デザイン研究』1：9–19。

濱口博史（2019）「法律専門家からみた NPO 法 20 年」『非営利法人研究学会誌』21：17–24。

林和孝（1994）「市民活動推進法の展望」『月刊自治研』36（3）：31–39。

林修三（1976）『公益法人研究入門』公益法人協会。

原田峻（2020）『ロビイングの政治社会学── NPO 法制定・改正をめぐる政策過程と社会運動』有斐閣。

堀田力／雨宮孝子編（1998）『NPO 法コンメンタール──特定非営利活動促進法の逐条解説』日本評論社。

まちぽっと「NPO 法制定 10 年の記録」（https://npolaw-archive.jp/）

松並潤（2008）「NPO 法（特定非営利活動促進法）の成立過程」真渕勝／北山俊哉編『政界再編時の政策過程』慈学社出版、160–177。

松原明（1999）「特定非営利活動促進法（NPO 法）って何？」『女たちの 21 世紀』18：42–44。

松原明／大社充（2022）『協力のテクノロジー──関係者の相利をはかるマネジメント』学芸出版社。

松村幸四郎（2018）「NPO 法人の機関権限」『阪南論集・社会科学編』54（1）：85–96。

森泉章（2004）『新・法人法入門』有斐閣。

山岡義典（1996）「市民活動団体への法人格付与制度創設に関する最近の動きと市民団体の対応」『日本福祉大学経済論集』13：95–107。

横田克巳（2002）『愚かな国の、しなやか市民──女性たちが拓いた多様な挑戦』ほんの木。

Bolleyer, Nicole（2018）*The State and Civil Society: Regulating Interest Groups, Parties, and Public Benefit Organizations in Contemporary Democracies*, Oxford University Press.

Bolleyer, Nicole（2024）*Civil Society's Democratic Potential: Organizational Trade-Offs Between Participation and Representation*, Oxford University Press.

Cornforth, Chris（2012）"Nonprofit Governance Research: Limitations of the Focus on Boards and Suggestions for New Directions," *Nonprofit and Voluntary Sector Quarterly*, 41（6）：1116–35.

DeMattee, Anthony James（2020）"Domesticating Civil Society: How and Why Governments Use Laws to Regulate CSOs," Doctoral Thesis, Indiana University.

Donnelly-Cox, Gemma, Michael Meyer and Filip Wijkström（2020）"Nonprofit Governance," in Helmut K. Anheier and Theodor Baums eds., *Advances in Corporate Governance: Comparative Perspectives* Oxford University Press, 142–79.

Enjolras, Bernard and Kari Steen-Johnsen（2015）"Democratic Governance and Citizenship," in Jean-Louis Laville, Dennis R. Young and Philippe Eynaud eds., *Civil Society, the Third Sector and Social Enterprise: Governance and Democracy*, Routledge, 191–204.

Freise, Matthias and Thorsten Hallmann eds. (2014) *Modernizing Democracy: Associations and Associating in the 21st Century*, Springer.

Fung, Archon (2003) "Associations and Democracy: Between Theories, Hopes, and Realities," *Annual Review of Sociology*, 29 (1): 515–39.

Guo, Chao, Barbara A. Metelsky, and Patricia Bradshaw (2013) "Out of the Shadows: Nonprofit Governance Research from Democratic and Critical Perspectives," in Chris Cornforth and William A. Brown eds., *Nonprofit Governance: Innovative Perspectives and Approaches*, Routledge, 47–67.

Halpin, Darren (2010) *Groups, Representation and Democracy: Between Promise and Practice*, Manchester University Press.

Hirschman, Albert O. (1970) *Exit, Voice, and Loyalty: Responses to Decline in Firms, Organizations, and States*, Harvard University Press. [矢野修一訳 (2005)『離脱・発言・忠誠──企業・組織・国家における衰退への反応』ミネルヴァ書房]

Hopt, Klaus J. and Thomas von Hippel eds. (2010) *Comparative Corporate Governance of Non-Profit Organizations*, Cambridge University Press.

Hvenmark, Johan and Torbjörn Einarsson (2021) "Democratic Governance in Membership-based Organizations," in Gemma Donnelly-Cox, Michael Meyer and Filip Wijkström eds., *Research Handbook on Nonprofit Governance*, Elgar, 258–278.

Ivanovska Hadjievska, Milka (2018) "Exploring the Link between Non-Profit Law and the Internal Governance of Non-Profit Membership Organisations: Legal Forms and Maintaining Indirect Benefits in the UK and the Netherlands," Doctoral Thesis, University of Exeter.

Jordan, Grant and William A. Maloney (2007) *Democracy and Interest Groups: Enhancing Participation?* Palgrave Macmillan.

Li, Yuwen ed. (2005) *Freedom of Association in China and Europe: Comparative Perspectives in Law and Practice*, Martinus Nijhoff.

Meyer, Michael and Florentine Mair (2015) "The Future of Civil Society Organization Governance: Beyond Managerialism," in Jean-Louis Laville, Dennis R. Young and Philippe Eynaud eds., *Civil Society, the Third Sector and Social Enterprise: Governance and Democracy*, Routledge, 45–57.

Salamon, Lester M. (1997) *The International Guide to Nonprofit Law*, John Wiley & Sons.

Skocpol, Theda (2003) *Diminished Democracy: From Membership to Management in American Civic Life*, University of Oklahoma Press. [河田潤一訳 (2007)『失われた民主主義──メンバーシップからマネージメントへ』慶應義塾大学出版会]

van der Ploeg, Tymen J., Wino J. M. van Veen and Cornelia R. M. Versteegh

第Ⅰ部　社会に遍在する政治をどのように語りうるか

（2017）*Civil Society in Europe: Minimum Norms and Optimum Conditions of Its Regulation*, Cambridge University Press.

『C's News Letter』『シーズ通信』各号。
「シーズ資料」（まちぽっと所蔵）
「まちぽっと資料」（まちぽっと所蔵）
辻利夫インタビュー（2024 年 5 月 11 日）
林和孝インタビュー（書面、2024 年 8 月）
松原明インタビュー（2023 年 11 月 30 日、2024 年 9 月 10 日）

＊本章で引用したインターネット上の資料・記事等の最終閲覧日は、2024 年 5 月 18 日である。インタビュー等は、引用の内容と仕方を示して本人の確認、了承を得たうえで引用した。辻インタビューについては、遺族に引用の承諾を得た。

第3章

政治秩序としての企業間関係
――日産とルノーによる非対称な同盟（アライアンス）の
　形成・維持・再編

松尾隆佑

はじめに

　ロバート・ダールによれば、企業またはビジネスを対象とした政治学研究
の課題は、①政治秩序としての企業（business firm as *a* political order）、
②政治秩序としてのビジネス関係（business relations as *a* political order）、
③ビジネスと政治秩序（business and *the* political order）、④ビジネス文明
と政治秩序（business civilization and *the* political order）の四つに大別で
きる（Dahl 1959）。このうち政治学者にとって馴染み深いのは③であり、フ
ォーマルな政治システムにおける有力なアクターとしての企業、いわば「政
治のなかの企業」を扱う研究は、数多く蓄積されてきた。これに対して、
「企業のなかの政治」を扱う①、独占・寡占など企業間または市場内の政治
を扱う②、ビジネスが社会の生活や文化に与える一般的影響の研究を指す④
は、政治学において周辺的な主題である。ダールはその理由として、政治学
の主題についての伝統的な理解、利用可能な資料に精通していないこと、調
査の難しさ、調査を導く適切な理論の欠如を挙げている（Dahl 1959：2＝
1960a：38）。

　本章の目的は、国家中心的政治像を前提とする③（や④）のような「ビジ
ネスと政治（business *and* politics）」ではなく、①や②のような「政治とし
てのビジネス（business *as* politics）」を対象とする政治学研究の可能性を
探究することにある。このうち①については、世界金融危機後に経済デモク

ラシー・職場デモクラシーへの関心が復活したことや、現代のガバナンスでは企業も準政府的・公共的な役割を果たすようになっているとの認識が広がったことで、議論が増加しつつある（Landemore and Ferreras 2016；Anderson 2017；Singer 2019；松尾 2021；2022）。

　他方で、②に関する議論はあまり進んでいない。企業が国家に似た私的政府（private government）や私的権威（private authority）の一面を持つと考えるなら、国内政治に対応する企業内の政治だけでなく、国際政治に対応する企業間の政治も、政治学の視野には入ってくるはずである。インターネット検索やオンラインモールのようなデジタルプラットフォームの分野でユーザーが寡占企業への依存を深めるように（松尾 2024）、企業が幅広い市民に対して行使可能な事実上の権力は、他企業との関係を含む市場内の地位に左右される部分がある。そのため、企業権力の適切な規制や民主的コントロールを構想するにあたっても、企業内政治だけでなく企業間政治の把握に努めることが重要になる。それでは、企業間関係に見出せる政治を、政治学はどのように語りうるのだろうか。

　研究の端緒を求めるべく、本章では企業間の「提携（alliance）」に目を向け、これを国家間の「同盟（alliance）」とのアナロジーで語りたい。以下ではまず、ダールが指摘する理論の欠如を補うため、経営学などで企業間関係（組織間関係）の説明に用いられている資源依存理論と、国際関係論における同盟理論の知見を踏まえて、企業間提携と国家間同盟の相似性を確認する。次に、日産自動車とルノーによる提携＝同盟の事例を取り上げて、その形成から再編までのプロセスを分析する。そのうえで、日産・ルノー関係の変遷をめぐる重要な問いに答えを与えるために、「非対称同盟」の理論を適用することが有益であると主張する。

1　企業間政治をどのように語りうるか

（1）　組織間関係と相互依存
国家や他の組織と同じく、企業は相異なる価値観や利害を有する個人およ

び集団によって構成されており、その意思決定プロセスでは、コンフリクトの調停、交渉による利害調整、合意形成などの政治的相互作用が生じる。さらに、複数の自律的な組織間では、恒常的にコンフリクトが発生しやすい。多様なアクターが交差する組織内および組織間で働く権力の分析にあたって、資源の獲得と配分に着目するのが、組織論の分野で広く知られている資源依存理論である（Emerson 1962；Pfeffer and Salancik 1978；陳 2004；小橋 2018）。

　資源依存理論によれば、組織が活動を継続していくには、資本、人材、物品、知識、技術、正統性など、さまざまな資源が必要になる。諸資源を調達するために組織は外部環境に依存するが、自律的アクターである他組織を含む環境は、非対称な権力構造や絶えざる変化を伴っており、組織は環境への依存から生じる不確実性に対処しなければならない。つまり組織間関係は相互依存を常態としており、他組織から受ける制約は組織の自律性を低下させるため、組織は「自律性と資源確保とのジレンマ」に直面する（小橋 2018：23）。組織間で働く権力の大きさは、調達しようとする資源の重要性と、調達を特定のアクターに依存せざるをえない程度に応じて決まってくるだろう。

　こうした把握は、基本的に国際的相互依存論と共通である（Keohane and Nye 2001）。組織間関係論は、価格メカニズムによって調整される単純な経済的関係や、制度的な権限によって組織内部のように調整される階層的関係ではなく、より政治的・水平的な相互作用に焦点を当てようとする（山倉 1993：23-24）。この点で組織間関係論は、国家間の相互作用を扱う国際関係論とパラレルであろう。企業はその規模や業種にかかわらず、国家が外交を行うのと同様に、業務上の取引・協力、資本的結合、人的結合といったさまざまな手段を通じて、他企業と協調関係を築く。それは企業が厳しい市場競争や敵対的買収などによって、安全保障を脅かされうるからである。

　企業が存続するには、環境の不確実性への適切な対処を行う必要がある。そのために企業が取りうる戦略は、(a) 外部からの要求への追従、(b) 外部への依存を低減する自律化（合併、垂直統合、部品の内製化、多角化など）、

（c）外部との利害調整を伴う協調（長期契約、カルテル、合弁、役員受入など）、
（d）政府介入や正統性獲得を目指す政治活動（ロビイングなど）、の四つに大
別される（小橋 2018：22-23；山倉 1993：95-117）。企業は（国家同様に）あ
らゆる要求を受容できるわけではないし、常に自律化戦略を取りうる状況に
あるわけではないので、（a）と（b）には限界がある。それゆえ（c）がし
ばしば選択されるが、これは外部からの制約を受け入れる戦略であるため、
企業の自律性はある程度まで低下する。以下では（c）の一部である企業間
提携を、国家間同盟と類比的に論じたい。

　なお、（d）が選択されうる状況も限定されている。政治としてのビジネ
スの文脈において、フォーマルな統治機構やマクロな市民社会への働きかけ
は、市場内の活動だけでは不確実性への対処が十分でない場合に取られる非
市場戦略であり、二次的な選択肢と見なせる。確かに（d）という選択肢の
存在は、企業間関係が上位の組織である国家の制度的権限によって調整され
うることを意味しており、この点は基本的に上位の組織が存在しない国家間
関係との大きな違いである。だが、上位の組織からではないにせよ、環境か
ら自律性への制約を受けることは、国家も他の組織と変わらない。そもそも
国家が法政策を通じて規定できる範囲は企業間関係の一部にとどまるし、国
境を越えて展開される企業間関係に対する単一の国家の介入可能性は、より
限定される。そして限られた手段を用いる場合も、国家はしばしば調整に失
敗する。したがって企業間関係は、国家の法政策から影響を受けつつも一定
の自律性を保ち、それ自体としてミクロでインフォーマルな政治秩序を形成
する。その形態の一種が提携である。

（2）　企業間提携と国家間同盟

　一般に提携は、互いに独立した複数の企業間で行われる持続的な協働を指
している（石井 2003：2-3；安田 2016：11-13）。株式所有を伴う資本提携と
伴わない契約提携など形態は多様でありうるが、合併・買収のように両社が
一体となるか一方が他方を支配する関係とも、一時的・短期的な取引とも区
別される（安田 2016：19-20）。特に「競合企業同士の水平的なアライアン

ス」は戦略的提携と呼ばれ（牛丸 2007：86）、異なる組織が互いに競合関係を持つにもかかわらず部分的に協働を行う点で、国家間の同盟に近しい形態である。

　企業が提携を結ぶ理由は、取引コストの削減、規模の利益、知識の学習・共有、リスクの分散など、さまざまに説明できるが、ここでは資源依存理論に従い、不確実性に対処しながら重要な資源を調達する手段として提携を理解する（牛丸 2007：25）。グローバルな市場競争、急速な技術革新、消費者が持つニーズの多様化、環境保護や人権保障のような社会的要請の高まりによって、現代の企業環境は不確実性を増す一方であり、企業が存続のために他企業と提携を結ぶことは、ほとんど不可避となりつつある。ただし、企業には可能な限り自律性への制約を避けようとする誘因が存在する。提携に伴う変化は従業員の抵抗を招きうるし、提携を結ぶ企業間のコンフリクトを抑制する調整も必要となる。特に国際的提携の場合には、異なる制度的・文化的基盤を持つ企業間のコンフリクトが大きくなりやすい。

　独立した組織間の持続的な協働に伴うコンフリクトへの注目は、企業間提携を国家間同盟のアナロジーで語ることを許すように思われる。国際関係論には同盟の性格や成立理由をめぐる多様な説明があるものの（青野 2022；玉置 2024：20-30）、ここでは大づかみに、国家は安全保障の手段として共通利益を持つ他国と同盟を結ぶ、と理解しておきたい。同盟理論において重要なのは、互いに独立した同盟国のあいだには潜在的な競合関係があり、「国家間ですべての利益が共通ということはない」という点である（Waltz 1979：166＝2010：220）。一方の国が同盟から一層多くの利益を獲得し、その利益に基づいて他方の国より優位に立つ可能性があれば、協働するはずの同盟国間でもコンフリクトは避けられない。企業間提携においても、たとえば先端的な知識や技術の共有は、相手企業を一方的に利する恐れがある（石井 2003：6、29）。

　さらに、アメリカと日本のように大きな力の差がある「主導国」と「追随国」のあいだで形成される非対称同盟の場合は、追随国の主権や外交政策の制限が生じるため、安全保障上の協力は「追随国の自律性と引き換えに」行

われる（玉置 2024：3-4）。非対称同盟では、主導国は軍事的負担の偏りに、追随国は自律性の制限に不満を募らせやすいため、そうしたコンフリクトの存在にもかかわらず、同盟が持続するのはなぜかが問われうる（福島 2022）。企業間においても非対称な提携はありうるし、その持続理由は重要な問いである。これらの知見を踏まえると、企業間提携に伴うコンフリクトを国家間同盟になぞらえつつ分析することによって、政治学が企業間政治を扱う可能性の一端を示せると考えられる。

（3）　事例と問い

　企業間提携を国家間同盟のアナロジーで語る試みとして、本章では日産自動車とルノーによる戦略的提携の事例を分析する。日産・ルノー関係を扱う最大の理由は、「最も成功した国際的アライアンス」と評されるように（安田 2016：204）、同業の大企業間で資本関係を含む持続的提携が行われた代表例の一つであり、日本企業が結んだ国際的提携を象徴する事例としても広く知られているからである。長きに渡って日産とルノーを率いたカルロス・ゴーンが、「二つの企業が独立を守りつつ、部品調達や技術開発では一つの企業のように力を合わせる」と表現しているように（ゴーン 2018：140-141）、両社の関係は非対称性を内包しながらも、相互の独立を前提とする戦略的提携の形態を保ってきた。

　日産・ルノー関係を分析対象とする理由として、両社が日本とフランスを代表する自動車会社の一つである点を挙げることもできる。部品を生産するサプライヤーや販売店などを含む巨大な生産・流通プロセスを伴う自動車会社の動向が、労働者の生活や地域・国家の経済に与える影響はきわめて大きく、政府の重大な関心事ともなりうる。そのため、日産・ルノー関係に見出せる相対的にミクロでインフォーマルな政治秩序の分析は、それ自体としても、マクロでフォーマルな政治秩序との関連においても、重要性を持つだろう。たとえば大嶽秀夫は、「大企業の労使関係に表現されたイデオロギー対立」を「日本の政治体制を分析するための出発点」と捉える立場から（大嶽 1996：56）、1960 ～ 70 年代頃の日産の労使関係を論じている。また鈴木均

は、経済外交の観点から、1970 〜 80 年代のイギリス政府による日産工場の誘致交渉を検討している（鈴木 2015）。これらは同じ日産を扱う政治学の先行研究であるが、取り上げる時期や関心の所在が本章とは異なる。以下では 1990 年代末から 2023 年までの日産・ルノー関係を論じることで、企業間政治それ自体に関心を向けたい。

　上記の事情から日産とルノーに関する報道量は多いため、分析に利用可能な資料が少なくないことも、事例選択の理由の一部である。両社のプレスリリースや有価証券報告書などは誰でもアクセスできるし、経営に携わった主要な当事者は、インタビューや自伝などを通じて公に証言している場合が多い。以下の記述は、こうした各種の公表資料に基づいている。

　もちろん日産・ルノー関係のような大企業間の戦略的かつ国際的な提携は、企業間関係のごく一部の形態でしかないから、本事例の分析が企業間政治一般の理解に対して持つ意味はわずかである（日米同盟の分析が国際政治一般の理解に対して持つ意味と同様である）。ミクロでインフォーマルな政治秩序の研究としては中小企業を扱うことも重要であろうし、提携以外の関係に目を向けることも不可欠だろう。加えて、企業の規模や態様は国家以上に多様であるため、あらゆる企業間関係を国際関係のアナロジーで語れるとは考えにくい。本章は、あくまで企業間政治研究の糸口を探るにあたって、同盟との相似性を認めやすく、既存の政治学の道具立てによってアプローチしうると考えられる提携に着目し、その代表的事例として日産・ルノー関係を選択したまでである。

　両社の関係をめぐって本章が取り組むのは、同盟の形成・維持・再編に関する三つの問いである。ルノーは経営危機に陥った日産を救済する形で 1999 年に資本を投入した。これによって「主導企業」のルノーと「追随企業」の日産による非対称同盟が生まれたと言えるが、ルノーが日産を吸収合併する選択肢、すなわち同盟ではなく併合が行われる可能性もありえた。したがって、なぜ非対称な関係にあった企業間で相互の独立を前提とする同盟が形成されたのか、を第一に問わねばならない。この非対称同盟は、2023 年に両社の資本関係が見直され、対等な出資比率に基づく対称な同盟への移

行が行われるまで持続する。同業の大企業間で 20 年以上にわたって戦略的提携が解消されず、また経営統合も行われなかったことは、注目に値する。ここから、なぜ非対称同盟が長期にわたって維持されたのか、という第二の問いが浮上する。そして、変化が同盟の破棄でも併合への移行でもなかったことは、なぜ非対称同盟が対称同盟に再編されるに至ったのか、を第三の問いとして投げかける。これらの問いを念頭に置きながら、日産・ルノー関係の変遷を見ていきたい。

2 非対称な同盟としての日産・ルノー関係

（1） なぜ同盟は形成されたのか

日産は 1933 年に日本産業財閥の自動車製造株式会社として設立され、満州経営への協力を行うなど、国策と一体になりつつ発展した。戦後は 1966 年にプリンス自動車工業を吸収合併し、1970 年代まで国内シェア 30％を保持するなど、トヨタ自動車に次ぐ地位を占めてきた。1980 年代からは国際化を推進し、現地生産・海外投資を積極的に拡大したものの、次第に業績は下降し、1990 年代後半には多額の債務を抱えるようになる。

1990 年代の自動車業界では、環境負荷低減などの研究開発に要するコストが大きくなる一方で、グローバルな生産能力の過剰が指摘されており、単独での生き残りは困難との認識を共有したメーカー間の、国境を越えた合従連衡が活発になっていた。こうした状況で 1996 年に日産の社長に就任した塙義一は、2 兆円を超える有利子負債による経営危機からの自力再建を諦め（佐藤 2012：345-346；八代ほか編 2021：28-30）、ドイツのダイムラー・ベンツ、フランスのルノー、アメリカのフォード・モーターといった外国メーカーとの提携交渉に奔走するようになる。

提携相手の本命と見られていたのはダイムラーである。経営企画室で提携交渉の実務を担った鈴木裕は、1997 年 7 月に日産ディーゼルを買収するため日産との交渉を始めたダイムラーに対して、日産本体への出資を提案した（八代ほか編 2021：249-250）。日産より規模が大きく豊富な資金力を持ち、

車種構成に補完関係があるダイムラーとの提携に期待する声は多かった（佐藤 2012：354；八代ほか編 2021：250-251）。しかし、1998 年 5 月にダイムラーがアメリカのクライスラーと合併を発表したことで、交渉は中断する。翌 6 月にルノーが日産に資本提携を持ちかけたため、10 月に再開されたダイムラーとの交渉も日産本体への出資が前提となり、日産はダイムラーおよびルノーと並行して交渉を行うことになる（八代ほか編 2021：33）。フォードも提携候補ではありつづけたが、具体的な交渉が進むことはなかった（佐藤 2012：354-356、361-364、368-374；八代ほか編 2021：256-258）。

もともと日産ディーゼルのみを買収するつもりだったダイムラーは、合併間もない社内の対立もあり、1999 年 3 月 10 日に交渉打ち切りを通告する。これが報じられると、日産は長期債の格付けを引き下げられ、資金繰りが困難となって倒産する危険性が高まった。こうした状況の切迫性ゆえ、塙はダイムラーやフォードよりも資金力に劣るルノーとの提携を決断する（佐藤 2012：367-371；八代ほか編 2021：34）。3 月 13 日に日産とルノーは基本合意に達し、27 日には資本提携の正式調印を行った。この日に締結された「アライアンス及び資本参加契約（Alliance and Equity Participation Agreement：AEPA）」が、日産とルノーの同盟を成り立たせている「条約」である（日産自動車 2023b：37）。

ルノーは 1899 年にルノー・フレール社として出発し、占領期の対独協力を経て、戦後に国有化されてルノー公団となった。1990 年にスウェーデンのボルボと資本提携が行われるにあたって株式会社となったものの、過半の株式をフランス政府が保有しつづけたため、一応の民営化が完了したのは、政府保有株が 46％に引き下げられた 1996 年である。日産との提携時点の政府保有株は 44％で、2002 年には 15％まで低下したものの、仏政府がルノーの経営に介入しうる大株主であることは、現在まで変わっていない。

ルノーの会長兼最高経営責任者（CEO）であったルイ・シュバイツァーは、ルノーが単独では生き残れないと考え、アジアに提携相手を求めていた。彼は提携候補を日本企業、それも日産と三菱自動車工業に絞り込んだが、三菱からは否定的な返答があったため、選択肢は日産だけとなった（シュバイツ

ァー／富永 2014：167-169）。原価低減努力に基づき収益は好調だったものの、売り上げの大半を欧州が占め、グローバル展開が遅れていたルノーと、技術開発に優れ、早くから海外各地に販売網を広げたが、多額の負債を抱えていた日産には、補完関係が見られた。シュバイツァーは出資額を当初の提示よりも上積みし、提携実現までこぎつける（佐藤 2012：353、370）。

　資本提携の主な内容は、日産による 5857 億円の第三者割当増資をルノーが引き受け、日産株 36.8％を取得する（同時に保有比率を 44.4％まで引き上げられる新株引受権を取得する）ことや、日産がルノーから最高執行責任者（COO）を含む役員を受け入れること、共同の意思決定機関として両社役員で構成するグローバル・アライアンス・コミッティーを設置すること、車台の共通化や工場の共同利用といった合理化を推進することなどであり、日産が将来的にルノー株を取得して株式持ち合いを進めることも盛り込まれた（日産自動車 1999a）。筆頭株主となったルノーが、日産を事実上の子会社として扱うこともありえただろう。しかし、この非対称同盟は一貫して対等な性格が強調されてきた点に特色がある。

　外資との提携には役員 OB の反対もあったようで（八代ほか編 2021：43-44）、日産は経営の自律性を保つことにこだわっていた。これに対してシュバイツァーは、日産がダイムラーと組めば従属するしかなく、ルノーと組めば日産はアイデンティティを保てるという点を交渉で強調した（シュバイツァー／富永 2014：172-173）。塙も、ルノーが日産との対等なパートナーシップを志向したことを、提携理由の一つに挙げている（塙 1999b）。実際に、明らかな優位にあるダイムラーとの提携では、日産は自律性を失う恐れが大きかった（八代ほか編 2021：163-165）。これに対して、日産をやや下回る規模のルノーが日産を強いコントロール下に置くことは難しいため、自律性を保てる提携相手だと考えられたのである（塙 1999a：35；志賀 2019）。

　ルノーがあくまで対等な関係を押し出した背景には、シュバイツァーの経験がある。ルノーは 1991 年にボルボと株式持ち合いを含む資本提携の基本合意に正式調印し、1993 年 7 月にルノー民営化の関連法案が成立すると、同年 9 月に両社は合併を発表した。しかし、仏政府が新会社の経営におけ

る主導権を握ろうとしたため、ボルボ側は警戒心を強め、12月には合併計画を白紙撤回するに至る。シュバイツァーはこの経験を、「相手の立場についてじゅうぶんに配慮しなかった」、「両社に横たわる文化の相違に注意を払ってこなかった」と語っており、「相手の文化の尊重と立場への配慮」は、「日産自動車との提携交渉を進める際の最大の教訓」となったとしている（シュバイツァー／富永 2014：121-122）。日産とルノーどちらにとっても、一方的な併合ではなく、非対称ながらも相互の独立を前提とする同盟（アライアンス）こそが、考えうる最善の選択肢だったのである。

（2） なぜ同盟は維持されたのか

1999年6月に日産のCOOとして派遣されたのは、ルノーで複数部門にまたがるクロス・ファンクショナル・チーム（CFT）を組織して大幅なコスト削減を主導し、業績を押し上げたゴーン上級副社長だった。ゴーンは日産でもCFT方式によって経営再建計画を策定させ、10月18日に、人員削減、工場閉鎖、サプライヤー数の削減、保有する株式・不動産の売却などを盛り込んだ、日産リバイバル・プランを発表する（日産自動車 1999b）。その成果は大きなもので、日産は早くも2000年度に黒字化を達成し、2001年3月期は過去最高益を上げてV字回復を遂げた。これによってゴーンの地位も確立され、同年に社長兼CEOに就任した彼は、2017年にその座を西川廣人に譲って会長に退くまで、長きにわたって日産を率いることになる。さらにゴーンは、シュバイツァーの後任として2005年にルノーのCEOも兼務するようになり、2009年にはルノー会長も兼ねて、両社のトップを同時に占めた[1]。

　日産の成功はアライアンスの成功であり、同盟が短期で破棄される可能性を潰えさせた。日産株の配当収入や含み益などからも多大な恩恵を得られるようになったルノーは、日産を必要とした（黒川 2019：36-37）。危機を救済された追随企業である日産には、もとより同盟を離脱する選択肢はない。

1）2016年に日産が三菱自動車の株式の34％を保有し、ルノー・日産・三菱の三社連合が成立して以降は、三菱会長も兼任した。

ましてゴーンが比類なき日産（およびルノー）の統治者となった以上、ルノーは日産に対して、より支配的な影響力を行使しえたように思える。ルノーは2002年に出資比率を引き上げて、日産株の44.4％を掌握した。これに対して日産はルノーの株式を15％取得したものの、フランスの会社法では、40％超の出資を受ける企業は、出資元企業の議決権を行使できない（日産自動車 2023b：37）。この資本上の非対称性にもかかわらず、ルノーは日産を完全な支配下に置くことはなかった。

　だが、それは単なる結果であり、ルノーが経営統合を求める可能性は絶えず潜在していた。日産の経営再建が急速に実現されたことから、アライアンスの主導権を安定的に握る必要を感じていたルノーは（西川 2024：167-169）、持ち株会社方式による経営統合案を2001年頃に日産へ提示したとされる（朝日新聞取材班編 2021：247）。この案は実現しなかったが、その後も同様の計画は練られつづけた（ゴーン／リエス 2021：172-175）。それにもかかわらず、両社が併合に向かうことなく、同盟を維持したのはなぜだったのだろうか。

　この点にはまず、条約がルノーによる一方的な併合を封じているから、という説明を与えられる。経営企画室でAEPAの作成に携わった志賀俊之は、両社が互いの方針を尊重し合うアライアンスを締結するにあたり、「内政干渉は極力排除」したと語っている（シュバイツァー／富永 2014：191）。1999年に締結されたAEPAは、2001年12月20日に締結された「アライアンス基本契約」で改定され、さらに2002年3月28日に締結された「改訂アライアンス基本契約（Restated Alliance Master Agreement：RAMA）」で再改定された。このRAMAは互いの株式取得に対する制限を設けており、日産取締役会の事前承諾なしにルノーが日産株を44.4％超取得することと、ルノー取締役会の事前承諾なしに日産がルノー株を15％超取得することを認めていない（日産自動車 2023b：37）。つまり比率においては「不平等条約」であるものの、ルノーが日産の同意なく支配を強められない内容である

ことから、RAMA は日産の自律性を守ってきたと見なせる[2]。

ただし、非対称同盟が長く維持された理由を説明するために重要なのは、なぜ RAMA が日産の自律性を尊重する内容でありつづけたのか、という点である。この点に実質的な説明を与えるのは、ゴーンの姿勢であろう。ゴーンはシュバイツァー同様に「各々のアイデンティティをしっかりと維持していくこと」を重視し、両社が「パートナーシップ関係であり、けっして力関係では」ないことを強調した（シュバイツァー／富永 2014：149）。彼は、「モチベーションはアイデンティティと帰属意識から生まれる」と述べており（ゴーン 2001：213）、単一の会社への統合ではなく二つの会社の提携によってこそ従業員のモチベーションを保ち、シナジーを生み出せると、繰り返し主張している（ゴーン 2018：88；太田／池上編 2017：158-159）。RAMA の内容が維持され、日産・ルノー関係が非対称ながらも同盟のまま持続したのは、両社を束ねるゴーンが「アライアンスという形が唯一かつ最善のもの」との立場を取り（ゴーン 2001：209）、同盟を守ってきたからだと言える[3]。

（3）　なぜ同盟は再編されたのか

もっとも、同盟は形式的にも対等な関係へと変容した。この変化はなぜ生じたのだろうか。フランスでは 2014 年 3 月に、短期的利益を追求する企業の行動を抑制する目的で、2 年以上の長期株主に原則として 2 倍の議決権を認めるフロランジュ法が成立した（朝日新聞取材班編 2021：276-277）。国内雇用の維持を求める仏政府は、工場の海外移転に積極的姿勢を取るゴーンとは、一定の緊張関係にあった。そこで経済・産業・デジタル大臣のエマニュエル・マクロンは、同法に基づき、ルノーへの発言力を強めようとする。日産との関係に影響が出ることを恐れたルノーは、他の株主を説得して原則の不適用を追求したが、買い増しによって保有株比率を 19.7％まで引き上げ

2）『朝日新聞』2022 年 7 月 1 日。
3）ゴーンがこの方針を長く遵守したことは、彼もまた北米ミシュラン CEO 時代にユニロイヤル・グッドリッチとの合併における困難を経験していた事実と無関係ではなかろう（ゴーン 2001：78）。

第Ⅰ部　社会に遍在する政治をどのように語りうるか

た仏政府は、2015 年 4 月のルノー株主総会において、議決権倍増を導入しないとする議案を葬り去る（朝日新聞取材班編 2021：281-282）。

　この時点でゴーンは、仏政府の介入によって「日産・ルノーのアライアンスそのものが揺らぐ」ことを懸念していた（ゴーン 2018：123）。彼は政府の動きが「日産の日本人社員たちを刺激」する可能性を考えていたが、マクロンら政府側は「ルノー株の買い増しに日本側からの大きな反応があるかもしれないことを理解しなかった、あるいは理解しようとしなかった」と述べている（ゴーン／リエス 2021：107）。ゴーン自身の認識では、仏政府と日産の板挟みに合った彼は、一方から政府の意向を退けるために日本人の反発を名目にしていると攻撃され、もう一方からは日産を裏切って経営統合に突き進もうとしていると疑われるようになった。この状況は 2018 年まで引き継がれ、ゴーン失脚の重要な背景を成す。

　ルノーを通じた経営への介入を嫌う日産は、西川を中心に仏政府との交渉を行った（朝日新聞取材班編 2021：285-287；西川 2024：193-208）。最終的に仏政府が譲歩し、2015 年 12 月のルノー取締役会では、仏政府のルノーに対する議決権上限を原則 17.9％として経営への介入範囲を限定すること、日産がルノーに対して議決権を行使しないこと、ルノーが日産の経営判断に干渉しないこと、が合意された（Renault Group 2015）。西川はこれを日産の「経営の自主性を担保し、アライアンスの将来を守る結論」と評価し、ルノーが日産の経営判断に「不当な干渉」を行えば、日産がルノーへの出資を引き上げられるようになったとしている（日産自動車 2015）。12 月 11 日に改定された RAMA では、日産の株主総会における議決権行使でルノーが「一定の原則に従わない場合」、日産はルノー株を事前承諾なく追加取得することが認められた（日産自動車 2023b：37）。日本の会社法では、日産がルノー株の 25％以上を保有すると、ルノーが日産に対して持つ議決権は停止される。これ以降ルノーは、日産取締役会の決定事項と日産取締役会が事前に承認していない事項について、株主総会で異議を唱えられなくなった。日産は独立維持の手段を確保したのである。

　ルノー株を買い増す権利は「核のボタン」とも呼ばれ（朝日新聞取材班編

92

2021：287）、「日産の安全保障」を確保する抑止力と受け止められた（西川2024：208）。仏政府は結果的に、同盟の非対称性が是正される事態を招き、ルノーが日産を取り込む可能性を小さくしてしまった。のちにゴーンは仏政府による一連の動きを「戦略的に大失敗」と断じ、「政府は私の腕をねじ伏せてルノーでの二倍の議決権を手に入れる代わりに」、「日産を事実上、完全に自立させたのだ」と語っている（ゴーン／リエス2021：108-109）。

　だが、望まぬ形でのRAMA改定を余儀なくされたフランス側の動きは、その後も落ち着かなかった。仏政府は、ゴーンが去った後は規模や業績でルノーを上回る日産が主導権を握り返そうとしてくると考え、日産CEO退任後も同社の会長とルノーの会長兼CEOを同時に務めるゴーンがいるうちに、事態を動かそうとしたのである。マクロンを大統領に戴いた仏政府は、ルノー会長兼CEOの再任条件に日産との関係を不可逆的にすることを盛り込んだ。ゴーンはアライアンスの永続化可能性に懐疑的だったが、結局は条件を呑んで2018年2月に再任される（朝日新聞取材班編2021：288-290；ゴーン／リエス2021：110-111）。実のところ彼は2017年までに、単一の上場持ち株会社の取締役会がルノーと日産を指揮する経営統合計画を固めつつあり、仏政府がルノーから資本を引き上げることを計画実行の条件としていた（ゴーン／リエス2021：178-180）。

　2018年3月29日、ルノーと日産が合併して統合後の新会社を上場する可能性を協議していると、ブルームバーグが報じた[4]。4月から5月にかけては、仏政府の保有株式監督庁長官でルノー取締役のマルタン・ヴィアルが、アライアンスを不可逆的にしたいとの意向を伝達するため、日産役員や経済産業省製造産業局長と接触している（ゴーン／リエス2021：103-105）。ゴーンは、持ち株会社方式であれば傘下企業のブランドと文化は維持されるため、日産の自律性を失わせることはないと考えていた（ゴーン／リエス2021：178）。しかし、彼は11月19日に金融商品取引法違反容疑で逮捕され、日産

4）Bloomberg「日産自とルノーが合併交渉、20年にわたる絆固めて単一企業へ―関係者」2018年3月29日、https://www.bloomberg.co.jp/news/articles/2018-03-29/P6BYKG6KLVR401

第Ⅰ部　社会に遍在する政治をどのように語りうるか

の会長職を解任される（保釈中の2019年12月末に不法出国してレバノンへ逃亡）。

　特別背任でも起訴されたゴーンの詳しい容疑や、誰のどのような思惑が逮捕を導いたのかは、ここでの焦点ではない。彼の失脚が同盟とのかかわりで持つ意味に注目しよう。「2015年から16年にかけては、私はフランス政府の干渉を抑えることができていた」とゴーン自らが語るように（ゴーン／リエス2021：114）、この時期までの彼は日産・ルノー同盟の守護者として振る舞い、両社の独立を維持することが重要であるとの姿勢を取りつづけていた。あるいは2018年当時も、主観的な認識は大きく変わっていなかったかもしれない（ゴーン／リエス2021：156-157、191）。しかし、周囲の見方は違った。特に日産社内では、持ち株会社の下に入れば独立を失うとの反発が強く（西川2024：26-31、35-36）、「独立維持派」の日本人幹部からすれば、ゴーンはすでに「向こう側についた」ように見えた（朝日新聞取材班編2021：303-304）。ゴーンは同盟を併合へと移行させうる力を持つだけに、2017年4月に日産CEO職も離れた後では、日産の独立を脅かす存在に変わっていたのである。

　ゴーン逮捕後に日産・ルノー関係は一時悪化したものの、2019年1月24日、ルノーがゴーンを退任させてミシュランCEOだったジャン＝ドミニク・スナールを会長に据えると、両社は関係回復に動く（朝日新聞取材班編2021：319-323；西川2024：177-181）。同年3月12日には、三菱自動車を含む三社連合の共同意思決定機関として、スナールを議長とするアライアンス・オペレーティング・ボードが設置される（日産自動車2023b：11、38）。スナールは日産の取締役に就任したものの、会長の座には就かなかった。これにより日産とルノーのトップを同一人物が占めたゴーン体制からの脱却が定まり、日産の自律性は一層高まったことになる（朝日新聞取材班編2021：325-328；西川2024：181-184）。

　ただし、持ち株会社方式の経営統合計画は修正のうえで維持され（ゴーン／リエス2021：180-181；西川2024：185）、2019年4月にはルノーが日産への提案を行い、拒絶されている（朝日新聞取材班編2021：333）。日産の指名委員会等設置会社への移行や西川の後継人事をめぐってスナールが強い影

響力を発揮するなど（朝日新聞取材班編 2021：340-346、362-366、374-375）、その後もルノーの日産に対する干渉はなくならなかったため、日産は資本関係の見直しを強く望むようになる。その一方でスナールも、経営をコントロールできないまま大量の日産株を保有しつづける意味があるのか、疑問を抱いていた[5]。

　締結当時は弱者連合と呼ばれたアライアンスだったが、2017 年上半期にルノー・日産・三菱の三社連合は世界販売台数で初めてトップに立ち[6]、ドイツのフォルクスワーゲンやトヨタと肩を並べる規模まで成長した。20 年で構築された協力関係を失うことは不利益が大きく（朝日新聞取材班編 2021：345）、電気自動車（EV）や自動運転などの研究開発が重要性を増しているグローバル競争下で、単独の生き残りを図ることは現実的でない。そのため日産は、関係の解消ではなく、対等な資本関係へと移行する同盟の再編を目指した。他方、日産の業績は 2019 年から悪化し、株価やルノーへの配当額も大幅に低下していた（黒川 2023：41、46）。このため、もはや経営統合を望めなくなっていたルノーは、EV 開発に向けた資金確保を重視し、日産株の売却による同盟再編を容認する方向へと動く。

　両社は、ルノーが立ち上げる EV 新会社に日産が出資することを条件に資本関係見直しの交渉を進め、仏政府もこれを支持した[7]。2023 年 2 月 6 日、ルノーの日産に対する出資比率を 15％に引き下げ、両社が譲渡制限と取得制限を伴う 15％の株式を持ち合って、互いに対等な議決権を自由に行使できる内容の合意が発表される（Renault Group 2023a；日産自動車 2023a）。7 月 26 日に「新アライアンス契約」が締結されたことで、両社の不平等条約は改正に至った（Renault Group 2023b；日産自動車 2023c）。その後、ルノーは保有する日産株の 28.4％を売却まで信託会社に移す措置を取り、資本関係の対等化が完了する。11 月 7 日に「第 1 次改訂新アライアンス契約」が締結され、翌 8 日に発効することで、AEPA および RAMA は失効した

5）『朝日新聞』2023 年 2 月 10 日。
6）『日本経済新聞』2017 年 7 月 28 日。
7）『朝日新聞』2023 年 2 月 9 日。

（Renault Group 2023c；日産自動車 2023d；2024：41）。ここに対称同盟への再編が達成されたのである。

3 同盟理論からの説明

　日産・ルノー関係をめぐる議論は多いが、管見の限り、両社のコンフリクトを企業間政治として分析した研究はなく、アライアンスの形成・維持・再編をめぐる問いに一貫した説明を与えた議論も見当たらない。一連の問いに政治学の道具立てによって答えられれば、政治学は企業間提携の研究に独自の貢献をなしうることになろう。

　それでは、日産とルノーの企業間提携に見出せる潜在的・顕在的なコンフリクトを、国家間同盟の理論からどのように語れるだろうか。非対称同盟は非公式帝国としての一面を持っており、主導国にとっては追随国の統治エリートと協力することで権益を確保できれば、直接の統治を行わないためにコストが低く済むという利点がある。しかし、追随国で非協力的な反対勢力が台頭して統治が不安定化すると、主導国は権益を放棄して撤退するか、高いコストを伴う直接介入によって反対勢力を制圧し、公式の植民地統治に移行するかを選択せざるをえなくなる（玉置 2024：14、57-59）。これを企業に置き換えれば、追随企業の経営者が安定した地位を有し、主導企業に協力的で有用な役割を果たす限り、主導企業がコストをかけて経営統合を目指す必要はない、ということになる。

　この構図は日産・ルノー関係にも当てはまる。日産とルノーが資本上は非対称な提携を結んだにもかかわらず、日産の自律性が比較的高く保たれたのは、ルノーが日産を強くコントロールすることのコストが大きかったからだと考えられる。「合併では、いっしょになるための努力がたいへん」だと塙が述べているように（塙 1999c：52）、主導企業が追随企業を完全な支配下に置くことは相応のコストを生じさせる。シュバイツァーやゴーンも認識していたように、合併によって日産のアイデンティティを奪うよりも、その自律性を保ったまま協力を深めるほうが、ルノーにとって得策だったというこ

とである。

　アメリカの同盟政策の検証を通じて非対称同盟に関する精緻な理論を提示した玉置敦彦によれば、主導国は、追随国における親同盟勢力の「安定と忠誠を確保しつつ（拘束）、追随国から貢献を引き出す（負担分担・行動抑制）という、しばしば相矛盾する二つの目標を同時に追求しなければならない」ために、圧力によって追随国の行動をコントロールするばかりでなく、追随国への譲歩を行う場合がある（玉置 2024：15）。その選択は主導国側の認識に拠っており、親同盟勢力の「不安定化への懸念が強まれば拘束を目的とした譲歩が実施され、逆に安定しているとの評価が多数派となれば負担分担及び行動抑制を求めて圧力が行使される可能性がある」（玉置 2024：74）。そして安定している場合、主導国は親同盟勢力が非協力的であるなどの「不信を抱くときに、圧力を選択するインセンティブを持」ち、親同盟勢力への「強い信頼が生み出す期待は、主導国の譲歩を導く」（玉置 2024：73）。

　この理論は、ルノーが日産の自律性を尊重するという譲歩を選択した理由と、のちに経営統合要求という圧力を選択した理由の、どちらも説明できる。ルノーが日産に出資してゴーンを派遣した段階では、親同盟勢力は確立されておらず、主導企業は追随企業を拘束するために、強い圧力を選択しなかった。また、経営危機を救済された日産の協力的姿勢は明確であったため、ルノーはこれを信頼できた。同一人物が主導企業と追随企業の経営者を務めるゴーン体制の成立によって、親同盟勢力の統治は安定したように見えたため、ルノーや仏政府は経営統合を追求するようになる。これをゴーンが退けていたのは、日産の日本人幹部と接していた彼が、反対勢力の抵抗による統治の不安定化を懸念し、強硬策を避けたいと考えたからであろう。主導企業の内部に見解の相違があったということである。

　ゴーン体制の長期化はコンフリクトを顕在化させた。経営再建後の日産では、ルノーを規模や業績で上回っているにもかかわらず、非対称な資本関係のまま追随企業に甘んじていることへの不満が蓄積されていく[8]。これはル

8）『日本経済新聞』2015 年 12 月 12 日。

第 I 部　社会に遍在する政治をどのように語りうるか

ノーにとって不信の材料となった。仏政府の動きをきっかけとして日産の自律性を高める RAMA 改定が実現し、ゴーンも日産 CEO 職を離れると、追随企業をコントロールするために支配を強める必要があるとの認識が主導企業内部で共有された。仏政府・ルノーとゴーンが経営統合計画を推進したのは、そのためである。

　併合の試みが失敗に終わったことは、追随企業の離反による同盟の解消につながる可能性もあったが、結果的に実現したのは対称同盟への移行であった。ゴーンを失ったルノーは日産の行動抑制が困難となり、期待できる貢献も縮小していた。経営の自律性を確保できた日産は、同盟の破棄までは望んでいなかった。このため両社は、同盟の再編に合意できたのであろう。再編の影響を現時点で判断することは難しいが、提携以来ほとんどの期間にルノーを上回ってきた日産の時価総額は、2024 年 4 月に逆転されている[9]。

おわりに

　本章では、相対的にミクロでインフォーマルな政治としてのビジネスに目を向け、企業間関係の一種である戦略的提携を、国家間同盟とのアナロジーで語ることを試みた。日産とルノーによるアライアンスの変遷を同盟政治のプロセスとして描き直し、両社の潜在的・顕在的なコンフリクトの分析に同盟理論を適用できることを明らかにした点で、本章は政治学が企業間政治を扱う可能性の一端を示せたと言えよう。

　日産・ルノー関係は日本とフランスの会社法に規定された部分も大きく、コーポレート・ガバナンスに関する法政策を生み出すマクロでフォーマルな政治と完全に切り離せるわけではない。また、雇用と経済に与える影響が大きい日産・ルノー関係の行方は、常に日仏両政府の関心事であったし、両国

---

9)『日本経済新聞』2024 年 7 月 26 日。その後、世界市場での販売が振るわず 2024 年 9 月の中間決算で前年同期比 9 割超の減益となった日産は、大幅な人員削減を含む経営再建に再び取り組まざるをえなくなり、同年 12 月には本田技研工業と持ち株会社方式での経営統合へ向けた協議を始めると発表するに至った（2025 年 2 月に交渉決裂）。

関係と結びつけて語れる部分もある。だが、日本政府は民間企業同士の問題として表立った関与を控える立場を取ってきたし、仏政府は繰り返し介入を行ったものの、意図した結果を得ることができなかった。こうした事実は政治としてのビジネスが持つ自律性を示しており、マクロでフォーマルな政治への還元によっては理解できない、企業間関係それ自体に内在する政治的相互作用を捉えることの重要性を認識させてくれる。

　組織論と国際関係論には従来からゲーム理論など共通の分析手法もあるため、企業間提携の事例を国家間同盟の理論で分析できるという本章の主張は、それほど驚きをもたらすものではないかもしれない。しかしながら、伝統的に政治学の主題とされてこなかった対象の研究可能性を明示的に検証することには、政治学の新たな地平を切り拓く重要な意味がある。また、企業間関係の政治的側面を論じた本章は、経営学および経済学とは異なる関心を持つ政治学が、企業間関係の多面的理解に独自の貢献を行えることを示したとも言える。

　もっとも、本章の議論には課題や限界も多い。ルノー側の資料をより丹念に検証したり、両社の株主や労働組合、日仏両政府の動きを丁寧にたどったりすることで、アライアンスの歩みが別様に見えてくる可能性はある。また、日産とルノーは能力的に大きな差を持つわけでないため、非対称同盟の理論を両社に当てはめてよいのかについても、異論がありうる。さらに、日産・ルノー関係ほどアクセス可能な資料が多い事例は例外的だとすれば、企業間関係の政治学的分析に見込める発展可能性は未だ限定的かもしれない。ダールが指摘する資料および調査にかかわる困難を克服するためには、さらなる探究が必要だろう。

【付記】本章は JSPS 科研費 22K13335 および 22K01310 の助成を受けた研究成果の一部である。草稿にコメントを寄せて下さった各位に感謝申し上げる。

参考文献

青野利彦（2022）「国際政治のなかの同盟」『国際政治』206：1-6。

朝日新聞取材班編（2021）『ゴーンショック――日産カルロス・ゴーン事件の真相』幻冬舎。

石井真一（2003）『企業間提携の戦略と組織』中央経済社。

牛丸元（2007）『企業間アライアンスの理論と実証』同文舘出版。

太田正孝／池上重輔編（2017）『カルロス・ゴーンの経営論』日本経済新聞出版社。

大嶽秀夫（1996）『戦後日本のイデオロギー対立』三一書房。

黒川文子（2019）「ルノーと日産自動車の提携の頓挫――現環境下でのルノーが経営統合へと移行せざるを得ない理由」『環境共生研究』12：33-44。

黒川文子（2023）「支配から対等な提携に移行したルノーと日産の経営分析――世界一厳格な環境規制を持つ欧州市場で独自の道を歩き出したルノー」『環境共生研究』16：41-52。

小橋勉（2018）『組織の環境と組織間関係』白桃書房。

ゴーン、カルロス（2001）『ルネッサンス――再生への挑戦』中川治子訳、ダイヤモンド社。

ゴーン、カルロス（2018）『カルロス・ゴーン――国境、組織、すべての枠を超える生き方』日本経済新聞出版社。

ゴーン、カルロス／リエス、フィリップ（2021）『世界で勝てない日本企業――壊れた同盟』広野和美／小金輝彦訳、幻冬舎。

西川廣人（2024）『わたしと日産――巨大自動車産業の光と影』講談社。

佐藤正明（2012）『日産 その栄光と屈辱――消された歴史 消せない過去』文藝春秋。

志賀俊之（2019）「日産のキーマンがゴーン騒動後に初激白！――「経営統合は破滅への道だ」」『週刊ダイヤモンド』107（29）：10-13。

シュバイツァー、ルイ／富永典子（2014）『新たなる使命――ルイ・シュバイツァー自叙伝』小学館クリエイティブ。

鈴木均（2015）『サッチャーと日産英国工場――誘致交渉の歴史 1973-1986年』吉田書店。

玉置敦彦（2024）『帝国アメリカがゆずるとき――譲歩と圧力の非対称同盟』岩波書店。

陳韻如（2004）「資源依存理論による動態的分析」『経済論叢』173（5・6）：51-67。

日産自動車（1999a）「日産自動車とルノー、力強い成長のために――利益ある成長を達成するための新たな提携」1999年3月27日、https://global.nissannews.com/ja-JP/releases/_____

日産自動車（1999b）「日産自動車、『日産リバイバル・プラン』を発表」1999年10月18日、https://global.nissannews.com/ja-JP/releases/nissan-unveils-revival-plan-j

日産自動車（2015）「日産、ルノーとのアライアンスを強化」2015年12月15日、https://global.nissannews.com/ja-JP/releases/151215-02-j

日産自動車（2023a）「ルノー・日産・三菱自動車、提携の新たな章を開く」2023年

2 月 6 日、https://global.nissannews.com/ja-JP/releases/230206-01-j

日産自動車（2023b）『第 124 期（自 2022 年 4 月 1 日 至 2023 年 3 月 31 日）有価証券報告書』2023 年 6 月 30 日、https://www.nissan-global.com/JP/IR/LIBRARY/FR/2022/ASSETS/PDF/fr2022.pdf

日産自動車（2023c）「ルノーと日産、最終契約の締結を完了」2023 年 7 月 26 日、https://global.nissannews.com/ja-JP/releases/230726-00-j

日産自動車（2023d）「ルノーと日産、アライアンスの新たな章の基盤となる契約が発効 」2023 年 11 月 8 日、https://global.nissannews.com/ja-JP/releases/231108-03-j

日産自動車（2024）『第 125 期（自 2023 年 4 月 1 日 至 2024 年 3 月 31 日）有価証券報告書』2024 年 6 月 28 日、https://www.nissan-global.com/JP/IR/LIBRARY/FR/2023/ASSETS/PDF/fr2023.pdf

塙義一（1999a）「摩擦覚悟で異文化をあえて導入 変わらなければ日産は死んでしまう」『日経ビジネス』987：35–37。

塙義一（1999b）「生き延びることに全力投球した一年——ルノーからは変革の速さを学ぶ」『エコノミスト』77（25）：68–71。

塙義一（1999c）「ルノー提携が賃金・人事にも大きな衝撃を与えることになる」『週刊ダイヤモンド』87（24）：50–52。

福島啓之（2022）「日米同盟の歴史的推移と理論的構図——パワーと脅威の均衡と日本の同盟政策」『国際政治』206：67–83。

松尾隆佑（2021）「民主的企業統治の擁護——共和主義的諸構想からステークホルダー・デモクラシーへ」『法と哲学』7：145–171。

松尾隆佑（2022）「グローバル・ガバナンスにおける非国家主体の正統性と政治的CSR」山崎望編『民主主義に未来はあるのか？』法政大学出版局、111–133。

松尾隆佑（2024）「プラットフォーム企業の権力と正統性——デジタル立憲デモクラシーの方へ」『年報政治学』2024-Ⅱ：173–194。

八代充史ほか編（2021）『日産・ルノー アライアンス オーラルヒストリー——グローバル提携時代の雇用・労使関係』慶應義塾大学出版会。

安田洋史（2016［2010］）『アライアンス戦略論』新版、NTT 出版。

山倉健嗣（1993）『組織間関係——企業間ネットワークの変革に向けて』有斐閣。

Anderson, Elizabeth（2017）*Private Government: How Employers Rule Our Lives (and Why We Don't Talk about It)*. Princeton University Press.

Dahl, Robert A.（1959）"Business and Politics: A Critical Appraisal of Political Science," *American Political Science Review*, 53（1）：1–34.［小田垣光訳（1960a／1960b）「ビジネスと政治——政治学からの批判的評価」『アメリカーナ』6（11）：37–54；6（12）：43–58.］

Emerson, Richard M.（1962）"Power-Dependence Relations," *American Sociological Review*,（27）1：31–41.

Keohane, R. O. and Nye, J. S.（2001［1977］）*Power and Interdependence*. 3rd ed.,

Longman.［滝田賢治監訳（2012）『パワーと相互依存』ミネルヴァ書房］

Landemore, H. and Ferreras, I.（2016）"In Defense of Workplace Democracy: Towards a Justification of the Firm-State Analogy," *Political Theory*, 44（1）：53–81.

Pfeffer, J. and Salancik, G. R.（1978）*The External Control of Organizations: A Resource Dependence Perspective*. Harper & Row.

Renault Group（2015）"Renault Board Approves Alliance Stability Covenant between Renault and Nissan," Dec 11, 2015, https://media.renaultgroup.com/renault-board-approves-alliance-stability-covenant-between-renault-and-nissan/?lang=eng

Renault Group（2023a）"Renault-Nissan-Mitsubishi Alliance Open a New Chapter for Their Partnership," Feb 6, 2023, https://media.renaultgroup.com/renault-nissan-mitsubishi-alliance-open-a-new-chapter-for-their-partnership/?lang=eng

Renault Group（2023b）"Renault and Nissan Conclude Definitive Agreements," Jul 26, 2023, https://media.renaultgroup.com/renault-and-nissan-conclude-definitive-agreements/?lang=eng

Renault Group（2023c）"Renault Group and Nissan Announce the Completion of Their Agreements Framing the Foundations of the New Chapter of the Alliance," Nov 8, 2023, https://media.renaultgroup.com/renault-group-and-nissan-announce-the-completion-of-their-agreements-framing-the-foundations-of-the-new-chapter-of-the-alliance/?lang=eng

Singer, Abraham A.（2019）*The Form of the Firm: A Normative Political Theory of the Corporation*. Oxford University Press.

Waltz, Kenneth N.（1979）*Theory of International Politics*. McGraw-Hill.［河野勝／岡垣知子訳（2010）『国際政治の理論』勁草書房］

＊本章で引用したインターネット上の資料・記事等の最終閲覧日は、いずれも 2024 年 8 月 16 日である。

第Ⅱ部

フォーマル／インフォーマルな
政治の交差をどのように語りうるか

第 4 章

技能実習制度が存続した理由
—— 〈地方〉から読み解く

源島 穣

はじめに

日本はすでに移民大国である。在留外国人はここ 10 年間で 1.5 倍程度に増加し、2023 年末時点で約 341 万人に達している（出入国在留管理庁 2024）。在留外国人のなかでも外国人労働者が増加しており、2023 年 10 月時点で約 204 万人が日本で就労している（厚生労働省 2024）。

外国人労働者の在留資格は複数存在するが、近年、特に注目されているのは「技能実習」である。「技能実習」は、技術移転を目的とする技能実習制度の下で就労する外国人（技能実習生）が取得する在留資格である。技能実習生は 2023 年末時点で 40 万 4556 人に上り、建設業、農業、製造業、介護などの「エッセンシャルワーク」に従事している（厚生労働省 2024）[1]。

技能実習制度をめぐっては、数多くの問題が指摘されてきた。低賃金、実習先での劣悪な労働環境（実習実施者によるハラスメントや大怪我の発生および放置）、それらに嫌気がさした技能実習生の失踪などである[2]。こうした問題点の根本的原因は、技能実習生の転職が認められていなかったことにある（明石／岡部／八代／五十嵐 2019：21）。技能実習生は実習期間中に耐え難い状況に陥っても、日本人労働者のように転職して「逃げる」ことができない。

1）エッセンシャルワークについては後述する。
2）例えば、NHK のビデオ・オン・デマンドサービスである NHK オンデマンドでは、技能実習生の失踪や劣悪な労働環境などを特集したドキュメンタリー番組を複数視聴できる（https://www.nhk-ondemand.jp/goods/G2021116859SA000/）。

第Ⅱ部　フォーマル／インフォーマルな政治の交差をどのように語りうるか

それゆえに失踪し、消息を絶つしかない。こうした事実から技能実習生は
「現代奴隷」と評価されることもある（今野 2022）。

　一方、2018 年に特定技能制度が導入された。同制度では一定の条件付き
ではあるが、転職が認められる[3]。転職が解禁されたことは、技能実習制度
の抱える問題を特定技能制度の下では防ごうとする意図がうかがえる。特定
技能制度の下で就労する外国人は在留資格「特定技能」を取得する。「特定
技能」は 5 年間の就労が認められる 1 号と、無制限就労および家族帯同が
認められる 2 号に分かれる（小井土 2020：7）。こうした中長期的に外国人
労働者を受け入れようとする特定技能制度の特徴から、同制度は労働移民を
受け入れるための本格的な外国人労働者政策に位置づけられる。逆に言えば、
特定技能制度が導入されるまで、日本に本格的な外国人労働者政策は存在し
なかった。技能実習制度は 1981 年に開始した外国人研修制度を前身とする。
その目的は先述のとおり技術移転である。しかし、日本の人手不足を補うた
めの外国人労働者政策として、技能実習制度は事実上存続してきた。特定技
能制度が導入された現在においても、技能実習制度は廃止されていない。

　技能実習制度は目的と実態が乖離し、多くの問題を引き起こしてきたのだ
から、もっと早い時期に廃止して特定技能制度に移行してもよかったはずで
ある。しかし、実際にはそうならず、技能実習制度だけが長らく存続してき
た。その理由は、「移民」を警戒する極右勢力、安価な労働力を欲する産業
界、育成に費用をかけたくない政府が技能実習制度を「合作」したからだと
考えられている（樋口 2019a：39）。たしかに、技能実習制度は技能実習生
を長期間在留させず、「実習」であるため十分な対価を払う必要もなく、技
術以外の能力（高い日本語能力など）を習得させる必要もない。こうした、
制度を要求するアクターと供給する政府の利益が一致した結果、技能実習制
度が導入されたと論じる先行研究は多い（上林 2009、明石／岡部／八代／
五十嵐 2019）。

　しかし、アクターの利益の一致は技能実習制度の導入を説明しても、存続

　3）「特定技能」の在留資格で就労する外国人が、別業種に転職する場合は就労予定の分野の
　　技能試験に合格する必要がある。同業種に転職する場合の条件はない。

106

を説明したことにはならない。前身の制度から数えれば1981年から特定技能制度が導入される2018年までの38年間にわたり、技能実習制度にかかわるアクターの利益は一致し続けたのだろうか。この間、アクターをとりまく環境は変化している。後述するが、技能実習生を受け入れる産業界では日本人・外国人の別を問わず労働力不足が深刻化しており、「安価な労働力」よりも「労働力の確保」が優先されるべき利益となっている。このため、相対的に労働力を確保している都市部に着目しても、技能実習制度が存続する理由を説明できない。さらに、労働力の確保が優先されるならば、育成コストを抑えることが政府の利益になり続ける理由も判然としなくなる。このように、アクターの利益は技能実習制度の導入時点から異なるため、利益を要因に同制度の存続を説明することはできないのである。

　以上より、本章の目的は技能実習制度が存続した理由を明らかにすることである。そのために、本章では〈地方〉に焦点をあてて分析を試みる。〈地方〉とは、本章では非三大都市圏、特に筆者が聞き取り調査を実施した山形県をふくむ東北地方を指す。〈地方〉の視点が重要な理由は、技能実習制度を全国規模あるいは都市部（本章では三大都市圏を指す）の視点で分析するよりも、その存続の理由を明確にできるからである。技能実習制度は低賃金であり、受入れ企業も人件費を低く抑えられる「メリット」があるのは先述のとおりである。しかし、この点は、日本人労働者も同様に低賃金で就労する〈地方〉にとっては必ずしもあてはまらない。くわえて、外国人は都市部に集中して居住する傾向があるため、〈地方〉の住民にとって外国人との接触頻度は高くない。それゆえに〈地方〉の住民と外国人の「多文化共生」が課題になるし、実際に「多文化共生」の試みも各地で蓄積されつつある（「お隣は外国人」編集委員会 2022)[4]。「未知」の人材であり、必ずしも人件費の抑制につながらず、受け入れの心理的・文化的ハードルの高い技能実習生を

4）しかし、多文化共生の試みは、すべての外国人を文化的少数者として一括りにしてしまい、当事者によって異なる社会構造に起因する問題（低賃金や劣悪な労働環境など経済的問題が典型例）を見逃しがちになる点に注意が必要である（樋口 2019b：133）。本章で見ていくように、技能実習生の抱える問題も多くは社会構造に起因しているため、多文化共生を処方箋とするだけでは不十分である。

受け入れる〈地方〉に焦点をあてることで、技能実習制度が存続する理由を明らかにできるだろう。

　また、〈地方〉に焦点をあてて技能実習制度が存続した理由を解明することは、本書のねらいである、社会内の「政治」に目を向ける政治学研究を蓄積させることにつながる。ここでの「政治」とは多様であるが、政治家や官僚、主要利益団体といった定番のアクターによる公的決定（辻中 2012：13-15）だけにとどまらない。「政治」は公的決定の領域を超えて、社会内の秩序形成に潜在的な影響を及ぼす（川崎 2010：80）。そして政治学が社会的・経済的不平等を研究対象にする場合、社会的・経済的不平等をもたらす権力作用に着目することになる（新川 2006：65）。したがって、本章では「政治」を不平等な社会的帰結をもたらす権力作用ととらえ、公的決定だけを意味する政治と区別する。

　〈地方〉も技能実習制度も、社会内の「政治」という視点から分析した政治学研究は少ない。〈地方〉については地方自治論が隆盛しているが、従来の政治学の潮流と同様に、「首長」「地方議員」「条例」といった公的決定としての政治の分析が中心である。技能実習制度（もしくは技能実習制度を視野に入れた移民研究）について分析した政治学的研究はさらに少ない。政治理論（宮井 2021；岸見 2021）やグローバル・ガバナンス論（明石 2020）の見地からの研究はあるものの、技能実習制度を研究してきた主なディシプリンは社会学である（五十嵐編 2010；上林 2015；津崎 2018）。なぜ政治学研究は、社会内の「政治」の視点から〈地方〉や技能実習制度を研究してこなかったのか。その理由を考えるうえで重要なのは、〈地方〉も技能実習制度も、そこにかかわるアクターが社会的弱者だという点である。ここで〈地方〉が社会的弱者であるということは、都市部と比べて経済的に恵まれないことを一義的に意味する。経済的に恵まれないことは、教育格差ひいては社会階層の上方移動の困難につながる。この意味で経済的弱者は広く社会的弱者に位置づけられる（吉川 2018）。技能実習制度も同様に、技能実習生や受入企業、監理団体[5]といった同制度にかかわるアクターは大企業・知識産業の従事者

5）監理団体とは、技能実習生の送り出し機関からリクルートし、傘下の受入れ企業に派遣す

と比べて経済的に恵まれないため、やはり社会的弱者に位置づけられる。

　すなわち、従来の政治学は公的決定としての政治の分析に傾倒するあまり、「社会的弱者」に位置づけられる人々がどのような「政治」によって社会的弱者となったのかについて、十分に分析してこなかった。このため、〈地方〉や技能実習制度を対象にする政治学研究も少ないのである。この意味で従来の政治学は「狭い」[6]。社会的弱者を対象とする社会内の「政治」を明らかにするためには、公的決定である制度や政策だけでなく、制度や政策を受容する側である社会内のアクターにも着目しなければならない。こうした観点から本章は、技能実習制度という公的決定を受容する〈地方〉という社会内のアクターに焦点をあてることで、政治学研究を「広げる」ことに意義がある。そのうえで、都市部－〈地方〉、さらに〈地方〉における受入れ企業・監理団体－技能実習生という重層的な不平等が「政治」によってもたらされたことを示す。

　以下、第1節では本章の分析枠組みである歴史的制度論について説明する。第2節以降、歴史的制度論に基づいて「政治」をとらえる分析を行う。具体的には、第2節では全総の策定とその後の自民党政権による利益誘導を通じて、〈地方〉にエッセンシャルワーク中心の産業構造が構築されたことを示す。第3節では技能実習制度の概要を説明し、技能実習制度が人口減少・労働力不足の進む〈地方〉において、エッセンシャルワーク中心の産業構造を再生産させるために存続したことを述べる。「おわりに」では、分析結果のまとめと今後の課題を述べる。

　　る団体である。技能実習制度は、このような「団体監理型」と、受入れ企業が送り出し国の企業の従業員を受け入れて技能実習を実施する「企業単独型」に分かれるが、団体監理型が主流である。
　6）近年目覚ましい興隆を見せるジェンダー政治研究は、社会内の「政治」を見出すという本書ならびに本章の先駆的なディシプリンと言える。ごく最近になって、「政治」が大きく影響を与えている社会問題に対して、従来の政治学が目を向けてこなかった事実を内省的にとらえる取り組みが始まりつつある（曽我2024：4）。

1 分析枠組み

本章の目的である、〈地方〉に焦点をあてて技能実習制度が存続した理由を明らかにするために、歴史的制度論を分析枠組みに用いる。その理由は二つある。第一に、技能実習制度は前身の制度を含めれば40年以上の長きにわたって存続している。この間、関連アクターの利益は変化しているため、存続の理由を利益だけで説明するのは困難だからである。そこで利益に着目するアプローチとは異なる制度論的アプローチが有効になる。第二に、本章は、技能実習制度を〈地方〉からとらえる。そのため、技能実習制度の需要サイド、すなわち〈地方〉においてどのような産業が中心となり、その産業がどのように技能実習制度を必要とするようになったのかという、〈地方〉の産業構造が構築されていく歴史をたどる必要があるからである。具体的には、戦後における〈地方〉の産業構造の設計図であった「全国総合開発計画」（以下、全総）に注目する。全総の詳細は次節で述べる。

歴史的制度論は、制度論的アプローチのなかでも時間的文脈＝歴史に焦点をあて、事象がどのような順番で生じ、最終的な帰結に至るのかを明らかにする分析枠組みである（Pierson 2004=2010；北山 2011：32；西岡 2014：16-17）。このため、歴史的制度論は本章にとって有効な分析枠組みである。さらに、分析を通じて不平等な社会的帰結をもたらす権力作用としての「政治」をとらえる本章のねらいとしても、〈地方〉と技能実習制度にかかわるアクターが社会的弱者になっていくまでの時間的文脈に着眼する歴史的制度論は適っている。

歴史的制度論に基づいて分析するうえで、重要な着眼点は主に三つある。第一に「決定的時点」（critical junctures）である。複数の選択肢の中から特定の制度が選択され、経路が発生する時点を意味する（Mahoney 2000：513；阪野 2006：71）。第二に「経路依存性」（path-dependence）である。決定的時点で選択された制度が次第に慣性を持ち、後に制度をとりまく環境が変化しても制度自体は変化しないことを意味する（Pierson 2004=2010：56）。第三に「正のフィードバック」（positive feedback）である。経路依存

性を持つ制度がさらに自己強化的な過程をたどり、特定のパターンを再生産することを意味する（Pierson 2004=2010：193-194）。この三つに着眼することで、事象が生じる順番と最終的な帰結に至るまでの過程を明らかにできる。本章では、以上の着眼点を踏まえて分析する。

2　〈地方〉の産業構造の構築

（1）　全国総合開発計画（全総）を通じた都市部－〈地方〉の格差拡大

　〈地方〉の産業構造が構築されていく歴史をたどるために、本章では全総に注目する。全総とは1962年に策定された国土計画である。全総それ自体は、法的な強制力を持たないペーパープランである（北原 1994：285）。しかし、「日本地図に落とした公共事業配分計画」（金井 2006：159）の位置を占めていた。各省庁は全総を公共事業に関する最上位の大義名分とし、全総の内容に沿うように事業分野ごとの長期計画や毎年の予算を編成し、施策を展開してきたのである（北原 1994：299）。工業団地の造成や、物流に不可欠な高速道路や港湾の整備など、産業開発の基盤は公共事業によって行われるから、全総は戦後における〈地方〉の産業構造の設計図であったと言えよう。

　全総は、先述のように1962年に池田勇人内閣によって、「地域間の均衡ある発展をはかることを目標」（経済企画庁 1962）として策定された。池田内閣は全総を策定する2年前の1960年に「所得倍増計画」を掲げていたが、それが太平洋ベルト地帯を中心とする高度経済成長によるものであり、地域間格差が拡大しているとの批判を浴びていた。全総にはそうした批判を緩和するねらいがあった（北山 1994：324）。

　全総では、拠点開発方式が採用された。拠点開発方式とは拠点地区へ重点的に投資し、その波及によって周辺地域の経済活性化をねらう、外部からの開発誘因導入を通じた地域経済浮揚策である（経済企画庁 1962；原 2005：22）。拠点開発方式に基づく具体的な拠点地区として、新産業都市ならびに工業整備特別地域が選定された。いずれも太平洋ベルト地帯から外れた地域

か、もしくは太平洋ベルト地帯の中でも周縁に位置し、産業開発が遅れている地域が選定された。東北地方の場合、新産業都市に八戸地域（青森県）、仙台湾地域（宮城県）、秋田湾地域（秋田県）、常磐・郡山地域（福島県）が選定された。工業整備特別地域に選定された地域はなかった。

　では、全総は地域間の均衡ある発展を実現したのか。断言するならば、失敗だった。失敗の理由は、企業の立地合理性をコントロールできなかったことにある（矢田 2017：227）。企業にしてみれば、太平洋ベルト地帯への生産機能の集中的配置が合理的であるため、太平洋ベルト地帯外もしくは地帯内周縁に生産機能を分散させるインセンティブを持たなかった（中澤 2019：241）。拠点地区に選定された地域は、産業開発の基盤を整備する公共事業が行われる間のみ雇用が生まれたが、それが完了した後は尻すぼみとなった。企業誘致が不調だったため、工業団地を整備しても企業が埋まらなかったり、いったん誘致に成功しても業績不振で撤退してしまった。他方で、経済活性化に成功した地域も存在した。しかし、そのような地域が大規模生産・生産額増大に成功しても、その利潤の半分程度は本社のある都市部に吸い上げられた（宮本 1969：39-40）。すなわち、全総は〈地方〉の経済活性化をもたらさないか、もたらしたとしても限定的だった。いずれにしても、地域間の均衡ある発展を実現できなかった。

　1969 年には全総の続編である「新全国総合開発計画」が策定された。新全国総合開発計画も全総と同様に、過疎・過密問題の解決を強く意識した国土計画であり（経済企画庁 1969：6）、公共事業に関する最上位の大義名分の位置を占め、「国づくりの憲法」（大和銀総合研究所 1968：16）などと称された。しかし、やはり地域間の均衡ある発展を実現したとは言い難かった。その理由は、全総と同様に企業の立地合理性をコントロールできなかったことに加えて、1970 年代初頭の 2 度の石油危機を迎えたことで、鉄鋼、石油精製、石油化学、火力発電などを主力産業とする計画が破綻してしまったからである（北山 1990：865）。青森県のむつ小川原地区はその典型例で、石油精製や石油化学を中心に誘致する工業団地を造成しても、そのような企業誘致に失敗した。よって雇用機会も工業団地の造成が完了すると、閉ざされてしま

った（岩本 2009：188）。

　さらには 1977 年に「第三次全国総合開発計画」、1987 年に「第四次全国総合開発計画」と続編が策定されていく。いずれの続編も地域間の均衡ある発展が引き続き目指されたが、実現することはついに無かった（本間 2005：6；鈴木 2019：28）。1998 年には「21 世紀の国土のグランドデザイン」が策定されたが、表題の大幅変更からうかがえるように、地域間の均衡ある発展を目指すことさえ止めてしまった。1998 年版を最後に、全総としての国土計画は終焉する。

　このように、全総は続編を含めて、地域間の均衡ある発展を実現できなかった。その結果、都市部と〈地方〉の格差が拡大した。その格差の内実は複数確認できるが、まずは人口である。図1が示すように、都市部は地方圏から大量の労働力人口を吸引した。現在では三大都市圏の人口が地方圏の人口を上回っている。同時に、特に東北地方、中四国地方、南九州地方の過疎化が進行した（鈴木 2019：12）。

　次に資本である。先述のように全総による経済活性化に成功した地域でさえ、利潤が都市部に吸い上げられた。そうした形で資本が都市部に集中し、大企業・知識産業が都市部で発展した（宮本 1969：39-40）。さらに 1970 年

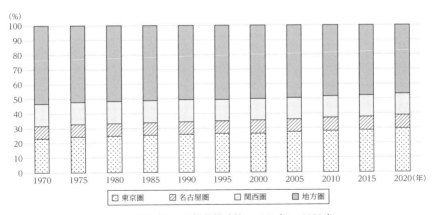

図1　地域別人口の推移構成比　1945 年～ 2020 年
出所：労働政策研究・研修機構「図 2 地域別人口の推移」（https://www.jil.go.jp/kokunai/statistics/timeseries/html/g0102.html）より筆者作成。

第Ⅱ部　フォーマル／インフォーマルな政治の交差をどのように語りうるか

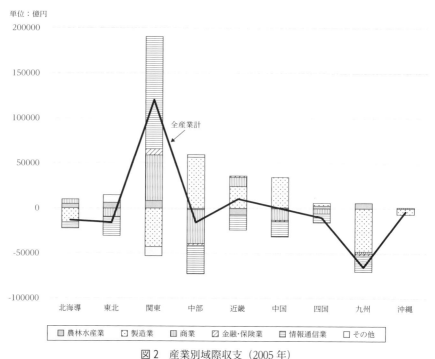

図 2　産業別域際収支（2005 年）
出所：経済産業省（2010：56）、厚生労働省（2015：185）より筆者作成。

代末以降には、特に東京と愛知に多くの超国籍企業が立地するようになり、「世界都市」化が進行した（中澤 2019：234-235）。図 2 は、産業別域際収支である。域際収支とは、産業別の地域の移出額と移入額の差額を表すものである。金額がプラスになるほど他地域へ財やサービスを移出し、マイナスになるほど他地域から財やサービスを移入したことになる。図 2 を見れば、都市部、特に東京は情報通信業や商業の移出超過が大きく、集積の進んだ資本によって富を得ていることが明白である。一方で中国地方を除く〈地方〉は移入超過であり、資本集積に乏しい。主に移入を可能にしている産業は農林水産業である。

　さらに賃金である。図 3 は都道府県別賃金であるが、都市部ほど賃金が高く、〈地方〉ほど低い。図のように 2022 年時点の賃金の全国平均は 311

114

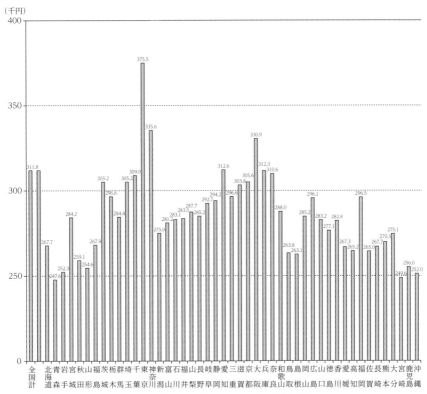

図3　都道府県別賃金　2022年（男女計）
出所：厚生労働省（2022：15）。

万8000円であるが、三大都市圏外はすべてこの平均賃金を超えていない。

　ここまで、地域間の均衡ある発展の失敗ならびに都市と〈地方〉の格差拡大を見てきたが、それらの原因を全総に負わせるのは過大では、という批判もあるかもしれない。もちろん、石油危機などの外的要因が絡んでいることは否定しない。しかし、全総の策定に主導的に係わった経済企画庁官僚の下河辺淳は、回顧録にて雇用の豊富な都市部、特に東京へ人口が移動したことが、全総策定当時の〈地方〉の過剰人口を緩和し、人口一人あたりの所得均衡化をも実現したとして、自画自賛している（下河辺1994：60、93）。全総では企業の都市部への集中が「資本、労働、技術等の諸資源の地域的な偏在

115

第Ⅱ部　フォーマル／インフォーマルな政治の交差をどのように語りうるか

をひきおこし、それ以外の地域において外部経済の集積を阻害し、それが相乗して経済活動をにぶくし、都市化、工業化の停滞をもたらすことになる。このことが、農工間格差等とあいまつて、いわゆる地域格差問題をひきおこした」（経済企画庁 1962）と明言していたにもかかわらず、である。下河辺の理屈は高度成長期以来の〈地方〉の人口減少ならびに都市部との所得格差を考慮していない。全総の目指した地域間の均衡ある発展は建前に過ぎず、本音では意図的に都市部と〈地方〉の格差拡大をねらっていたのである。

　すなわち、全総以降の都市部と〈地方〉の格差は、歴史経済学者の岩本由輝による次の文章に要約される（岩本 2009：197）[7]。

　　今日しばしば一極集中という形で問題とされる中央と地方との間にみられるさまざまな格差は、しばしばいわれているように開発の遅れから生じたものではなく、むしろさまざまな資源の地方からの収奪という形で展開された開発の帰結である。

（2）〈地方〉の産業構造の構築

　全総の策定以降、都市部が〈地方〉のさまざまな資源を収奪する形で産業開発が展開されていった。その結果、都市部に高賃金の産業構造が構築される一方で、〈地方〉にエッセンシャルワーク中心の産業構造が構築された。エッセンシャルワークの定義は、本章では ILO の「キー・ワーク」と同義に扱い、生活に不可欠なサービスに従事する労働を意味する。具体的には、食料システム（食品の生産・加工・流通・消費に関連する仕事）、医療、小売・販売、保安（警備員、警察官、消防士等）、肉体労働（manual workers）、清掃・衛生、交通運輸、技術・事務の 8 分野である（ILO 2023：6-9）。エッセンシャルワークは人々の日常生活を支える不可欠な職業だが、いわゆる 3K 労働（きつい・汚い・危険）で低賃金の場合が多い（田中洋子 2023：10）[8]。

　政治家も、全総を通じて構築された産業構造を前提に利益誘導を展開する

7）傍点部は引用者による。
8）低賃金のエッセンシャルワークの例外として、エネルギー（原発）が挙げられる。周知のよ

ようになった。例えば「土建政治」の代名詞である田中角栄は 1972 年に
『日本列島改造論』を発表したが、同著で田中も工業再配置による地域間の
均衡ある発展に言及している（田中角栄 2023：98-104）。しかし、本州四国
連絡橋・瀬戸内海の開発（田中角栄 2023：154-161）、流通港湾・石油パイプ
ラインの開発（田中角栄 2023：167-170）など、すでに発展していた太平洋
ベルト・西日本の（再）開発構想ほど具体性が高く、それ以外の〈地方〉は
検討の余地を示すにとどまる記述が多い。実際に都市部から〈地方〉への工
業再配置が実現したわけでもない。自民党長期政権期（1955 ～ 1993 年）に
見られた利益誘導は、〈地方〉のアクター（地域住民、地方自治体、利益団体）
が陳情合戦を行い、自民党のために選挙運動を行う苛烈な競争だったが、そ
れはエッセンシャルワーク中心の産業構造に必要なインフラや補助金の獲得
競争でもあった（斉藤 2010）。『日本列島改造論』を典型に、自民党政権は
都市部と〈地方〉の格差是正を主張してきたが、実際にはエッセンシャルワ
ーク中心の産業構造を前提とした利益誘導、すなわち人口、資本、賃金をめ
ぐる都市部と〈地方〉の格差を温存させてきたのである。後の自民党政権は
そうした利益誘導からの転換を図った時期もあったが、結局は現在に至るま
で続いている[9]。都市部はその格差を前提に、〈地方〉から労働力、資本、
食糧、電力などを供給させてきたと言える。

　以上より、〈地方〉の産業構造が構築されてきた歴史を述べてきた。全総
は〈地方〉の産業構造の設計図として機能し、エッセンシャルワーク中心の

　うに、原発は立地自治体に莫大な補助金と高賃金の雇用をもたらす。原発は新全国総合開発
　計画から言及され（経済企画庁 1969：27）、1970 年代に入ると新増設されていった。その結
　果、東日本大震災の発生時点で日本の原発の 40％（全 55 基のうち 21 基）が東北圏（東北六
　県と新潟県）に集中するようになった。東北圏に立地する原発 21 基のうち 17 基は東京電力
　が所有していた。東京電力所有の原発は東北圏ではなく首都圏へ送電するために設置された。
　〈地方〉は、高賃金の仕事が少ない産業構造を強いられるなかで、原発という高リスク施設に
　必要な土地や労働力を都市部に提供した。そして東日本大震災によって福島第一原発の事故が
　発生し、周辺地域はいまだに立ち入り不可かつ避難を余儀なくされている。原発は〈地方〉か
　らの収奪の象徴である。

9)　小泉純一郎政権（2001 ～ 2006 年）はバブル崩壊後の財政再建を目指すために、公共事
　業の削減や地方交付税交付金削減など「構造改革」を行った。しかし、第二次安倍晋三政権
　（2012 ～ 2020 年）以降は「地方創生」等のスローガンの下、〈地方〉のエッセンシャルワー
　ク中心の産業構造を再生産させるための利益誘導に回帰している。

第Ⅱ部　フォーマル／インフォーマルな政治の交差をどのように語りうるか

産業構造が構築されていった。すなわち全総の策定は「決定的時点」に位置づけられる。エッセンシャルワーク中心の産業構造が構築されてからは、その産業構造を再生産させるために、自民党政権による利益誘導が展開された。自民党政権の利益誘導を通じて、エッセンシャルワーク中心の産業構造は経路依存が生じたのである。下河辺の証言に見られるように、全総を通じて意図的に都市部と〈地方〉の格差を拡大させる産業構造が作り出された。〈地方〉のエッセンシャルワーク中心の産業構造は、所与に存在していたわけではないという意味で、構築されたのである。全総の策定とそれに基づく産業構造の構築、さらにその産業構造を再生産させるための自民党政権による利益誘導は、都市部と〈地方〉間の不平等という社会的帰結をもたらした「政治」であったと言えよう[10]。

3　〈地方〉における技能実習制度の意味

（1）　技能実習制度の概要

　〈地方〉ではエッセンシャルワーク中心の産業構造が再生産されると同時に、人口の都市部への集中も並行して進行した。この点は前節の図1が示すとおりである。それは必然的にエッセンシャルワークの労働力不足をもたらした。そこで脚光を浴びたのが技能実習制度である。技能実習制度の目的は技術移転だが、実態は労働力不足の補充であった。

　技能実習制度の概要を説明する。技能実習制度は先述のとおり、1981年に開始された外国人研修制度を前身とし、1993年に「技能実習制度」に改められ、2010年から現在の仕組みになった（上林2018：50-53）。

　技能実習制度の概要（団体監理型の場合）は、表1のとおりである。日本政府と送り出し国政府の二国間取り決めを前提に、送り出し機関は傘下の企業の従業員を日本の監理団体へ派遣する。その従業員は入国の際に「技能実習」の在留資格を取得する。監理団体は送り出し機関から派遣された従

10）筆者は都市部の繁栄や都市部の生活を批判するつもりはない。批判すべきは都市部と〈地方〉間の不平等をもたらした「政治」である。

表1　技能実習制度の概要（団体監理型）

目的	技術移転
在留期間（最大）	1号：1年、2号：3年、3号：5年
人材紹介を行う主体	監理団体（傘下の受入れ企業へ紹介）
在留資格	技能実習
受入費用	監理団体への監理費の納入 相場は月3～6万円＠人 （通常の場合、手続・訓練・教育等に別途経費が必要）
監理	監理団体による訪問指導
転職	雇用先、監理団体の同意を得て実習計画の変更等が必要であり、事実上困難

出所：惠羅（2020：11）より筆者作成。

業員を技能実習生として傘下の企業（受入れ企業）へ派遣する。在留資格の「技能実習」は、正確には技能実習1号、技能実習2号、技能実習3号に分かれ、最長5年間である。ただし技能実習3号に移行できるのは「優良な監理団体・実習実施者」に限られるため、多くは技能実習2号までの取得・在留期間3年間となる。くり返しになるが、転職は基本的に不可能である。受入れ企業は監理団体に監理費を納入する。相場は技能実習生1人あたり月3～6万円程度である。その他手続、訓練、教育等にも別途経費がかかる（惠羅 2020：11）。2023年10月末時点の技能実習生の出身国は多い順に、ベトナム（約20万9000人）、インドネシア（約6万8000人）、フィリピン（約3万7000人）、中国（約3万6000人）と続く（厚生労働省 2023：12）。

　技能実習の対象範囲は順次拡大され、導入時は17職種だったが2023年10月時点では90職種165作業となっている。産業別では、農業、漁業、建設、食品製造、繊維・衣類、機械・金属、その他（介護、宿泊など）である[11]。すなわち、技能実習生の受入れ先はすべてエッセンシャルワークである。人口減少・労働力不足かつエッセンシャルワーク中心の産業構造を抱える〈地方〉にとって、技能実習制度の需要があることが理解できる。

11）厚生労働省「技能実習制度移行対象職種・作業一覧」（https://www.mhlw.go.jp/content/001165663.pdf）。

第Ⅱ部　フォーマル／インフォーマルな政治の交差をどのように語りうるか

（2）　受入れ現場から見る〈地方〉にとっての技能実習制度

　ただし、〈地方〉が労働力不足だからといって、技能実習生をすんなり受け入れるのだろうか。「はじめに」でも述べたが、〈地方〉にとって技能実習生の受入れコストは低くないし、外国人との接触頻度も高くない。相対的に受入れコストが低く、外国人も数多く居住する都市部で技能実習生を受け入れることは容易いし、労働力不足を補う意味「だけ」を持つだろう。一方、〈地方〉があえて技能実習生を受け入れることは、労働力不足の補充以外にどのような意味を持つのだろうか。

　こうした観点から、筆者が 2021 年度から 2023 年度にかけて山形県で断続的に実施した技能実習生の受入れアクターへの聞き取り調査結果を基に、〈地方〉にとっての技能実習制度の意味を考察する。山形県は人口減少率が 2022 年 10 月時点で全国 4 位であり（総務省 2023）、図 3 で示したように平均賃金は約 254 万円で全国ワースト 5 位である。主要産業は製造業だが、出荷額は 2009 年時点で全国 30 位（2 兆 2952 億円）[12] 程度である。一方で、農業の産出額は 2022 年時点で全国 13 位（2394 億円）と高い[13]。これより山形県は、エッセンシャルワーク中心の産業構造である〈地方〉の典型的な県として、一定の代表性を担保できる。聞き取り対象は企業（製造業）7 社、介護事業者 2 事業所、監理団体 4 団体である[14]。技能実習生の受入れ先（企業、介護事業者）と受入れ先へ派遣する側（監理団体）は性格の異なるアクターだが、〈地方〉の受入れアクターという観点で共通しているので、本章では区別しないことにする[15]。以下、調査結果から〈地方〉における技能実習

---

12)　政府統計の総合窓口（e-Stat）「工業統計調査　速報　平成 21 年工業統計速報データ」より筆者算出（https://www.e-stat.go.jp/dbview?sid=0003028617）。
13)　政府統計の総合窓口（e-Stat）「農産物産出額の順位と構成割合　都道府県別」より筆者算出（https://www.e-stat.go.jp/stat-search/files?page=1&layout=datalist&toukei=00500206&tstat=000001015617&cycle=7&year=20220&month=0&tclass1=000001019794&tclass2=000001215200）。
14)　受入れ企業の調査結果の詳細については、源島／本多／中澤（2023）を参照いただきたい。
15)　聞き取り調査の結果を載せる際は、聞き取り対象の簡単なプロフィールを掲載すべきだが、一部の協力者から公表による特定を懸念されたので控える。したがって本章では調査結果のうち、本文中で言及する回答について、受入れ企業を企業 A ～ C、介護事業者を事業所 A ～ B、監理団体を監理団体 A ～ C と表記する。回答も、特定が懸念される箇所については文

120

制度の意味をとらえるのに有効な回答を挙げる。

　技能実習生を受け入れるに至った理由について、ほぼすべてのアクターが「人手不足」と回答した。外国人研修制度の時代から受け入れている企業も、次第に「人手不足」が受入れの理由に変化した。人口減少の著しい山形県にとって、事実上エッセンシャルワークへ外国人を派遣する技能実習制度の利用は当然に思える。ただし、「トータルコストは日本人とほぼ変わらない」（企業A）、「日本人を雇用するよりもコストはかかる」（企業B）・（監理団体A）といった回答もあった。これらの回答を踏まえると、やはり受入れアクターはただ単に労働力不足だから技能実習生を受け入れているわけではないことがうかがえる。技能実習制度が現場に与える影響についても、「3年間は退職はないので人員計画も建てやすい」（企業C）、「技能実習生は（最大で）5年在留してもらえるのは魅力」（監理団体C）といった回答を得たが、受入れアクターが労働力不足以外の要因も考慮していることを踏まえると、労働力を3年間から5年間はまかなえることだけを意図していないことも示唆される。

　このような意図は、実際に技能実習生を受け入れることで、人手不足解消に効果はあったのかという質問への回答で鮮明になる。ほぼすべての受入れアクターが「人手不足解消に効果はあった」と回答した。ただし、そのうえで、「（受入れ企業で働く日本人の）高齢者たちは必死で技能実習生たちに指導している。自分たちが日本人の最高峰の製品を作っているというプライドを持ち、廃れないように」（監理団体B）、「人口減問題は深刻で、企業は減っている。雇い先が少なければ、技能実習制度や特定技能制度があっても根本的な人手不足問題の解消にならないのでは」（監理団体C）、「将来的な人材確保が受入れの目的」（事業所A）、「ていねいな介護なら日本人でも外国人でも関係ない。やってほしいことが伝わればそれ以上にやってくれる。利用者の家族にとってもていねいな介護は重要」（事業所B）といった回答も得た。

　これらの回答から浮かび上がるのは、受入れアクターはただ単に人手不足解消のために技能実習生を受け入れるのではなく、地場産業や地域ケアを守

脈が変わらないように修正している。

第Ⅱ部　フォーマル／インフォーマルな政治の交差をどのように語りうるか

るために受け入れる光景である。この点が、人手不足解消以上の「効果」だったのである。技能実習生を受け入れなければ、受入れ企業や事業者が事業を継続できないだけでなく、雇用の場や生活の場自体が喪失してしまう。それは〈地方〉全体の存続にかかわるのである。技能実習生が転職できないことは、一度受け入れたら3～5年はその〈地方〉が「延命」できることを意味する。

　ただし、技能実習生によって〈地方〉が存続してきたことは、エッセンシャルワーク中心の産業構造が再生産されるのに等しい。都市部は〈地方〉に資本、食糧、電力などを提供させてきただけではなく、労働力も提供させてきた。労働力を長期間提供させ続けたことで、〈地方〉の人口減少・労働力不足が顕著になってしまった。だから技能実習生を〈地方〉の労働力として送り込んだのである。その意味でも、技能実習生に転職を認めないことは重要であった。仮に転職を認めてしまったら、技能実習生が相対的に高賃金で外国人の多く居住する都市部に転職するのは目に見えている。そうなると〈地方〉のみならず、都市部も困るのである[16]。こうして転職が認められないことで、低賃金、劣悪な労働環境、失踪など技能実習生をめぐる諸問題もまた温存されたのであった。3～5年という在留期間は、そのような諸問題によって技能実習生の不満が噴出するのを防ぐには好都合な長さである。

　このようにして、自民党政権によって経路依存性が生じていた〈地方〉のエッセンシャルワーク中心の産業構造は、労働力不足が生じることで行き詰まるかのように思えた。しかし、技能実習制度という外国人を労働力として補充する制度によって、エッセンシャルワーク中心の産業構造は再生産されていった。すなわち、技能実習制度は〈地方〉のエッセンシャルワーク中心の産業構造を再生産させるために重大な存在であり、正のフィードバックとして機能したのである。技能実習制度の存続もまた、都市部と〈地方〉間の

---

16) 都市部でも多くの技能実習生を受け入れている。しかし、〈地方〉が技能実習制度を通じて労働力を確保しているのと異なり、都市部では外国人がおのずと集中するため、技能実習制度が存続しなくても労働力を確保できると考えられる。

　このため、都市部にとって技能実習制度が存続するメリットは、労働力の確保よりも〈地方〉にエッセンシャルワーク中心の産業構造を維持させることにある。

不平等を存続させるための「政治」であったのである。

おわりに

　本章の目的は技能実習制度が存続した理由を明らかにすることであった。そのために、本章では〈地方〉に焦点をあてて歴史的制度論を分析枠組みに用いて分析を試みてきた。分析の結果を述べる。全総の策定は「決定的時点」に位置づけられ、全総を通じて〈地方〉にエッセンシャルワーク中心の産業構造が構築された。その後、自民党政権の利益誘導によって、エッセンシャルワーク中心の産業構造に経路依存が生じた。ところが、〈地方〉の人口減少・労働力不足が進み、エッセンシャルワーク中心の産業構造が行き詰まるかのように思えた。そこで外国人を労働力として補充する技能実習制度が正のフィードバックとして機能し、エッセンシャルワーク中心の産業構造は再生産されていった。

　以上より、技能実習制度は〈地方〉のエッセンシャルワーク中心の産業構造を再生産させるために不可欠であったため、存続したのである。技能実習制度の存続は〈地方〉にとって雇用の場や生活の場が存続するメリットがあるが、それ以上に都市部が〈地方〉に資本、食糧、電力などを引き続き供給させるメリットがあった。都市部が〈地方〉からのさまざまな資源の収奪を通じてさらなる富を膨張させるために、そして食糧や電力などを安く消費して快適な生活を送るために、「政治」は全総の策定以降、都市部と〈地方〉間の不平等を意図的にもたらしてきた。技能実習生は、こうした日本社会の不平等に付き合わされてきたのである。この点に、都市部－〈地方〉および〈地方〉における受入れ企業・監理団体－技能実習生という重層的な不平等が見出される。

　本章は技能実習制度に着目して、不平等な社会的帰結をもたらす権力作用としての「政治」を述べてきた。このような試みを通じて政治学の広がりに貢献できれば幸いである。もちろん、本章の課題も多いだろう。本章のねらいである「政治」の分析が不十分であれば、それは当然筆者の責任である。

第Ⅱ部　フォーマル／インフォーマルな政治の交差をどのように語りうるか

外国人労働者政策も新たな展開を見せている。技能実習制度は 2024 年に入って「育成就労制度」に切り替わることが発表された。育成就労制度も 1 ～ 2 年間の就労後、転職を認めている。こうした新たな制度が〈地方〉のエッセンシャルワーク中心の産業構造にどのような影響を及ぼすのかを分析することも、今後の課題である。

【付記】本章は、2021 年度から 2023 年度にかけて、山形大学と交流する会「山形県の課題解決研究への支援」の助成を受けて実施した、外国人労働者受入れに関する調査に基づいて執筆した。3 年間にわたって助成していただいた山形大学と交流する会、ならびに調査に協力してくださった企業、介護事業者、監理団体の皆様に厚く御礼申し上げます。

参考文献

明石純一（2020）『人の国際移動は管理されうるのか──移民をめぐる秩序形成とガバナンス構築』ミネルヴァ書房。

明石純一／岡部みどり／八代尚宏／五十嵐泰正（2019）「[座談会] これからの「移民」の話をしよう。」『Posse』41：10-27。

五十嵐泰正編（2010）『労働再審 2　越境する労働と〈移民〉』大月書店。

岩本由輝（2009）『東北開発 120 年（増補版）』刀水書房。

惠羅さとみ（2020）「改正入管法後の制度形成をめぐる分析──建設分野における制度の並存がもたらすもの」『移民政策研究』12：9-26。

「お隣は外国人」編集委員会（2022）『お隣は外国人──北海道で働く、暮らす』北海道新聞社。

金井利之（2006）「地域間平等の行政学」『年報政治学』2006 － Ⅰ・148-170。

上林千恵子（2009）「一時的外国人労働者受入れ制度の定着過程──外国人技能実習制度を中心に」『社会志林』56（1）：39-63。

上林千恵子（2015）『外国人労働者受け入れと日本社会──技能実習生の展開とジレンマ』東京大学出版会。

上林千恵子（2018）「外国人技能実習制度成立の経緯と 2009 年の転換点の意味づけ──外国人労働者受け入れのための試行過程」『移民政策研究』10：44-58。

川崎修（2010）『「政治的なるもの」の行方』岩波書店。

岸見太一（2021）「外国人一時的労働者受け入れ制度の政治理論」『年報政治学』2021 － Ⅱ：185-208。

北原鉄也（1994）「国土計画」西尾勝／村松岐夫編『講座行政学──政策と行政』有斐閣、279-319。

北山俊哉（1990）「地域産業の政治経済学」『法と政治』41（4）：849-880。

北山俊哉（1994）「地域経済振興計画」西尾勝／村松岐夫編『講座行政学──政策と行政』有斐閣、321-352。

北山俊哉（2011）『福祉国家の制度発展と地方政府──国民健康保険の政治学』有斐閣。

吉川徹（2018）『日本の分断──切り離される非大卒若者たち』光文社。

経済企画庁（1962）『全国総合開発計画』（https://www.mlit.go.jp/common/001135930.pdf）。

経済企画庁（1969）『新全国総合開発計画（増補）』（https://www.mlit.go.jp/common/001135929.pdf）。

経済産業省（2010）「平成17年地域間産業連関表（概要）」（https://www.meti.go.jp/statistics/tyo/tiikiio/result/result_02/pdf/h17_irio_gaikyo.pdf）。

源島穣／本多広樹／中澤信幸（2023）「山形県における技能実習生受入れ企業の現状分析」『山形大学人文社会科学部研究年報』20：75-98。

小井土彰宏（2020）「特集の趣旨」『移民政策研究』12：5-8。

厚生労働省（2015）「平成27年版労働経済の分析──労働生産性と雇用・労働問題への対応」（https://www.mhlw.go.jp/wp/hakusyo/roudou/15/dl/15-1.pdf）。

厚生労働省（2022）「令和4年賃金構造基本統計調査結果の概況」（https://www.mhlw.go.jp/toukei/itiran/roudou/chingin/kouzou/z2022/dl/13.pdf）。

厚生労働省（2023）「「外国人雇用状況」の届出状況表一覧（令和5年10月末時点）」（https://www.mhlw.go.jp/content/11655000/001195787.pdf）。

厚生労働省（2024）「「外国人雇用状況」の届出状況まとめ（令和5年10月末時点）」（https://www.mhlw.go.jp/stf/newpage_37084.html）。

今野晴貴（2022）「技能「実習」制度の見直し「現代奴隷」「人身取引」は是正されるのか？」（https://news.yahoo.co.jp/expert/articles/73ad803c0a3d06f5ca0a92f7de0078d3737c5d18）。

斉藤淳（2010）『自民党長期政権の政治経済学──利益誘導政治の自己矛盾』勁草書房。

阪野智一（2006）「比較歴史分析の可能性──経路依存性と制度変化」『日本比較政治学会年報』8：63-91。

下河辺淳（1994）『戦後国土計画への証言』日本経済評論社。

出入国在留管理庁（2024）「令和5年末現在における在留外国人数について」（https://www.moj.go.jp/isa/publications/press/13_00040.html）。

新川敏光（2006）「不平等と政治的動員戦略」『年報政治学』2006－Ⅰ：65-93。

鈴木誠（2019）『戦後日本の地域政策と新たな潮流──分権と自治が拓く包摂社会』自治体研究社。

曽我謙悟（2024）「政策を政治学が扱うことの難しさと面白さ」『年報政治学』2024－Ⅰ：3-7。

総務省（2023）「人口推計2022年（令和4年）10月1日現在」（https://www.stat.go.

jp/data/jinsui/2022np/pdf/2022np.pdf）。

大和銀総合研究所（1968）「新全国総合開発計画について」『経済調査』257: 16-26。

田中角栄（2023）『日本列島改造論　復刻版』日刊工業新聞社。

田中洋子（2023）「知られていないエッセンシャルワーカーの働き方」田中洋子編『エッセンシャルワーカー──社会に不可欠な仕事なのに、なぜ安く使われるのか』旬報社、7-29。

津崎克彦（2018）『産業構造の変化と外国人労働者──労働現場の実態と歴史的視点』駒井洋監修、明石書店。

辻中豊（2012）『政治学入門──公的決定の構造・アクター・状況』放送大学教育振興会。

中澤秀雄（2019）「地方と中央──「均衡ある発展」という建前の崩壊」小熊英二編『平成史【完全版】』河出書房新社、230-286。

西岡晋（2014）「政策研究に「時間を呼び戻す」──政策発展論の鉱脈」『季刊行政管理研究』145：16-31。

原昭夫（2005）「小さな地域とその全体を大切にして行こう──全国総合開発計画の55年を振り返って」『都市問題』96（7）：21-26。

樋口直人（2019a）「労働──人材への投資なき政策の愚」高谷幸編『移民政策とは何か──日本の現実から考える』人文書院、23-39。

樋口直人（2019b）「多文化共生──政策理念たりうるのか」高谷幸編『移民政策とは何か──日本の現実から考える』人文書院、129-144。

本間義人（2005）「全総計画と戦後の国家社会──計画論としてのバランスシート」『都市問題』96（7）：4-9。

宮井健志（2021）「移民出稼ぎの政治理論──移住労働者の人生計画を尊重する受け入れへ」『移民政策研究』13：110-125。

宮本憲一（1969）「「新全国組合開発計画」の批判」『月間自治研』11（6）：37-54。

矢田俊文（2017）『矢田俊文著作集 国土政策論〈上〉産業基盤整備編』原書房。

International Labour Organization（ILO）（2023）*The Value of Essential Work: World Employment and Social Outlook 2023.*

Mahoney, James（2000）"Path Dependence in Historical Sociology," *Theory and Society*, 29（4）：507-548.

Pierson, Paul（2004）*Politics in Time: History, Institutions, and Social Analysis*, Princeton University Press.［粕谷祐子監訳（2010）『ポリティクス・イン・タイム──歴史・制度・社会分析』勁草書房］

＊本章で引用したインターネット上の資料・記事等の最終閲覧日は、いずれも2024年9月7日である。

第5章

ことばに潜むジェンダー差別
──フランス語改革をめぐる議論の展開

大嶋えり子

はじめに

　フランス語は女性名詞と男性名詞の区別などをはじめ文法的性をもっているため、さまざまなジェンダー差別の問題を抱えている。つまり、フランス語でことばを発すればジェンダー差別を再生産することになり、公権力が直接的に介入しにくい親密圏においてインフォーマルな政治があるといえる。

　本章では、ジェンダーおよび政治の問題をことばが抱えているという前提から、なぜ2017年に急にフランスで「包摂的書記法」が注目を浴びるようになったのかを明らかにする。そのために、どのようにことばにおけるジェンダー差別をめぐる議論がフランスで展開してきたのかを1980年代から検討する。「包摂的書記法」の詳細は第3節で説明するが、端的に言えばジェンダー差別をなくすためのフランス語の工夫の総称である。

　この問題を本章で取り上げるのは、フランスやフランス語に詳しくない者にとってもことばと社会、ことばと国家権力の関係について考える材料になるからである。ことばに国家権力は介入しようとする。例えば、地域語の多くが話者を失ったフランスの状況を見れば、その影響はすさまじかったといえるが、同時にことばは一人ひとりにとって極めて身近な存在で、ことばなしで生活する者は少なく、親密圏における国家の介入の難しさに光を当てるうえで有益な材料を提供しているともいえる。したがって、フランスやフランス語に親しみのない読者にとっても本章は、国家権力と社会を考えるうえ

127

で新たな視点を提示できるだろう。

　一方で、フランスやフランス語を取り上げるのは、1980年代以降現在にいたるまでフランス語におけるジェンダー差別を是正する必要について議論が活発であり、第2節以降で見ていくように、研究者や学校関係者、作家、政治家など多様なアクターがその議論に参加したからである。40年以上にわたりこの議論が活発なのは、フランス特有の「純粋語法主義」の伝統によるところがあるだろう（Rosier 2024）。「純粋語法主義」とはことばの理想的で固定された使い方や文法への固執を指す。こうした伝統を引き継ぐフランス社会でことばの改革はとりわけ議論が白熱するため、フランスの事例を取り上げることで言語改革がいかに社会的に論争的かがより顕著に浮かび上がるだろう。

　本章の構成は次のとおりである。第1節では、ことばとジェンダー、そしてことばと政治の関係およびフランス語に内在するジェンダー差別を論じたのち、先行研究を検討する。第2節では、1980年代から2017年までの議論を概観する。第3節では、「包摂的書記法」を概観したうえで、これをめぐり2017年に巻き起こった論争を考察し、同性婚や教育など他のトピックとの連関とその後の展開にも若干触れる。

1　フランス語をめぐるジェンダーと政治の問題

（1）　ことばとジェンダー

　フランス語には女性名詞と男性名詞がある。この文法的性は、ラディカル・フェミニストのモニック・ヴィティッグによれば「言語における性別というカテゴリーの適用であり、戸籍に記載のある性別の公表と同等の機能をもっている」（Wittig 2018：137）。さらに「女性に特定のカテゴリーの使用を強いることにより、文法的性は支配と統制の措置なのだ」と綴る（Wittig 2018：138）。これは単に男性優位の社会をことばが反映しているだけではなく、話者一人ひとりの想像力にも大きく影響する。例えばレサールらは、フランス語で男性名詞が男性も女性も含む総称として使用されるにもかかわ

らず、avocat（「弁護士」の意の男性名詞）というと多くの人が女性ではなく、男性弁護士を想像するだろうと指摘する（Lessard et al. 2018：18）。

　フランス語において問題となっているのは、充分にジェンダーの観点から包摂的でない文法だろう。英語でも gender-inclusive language などと呼ばれる表記が一部で推進されているが、留意されたいのは、英語とフランス語とでは、包摂性の表出が異なる形で行われる点である（Manesse et al. 2019：8）。英語には男性名詞と女性名詞がほぼないため、-man で終わる単語を -person などに置き換える gender-neutral language とも呼ばれる通性的な表現が英語圏で広まっている。こうした通性的表現、すなわちすべてのジェンダーを表現できる単一の語形による表現もフランス語で近年では推奨されるものの、ことばの包摂性を推進する際、男性のみならず女性を可視化する表現が推奨されることが多い。つまり、英語ではジェンダーを不明瞭にすることで包摂性を表すが、フランス語ではジェンダーを明示することで包摂性を表すのである。

　フランス語にせよ、英語にせよ、あるいは日本語にせよ、ことばは常にジェンダーの問題を含んでいる。日本語でも、中村桃子が指摘するように「少年」や「兄弟」、「彼ら」は女性がいる場合でも使用されるが、男性のみの時も使用される表現であり、女性のみの時は異なる表現が用いられ、男性が基準となっている（中村 1995：26–36）。つまり、ジェンダーをめぐる問題は複数の言語に共通したものなのだ。

（2）　ことばと政治

　ジェンダーに関わる問題が生じた背景には権力関係があり、ことばには政治的な問題が潜んでいる。フランス語に関わるフランスの政策を見ていくと、1539 年にはヴィレール＝コトレ勅令が発出され公文書におけるフランス語の使用を義務づけた。これは現代でも効力をもっている最も古いフランスの法令である。アカデミー・フランセーズが 1634 年に創設され、翌年から運営が始まると、フランス語の文法や綴りを定め、辞書を編纂することなどが任務として課された。フランス語による国内の統制と、国際語としてフラン

ス語を使用し、フランスの外交上の優位性を示すために、統一された文法を確立することが目的だった。フランス学士院を構成する最古の国立学術団体で、今でも辞書を改訂し続け、正しいことばの使い方を提言している。カンデアらは、17世紀以降は「女性を敵とした真の戦いの時代」になったと論じる（Candea et al. 2021：95）。次節で、女性名詞の使用によりことばを「女性化」する1980年代以降の施策について概観するが、そもそも17世紀から19世紀までの間に「まさにフランス語の男性化という思想的実践過程」があったとカンデアらは見ている（Candea et al. 2021：96）。従来のさまざまな文法ルールが徐々に見直され、女性形を排除し、男性形を優先するルールが制定されていった。17世紀のアカデミー・フランセーズの文法学者クロード・ファーブル・ド・ヴォージュラの「男性ジェンダーが最も高貴であることから、男性形と女性形が併記されているたびに、男性形が優位になるべき」という考えが実践に移された形になる（Vaugelas 1880：163）。このヴォージュラの指摘についてカンデアらは「高貴なジェンダー」という考えは「言語学と何ら関係なく、ミソジニーとこそ関係がある」と指摘する（Candea et al. 2021：97）。つまり、権力関係のなかで文法学者などが女性形を消していき、男性形を優先することばとしてフランス語を変容させてきたのである。その過程はまさに政治的なものであり、フランス語において男性形が多く現れるのは本質的にそうしたことばだからではない。

　ことばへの国家による介入が見られたり、男性形が優位になることばの「男性化」が数々の文法学者などにより実施されたりしたことを踏まえると、ことばは可変的であり、決して固定したものではないことがわかる。ヴィティッグは、男性形が女性をも含む総称的な機能をもち、女性には女性形という有標的なことばを使用せざるを得ない状況について、「普遍的なるものを男性が奪ったというのはたしかに事実だ。だが、これほどまでに人類にとって重大な事柄は一度きりのことで永遠に固定されるわけではない」と述べ、この事柄は覆されるために「何度もやり直され、絶えず見直され、休みなく効果を発揮するために、常にその場その場のすべての話者の能動的な協力を必要とする」と主張する（Wittig 2018：138）。言い換えれば、ことばは政

治闘争の領域になっており、ことばを使う一人ひとりが政治闘争のアクターになっているのである。ヴィティッグが示すような、従来のことばのルールを覆そうとする者がそのアクターであることは明らかだが、加えて、従来のことばのルールを維持し、ことばを通じて既存の社会規範を再生産する者も同様である。

（3） フランス語に内在するジェンダー差別

　フランス語に内在するジェンダー差別については大久保朝憲が詳しく論じているため、ここでは簡単にどのような問題が存在するのかを概観するに留める（大久保 2005）。問題の根本にはフランス語が文法的性をもっている点がある。フランス語には女性名詞と男性名詞があり、形容詞や過去分詞なども文法的性の影響を受ける。そのため、代名詞や名詞に工夫を施すだけではフランス語に内在するジェンダー差別を解消できない。

　文法において性が重大な役割をもつなかで、フランス語が抱えるジェンダー差別の問題は大きく分けると、男性形優先のルールおよび男性形の総称的使用と、職業を表す名詞の性における男性形偏重が挙げられる。この二つが「男性の優位性を中心として機能する」のである（Lessard et al. 2018：9）。前者は、男性形が文法で優先されることや、男性名詞が女性も含めた人間全般を指す総称的な意味をもっていることなどが女性を不可視化し、男性形を無標項とし、女性を有標項とする問題を含んでいる。後者は、女性の社会的身分が従来低かったことから、多くの職業が男性名詞のみにより表されてきたが、女性が長い時間を経てさまざまな職業領域に参入しても男性名詞でしか呼ばれないという問題を含んでいる。これらに加え、ノンバイナリの人たちやジェンダーのわからない者を指す際に、男性形か女性形の名詞や代名詞しかないという問題もある。これらの問題については、第3節で提言された是正方法とともに具体例を提示していく。

　こうしたフランス語の特徴はアカデミー・フランセーズが創設された17世紀以降の「男性化」と呼べる過程によって次第に出来上がっていった。カンデアらによれば、男性形が優先されるルールが制定されたのち、男性形の

総称的使用はとりわけ 20 世紀に入ってから普及した（Candea et al. 2021：97）。ただし、男性が女性に優位であることが否定されたのではなく、中立を装い、男性が人間の標準であることを前提とした表現となったことに留意が必要である。女性が人間の標準とされることがないため、男性の優位性を前提とした用法であることには変わりない。

　フランス語が抱えるジェンダー差別の問題が、男性形を優先し、男性を人間の標準とする考えから生まれたことを踏まえると、この問題を是正するには女性をことばのなかで可視化していく必要があると考えられた。そのため、職業の女性名詞化が 1980 年代以降の議論の中心となった。第 2 節以降で議論の詳細を見ていく。

　1980 年代以降の議論を取り上げた先行研究として、以下の三つを挙げたい。ロワゾン＝ルリュストらはジェンダー論の研究で、ドイツやブラジルなど複数の国と比較し、フランスにおける議論を検討している（Loison-Leruste et al. 2020）。国際比較を行うことで、フランスにおける議論が特異なものではなく、他の国と共通点が多いことを指摘している。

　フランス文学を専門とするヴィエノらはアカデミー・フランセーズがいかに職業などを表す女性名詞の使用に反対してきたのかを論じている（Viennot et al. 2016）。資料集も兼ねており、アカデミー・フランセーズの文書や関連する新聞記事などを転載し、アカデミー・フランセーズの強硬な姿勢を解説している。

　最後に、大嶋（2023）は政治学の観点からアカデミー・フランセーズに注目し、2014 年から 2019 年までの立場の変化、主に職業などを表す女性名詞の使用を受け入れつつ「包摂的書記法」を拒絶する立場への変化を示す言説の変遷を考察した。

　本章は、これらの先行研究を踏まえつつ、異なる視点から分析するものである。時に国際機構の動きにも言及しながら、フランス国内の多様なアクターによる議論を追跡し、2017 年に「包摂的書記法」への注目が集まった経緯を検討する。

2 1980年代から2017年までの議論

フランスで女性がさまざまな職業にアクセスできるようになっても、フランス語の改革の必要性はなかなか議論されず、ようやく議論が始まったのは1980年代のことである。フランス革命で女性が大きな役割を担ったにもかかわらず、表現におけるジェンダー差別が改められることがなかった点には留意すべきである（Loison-Leruste et al. 2020：10）。18世紀末の革命期に「自由、平等、博愛」の標語が掲げられるようになったにもかかわらず、女性が男性とともに平等な市民としてみなされなかったことに付随する問題だろう。女性による多様な職業へのアクセスという新たな社会的現実をことばに反映させるには、女性の権利担当大臣の任命という形をとった「上からのフェミニズム」の登場が必要となった（Moron-Puech et al. 2020：154）。1958年に第五共和政が発足し、1981年に初めてこの体制下で左派の社会党政権が誕生したことにより、イヴェット・ルディが女性の権利担当大臣に任命されると、1984年に女性の活動に関わる語彙を検討する用語委員会が設置された。この時期から政府が明確に女性の存在をことばに可視化するための具体的な施策をとるようになったが、こうした動きに対して反発もあった。主に挙げるべきはアカデミー・フランセーズであり、1984年以降たびたび女性名詞化に反対する文書を発表してきた。この態度は2017年に発表される文書まで続くため、アカデミー・フランセーズは30年以上女性名詞化に反対したことになる（Viennot et al. 2016；大嶋2023）。だが、アカデミー・フランセーズの主張をよそに、ことばの包摂性は具体的にローラン・ファビウス首相が発した「職業、役職、職階、称号の女性名詞化に関わる1986年3月11日の通達」で打ち出されるようになる。そこで推奨された女性名詞化がほぼ適用されなかったため、1998年の同じく社会党のリオネル・ジョスパン首相が発した通達で引き継がれ、改めて女性名詞化が推奨された（Circulaire du 6 mars 1998 relative à la féminisation des noms de métier, fonction, grade ou titre）。

その間、1990年には欧州評議会の閣僚委員会は「ことばにおけるセクシ

ズム撲滅に関する勧告」（R（98）14）を採択した。この文書は、例えば 1994 年 6 月 1 日の「欧州評議会における非セクシストなことばの使用に関する指示」（n°33）をはじめ複数の欧州評議会の文書で参照されている。

その後、フランスでは政府レベルで用語委員会による報告書（Commission générale de terminologie et de néologie 1998）やフランス国立科学研究センターと国立フランス語研究所によるガイドライン（CNRS et INaLF 1999）が作成されると、公文書でも女性名詞化が実践されるようになる。例えば、2000 年の国民教育省報にはセゴレーヌ・ロワイヤルが la ministre déléguée として署名しているが、これは「大臣補佐」を意味する女性名詞であり、女性名詞化の実践が見て取れる。

21 世紀に入ると、この動きは加速する。欧州評議会では 2007 年に「男女平等の規範および仕組みに関する勧告」（CM/Rec（2007）17）が採択された。フランス国内では 2012 年に社会党政権が発足したことにより、翌年に男女平等高等評議会が創設され、2015 年に同評議会は「性別ステレオタイプのない公共コミュニケーションのための実践ガイド」を公開した（HCE 2015）。2016 年および 2022 年に改訂版が公開されており、同評議会が 10 年以上にわたってことばにおけるジェンダー差別の是正に尽力してきたことがわかる。このガイドで興味深いのは、従来重視されていた職業の女性名詞化にことばの工夫が留まらない点である。ガイドでは「包摂的書記法」という文言は使用していないが、一般的に「包摂的書記法」として今日認識される les enseignant.e.s のような男女併記の方法も紹介している（HCE 2015：15）。ロワゾンールリュストらの指摘するとおり、1981 年の社会党政権の誕生がこの領域における変化をもたらしたが（Loison-Leruste et al. 2020：12）、2000 年前後および 2012 年以降の動きがいずれも社会党を中心とした内閣によるものであり、党派性のある領域であることがうかがえる。

民間でも 2016 年 9 月には広告代理店が「包摂的書記法の手引き――書き方から男女平等を推進しよう」というマニュアルを公開した（Haddad dir. 2016）。記述の一部で男女平等高等評議会のガイドを参照しており、このマニュアルはたびたび研究論文や「包摂的書記法」をめぐる議論で引用されて

いる。

　中道政権が 2017 年に発足すると、「包摂的書記法」をめぐる議論が政府レベルで変容し、党派性を帯びた領域であることが再確認される。2017 年にエマニュエル・マクロンが大統領選挙を制すと、エドゥアール・フィリップ率いる内閣が発足し、同年 11 月にフィリップ首相が官報で使用する表記に関する通達を発した（Circulaire du 21 novembre 2017 relative aux règles de féminisation et de rédaction des textes publié au *Journal officiel* de la République française）。この通達では女性には女性名詞を使用することを原則としており、1986 年以降の通達を踏襲しているが、フィリップは「いわゆる包摂的と呼ばれる書記法を用いないようお願いする」としている。その理由として、法的性格を有した文書の形式を踏まえる必要性に加えて、明瞭さを維持するためだとしている。明確に「包摂的書記法」を排除する通達であり、それまでの左派から相対的に右派へと政権が移行したことの表れとなっている。

3　「包摂的書記法」の推進と排除

（1）「包摂的書記法」とは

　1980 年代から 2017 年までのフランス語におけるジェンダー差別是正に向けた歩みと是正への抵抗を見てきたが、「包摂的書記法」の推進と排除がいかになされたのかを議論する前に、「包摂的書記法」が何を意味するのかを見ておきたい。

　フランス語が内包するジェンダー差別を是正する方法として、職業の女性名詞化が 1980 年代以降議論になってきたが、それだけでは性別二元論に基づいた文法や男性形の総称的使用を克服できない。そのため、ジェンダー差別を是正し、女性やノンバイナリの人などをことばにおいて包摂および可視化し、ことばからジェンダー・バイアスを排除する試みとして「包摂的書記法」が推進されるようになった。本章ではフランスでよく使用される「包摂的書記法」（écriture inclusive）という用語を使用するが、実際には組織や人

によって「通性的言語」、「平等主義的言語」や「非差別的言語」などと呼び方は多様である（Loison-Leruste et al. 2020：5）。呼び方自体が政治的で、重要であることはもちろんだが、ここでは擁護者も批判者も最もよく使用しており、特別な政治的コノテーションが認められない「包摂的書記法」という語を用いることとする。

　ことばにおける工夫の総称が多様であるのみならず、施される工夫も多様であることに留意されたい。職業の女性名詞化の他に、フランス政治学会の執筆要綱で求められている「包摂的書記法」の手法を以下に紹介する（Association Française de Science Politique 2024）。

　まず、男性形の総称的使用の回避が挙げられる。例えば、1789 年の「人間と市民の権利の宣言」はフランス語では *Déclaration des droits de l'homme et du citoyen* だが、ここでは homme が「人間」を意味している一方で、この語は「男性」というより狭い意味範囲でも使用される。つまり、男性の権利を定めているとも理解でき、当時からフェミニストのオランプ・ド・グージュにすでに批判されていた。長きにわたり「人権」は droits de l'homme と呼ばれてきたが、社会的にこの表現が問題視され、ジェンダー・ニュートラルな droits humains という語に取って代わられるようになった。

　次に、男女併記の例が挙げられる。例えば、従来のフランス語では「参加者たち」と言う際に、一人でも男性がいる場合は男性名詞を複数形にして les participants とし、女性のみの集団の場合のみ女性名詞の les participantes を使用してきた。だが、これでは男女の集団を指す際に女性が不可視化されるため、「包摂的書記法」により les participantes et les participants と男女を併記することができる。この例では女性名詞が先に来ているが、ラテン文字順の併記法を採用したためである。あるいは les participant・es と中黒を使用した表記も可能だ。通性的な表現に置き換える方法もあり、例えば les personnes participantes と「参加する人たち」という意味の語の使用も可能だ。ただし、男女併記は「包摂的書記法」の登場で初めてフランス語に導入されたわけではない。少なくともシャルル・ドゴー

ルは 1958 年の時点で、演説のはじめに Françaises, Français（直訳すると「フランス人女性とフランス人男性のみなさん」の意）と国民に話しかけており、併記は 21 世紀に入ってから誕生した斬新な手法ではない（INA 1958）。また、さまざまな公的資料で括弧を用いた les participant(e)s のような女性形を表す書記法は「包摂的書記法」の登場を待つことなく採用されてきた（Les linguistes atterrées 2023：51）。

　最後に、男性形優先のルールの廃止とそれにともなう近接性の法則の復活が挙げられる。形容詞は修飾する名詞の性と数と一致した形をとるが、一つの形容詞が男性名詞および女性名詞を修飾する場合は男性形になる。こうした男性形優先のルールは女性を不可視化するものと理解され、是正の方法として、かつて存在した近接性の法則の適用が一部の言語学者などにより推進されている。これは、形容詞により近い名詞に性を合わせるルールであり、例えば 17 世紀末のジャン・ラシーヌの戯曲『アタリー』でもこのルールの適用は確認できる。のちにこのルールは廃れ、男性形が優先されるようになった。

　上記が「包摂的書記法」の代表的な工夫だが、他にも造語が挙げられる。フランス政治学会が推奨している表現ではないが、ノンバイナリの人を指す際、性別あるいは性自認が不明な際に男性形の代名詞である il でも、女性形の elle でもない iel の使用が近年増えている。これは男性形と女性形の主語代名詞を基にした造語である。多くのマスコミでは採用されていないが、この代名詞の存在自体は広く知られており、フランス語の代表的な辞書『ローベル』の電子版に掲載された際には国際的な注目を浴び、日本でも報道された（*Robert* 2024、『毎日新聞』2021 年 11 月 22 日）。

　表記の工夫とは異なるが、北大西洋条約機構（NATO）のマニュアルではトランジェンダーの人には性自認に合った称号や代名詞を使用するよう指示している（Bureau de la représentation spéciale du secrétaire général de l'OTAN pour les femmes, la paix et la sécurité 2020：20）。ミスジェンダリングによりトランスジェンダーの人たちを排除したり、差別したりしないための注意喚起である。

「包摂的書記法」が採用するさまざまな工夫は上に挙げたものに限定されないのみならず、上記の工夫をすべて適用する必要があるわけでもない。「包摂的書記法」は固定したルールの総体ではなく、人や組織それぞれによる包摂性を重視したあらゆることばの実践を含むのである。

（2）　多様なアクターによる 2017 年の議論

　既述のとおり、2017 年にフィリップ首相が女性名詞化を推進しつつも「包摂的書記法」を排除する通達を発した。まさにこの年に「包摂的書記法」は急に注目されることとなった。Google Trends で検索の人気度を確認すると、2017 年に検索回数が激増し、2024 年 8 月現在で 2017 年 11 月が人気のピークとなっている。

　だが、通達のみが注目の原因とは考えにくい。通達に先んじて 3 月にアティエ社が「包摂的書記法」を用いた教科書を出版し、一部の教師がこれを問題視し、インターネットでも発信したことから、9 月にフィガロ紙がこの教科書を記事で取り上げた。アティエ社は男女平等高等評議会のガイドラインに従った、と説明するが、フィガロ紙をはじめ、保守のメディアはこうした取組を強く批判した（*Le Figaro* 22 septembre 2017）。

　5 月には、アカデミー・フランセーズ会員で詩人のマイケル・エドワーズがアカデミーのサイトに「包摂的書記法」を批判する投稿をした（Edwards 2017）。この書記法を「皮膚炎のようなもの」や「脳のどもりのようなもの」と病理に譬える強烈な非難の文書であった。さらに、10 月 26 日にアカデミー・フランセーズが「「包摂的」と呼ばれる書記法に関する声明」を採択した。アカデミー・フランセーズの動向は通常大きな関心を呼ばないが、この時は「包摂的書記法」が原因でフランス語は「死の危機に瀕している」と述べたことで、多数のメディアで取り上げられた。

　メディア以外で特に興味深いのは「みんなのためのデモ」の活動だろう。2013 年の同性婚に反対していた「みんなのためのデモ」運動を行っていたこの団体は、同性婚法制化後も保守の立場から政策を提言している。2023 年に「家庭組合」に改称したが、Twitter（当時）における発信を観察すると、

2017 年から「包摂的書記法」を批判し続けており、アティエ社の教科書にも地方支部が複数回言及している（Le Syndicat de la Famille 49 2017）。

　一方で、「包摂的書記法」を明示こそしていなかったが、11 月 7 日に 314 人の教師が「今後は「男性形を優先する」と教えるのを私たちはやめます」と題した声明をウェブ媒体のスレイトに掲載した（*Slate* 2017）。スレイト自体「包摂的書記法」を取り入れている媒体である。声明では、主張の根拠の一つとして、文法ルールが男性による支配を植えつける点を挙げている。

　こうして、2017 年は政府、アカデミー・フランセーズ、出版社、新聞、ソーシャル・メディアにおける発信者、教師、市民団体が「包摂的書記法」をめぐる議論に加わり、相乗的に注目を集めることになった。多様なアクターとはいえ、「包摂的書記法」の導入を否定する陣営と、推進する陣営という形で二項対立の構図ができあがったといえる。ことばが一人ひとりの日常に深く根差していることに鑑みれば、ことばに関わる改革は日常に大きな影響を及ぼすものとなり、多様な人々が自身の立場を明確にするようになったことは当然だっただろう。ただし、「包摂的書記法」ということばのさまざまな工夫が既述のとおり必ずしも固定されたものではなく、柔軟に取り入れてよいものとしてそれぞれの組織が推進してきたことを考えると、反対派の姿勢は強硬といえるかもしれない。

（3）　新たなやり玉・中黒

　2017 年までの議論を見ると、一部から批判が寄せられつつも職業の女性名詞化は広く認められるようになった一方で、「包摂的書記法」、そのなかでもとりわけ中黒（・）の使用が批判の対象となったことがうかがえる。すなわち、批判の対象が女性名詞から中黒へと移ったといえる。2017 年の通達は、女性名詞の使用を推奨する一方で「包摂的書記法」を、中黒などを使用して男性形と女性形を一つの語で表す表記に矮小化して、排除している。実際には「包摂的書記法」はさまざまな工夫の集合であるにもかかわらず、les participant・es のような表現における中黒が「包摂的書記法」を代表する工夫とみなされやすい。中黒そのものの問題というよりも、目立つ表記とと

もに、従来まったく使われていなかった表記法であることが問題視された背景にあると思われる。しかも、中黒の使用は以下で見ていくように批判しやすい対象だった。

　中黒の使用に反対する際にしばしば挙げられる根拠の一つとして、ディスレクシアや発達性協調運動障害、特異的言語発達障害を抱える人にとっての読みづらさがある。例えば、2020年には32人の言語学者が「包摂的書記法」が実際には「排他的書記法」であると主張した声明で、学習における困難を抱える人にとって中黒を用いた書記法は読みづらいと指摘している（Marianne 2020）。2021年のアカデミー・フランセーズの公開書簡には、上記の障害が列挙され、「包摂的書記法」が不平等な状態を悪化させるとの批判が記されている（Académie française 2021）。

　注目すべきは、「包摂的書記法」が中黒の使用に矮小化されているのみならず、障害者の福祉という新たな観点から批判されている点である。この批判に耳を傾け、検討すべき点があるにせよ、議論に障害を急に持ち出している点には注意が必要だろう。実際、アカデミー・フランセーズが障害をもつ人によるフランス語学習のアクセスを容易にするための施策などについて検討した形跡は見当たらない（大嶋 2023：72）。また、「包摂的書記法」を公共サービス提供事業者に禁止する法案を提出した国民議会議員のフランソワ・ジョリヴェが禁止の根拠として障害に言及したことを当事者や当事者団体などが批判している（Loison et al. 2022：154）。当事者や学術研究を無視した批判者が障害を党派的な議論のなかで利用した形になった。こうした障害者の福祉を根拠とした「包摂的書記法」への批判は、次項でまた論じるがあからさまなアンチフェミニズムを回避できることに利点があるといえる（Loison et al. 2022：155）。

　「包摂的書記法」への批判が難しく、中黒のみを批判対象としているのは首相の通達でも観察されたが、「包摂的書記法」の排除が政府レベルで統一した立場とはいえない点も見逃せない。男女平等高等評議会は最初に2015年に公開した実践ガイドを2022年に改訂し、中黒の使用を推奨し続けている（HCE 2022：66）。つまり2017年のフィリップ首相の通達とは矛盾する

ことになる。マクロン率いる中道政権の矛盾は 2017 年 9 月に定められたマクロンの政党「共和国前進」のロゴにも表れている（図）。ロゴの下部で、*Vos député.e.s En Marche !* と中黒ではないがピリオドを用いた「包摂的書記法」の手法を採用している。2017 年に国民議会で使用

図 「共和国前進」のロゴ

していたが、のちに *Vos députés En Marche !* と従来のように男性形のみを使用したバージョンのロゴも使用されるようになった。このように政府や政府関連機関、与党のなかでも「包摂的書記法」をめぐる対応は多様化している。

（4） #MeToo、セクシュアル・マイノリティ、ウォーキズム

「包摂的書記法」が話題になった 2017 年は、#MeToo 運動が広がりを見せた年でもあった。#MeToo 運動とは、Twitter を通じた女性による性被害の告発に端を発したフェミニスト運動である。こうした他のトピックとの関係は偶然のものと片づけられず、「包摂的書記法」はフェミニズムやセクシュアル・マイノリティ、ウォーキズムに対する批判のなかで言及され続けてきたものでもあった。

「包摂的書記法」への障害者の福祉の視点からの批判が出てきたのはあからさまなアンチフェミニズムを回避するためだったが、「包摂的書記法」に対する批判はアンチフェミニズムの土壌になっている（Perrier 2023）。#MeToo 以前からフランス国内では 2010 年代に女性の地位向上のための改革が行われてきた。例えば、2014 年には企業内の男女平等を促進し、男女平等の原則に従わない企業へのペナルティを科す法律が制定された（loi n° 2014-873 du 4 août 2014）。また、2000 年代には女性に対する暴力に関する数々の法律が制定された。例えば 2010 年には夫婦内でのハラスメントを軽犯罪としたり（loi n° 2010-769 du 9 juillet 2010）、2017 年には女性に

対する暴力行為の時効期間の延長が定められたりした（loi n° 2017-242 du 27 février 2017）。このように、充分とはいえずとも少しずつ女性の地位向上や女性の権利侵害の是正に関する政策が出てきた時期に「包摂的書記法」が登場したのである。したがって、「包摂的書記法」への批判は局所的というよりも、女性の権利への注目が強まるなかでのバックラッシュの一環として位置づけるべきだろう。

　さらに、2013年の同性婚法制化をはじめ、2010年代はセクシュアル・マイノリティへの関心が高まった時期でもある。「包摂的書記法」は性別二元論を越え、セクシュアル・マイノリティを包摂する狙いもある。そのため、「包摂的書記法」に対する批判はセクシュアル・マイノリティに対する攻撃と連動している。実際、指摘したとおり同性婚に反対してきた「みんなのためのデモ」は「包摂的書記法」にも反対しているほか、市民団体の「SOS教育」の例も挙げられる。「SOS教育」はジェンダー概念自体に懐疑的で、少なくとも2013年からジェンダーや男女平等について学校教育で教えることに反対してきた（SOS Éducation 2013）。同団体は2017年11月にはジャン＝ミシェル・ブランケール国民教育大臣に「包摂的書記法」を禁止するよう求める署名活動を行っていた（SOS Éducation 2017）。そしてセクシュアル・マイノリティの権利や地位向上に反対する立場もとっており、2014年には「LBGTプロパガンダ」による「イデオロギーの矯正」を嘆いていた（SOS Éducation 2014）。「ジェンダー・イデオロギー」に対し「闘い」を挑んでいる「みんなのためのデモ」も、「受胎の時点で女か男のいずれかだ」などとトランスジェンダーやノンバイナリの存在を否定する主張をしている（La Manif Pour Tous 2013；Le Syndicat de la Famille 2017）。

　2017年以後の展開に触れると、上記の点は保守層からのウォーク・カルチャーあるいはウォーキズムと呼ばれるものに反対する立場へと収斂していったといえる。とりわけ2021年以降、保守派の政治家のエリック・シオティや保守メディア、さらにはアカデミー・フランセーズ会長でロシア史が専門の歴史学者エレーヌ・カレール・ダンコースなどが「包摂的書記法」をウォークやウォーキズムと結びつけて批判するようになった（Rosier 2024）。

時期としては、2020 年にジョージ・フロイドが警官に殺されたアメリカの事件により Black Lives Matter 運動が活発化し、ウォークということばがフランスでも広く認識されるようになった頃にあたる。ウォークへの批判全般に関してラキエーズは Twitter 上の言説を分析し、フランスのアイデンティティや伝統を脅かすものだとするナショナリズムおよび反エリートのポピュリズムに依拠しているとする（Laquièze 2024）。事実、「包摂的書記法」への批判の根拠の一つとして挙げられているのがエリート主義である。

　批判者は「包摂的書記法」を学者や高学歴者にしかアクセスできない方法だと断じるが、最後に若干の補足をしておきたい。「包摂的書記法」は必ずしも難しくなく、フランス語の難しさはまだ改革されていないさまざまな点に現れているとこれまでの学術研究の蓄積でわかっているが、こうした点は「包摂的書記法」の批判者らからしばしば無視されている（Perrier 2023：119-120）。また、ソーシャル・メディアを見ると、どのようなユーザーか判断するのは困難だが、例えば iel を使用しているのは必ずしも学者や高学歴者ばかりとは断言できない。これらの理由により、「包摂的書記法」は一部のエリートが構想したことは確かである一方で、エリートだけのことばの使い方ではないと言えよう。

おわりに

　フェミニストの主張に則った政策の延長線上にあった「包摂的書記法」の推進に対し、2017 年に多様なアクターが意見表明をするようになり、注目が集まった経緯を見てきた。ことばが多様なアクターにとって争点となり、国家権力やアカデミー・フランセーズのような権威ある機関の介入もありながらも、着実にことばが女性やセクシュアル・マイノリティを可視化するものに変容しており、この領域における国家権力の強制力の弱さがうかがえる。

　ことばの慣用が変化したことにより、アカデミー・フランセーズは 2019 年に職業の女性名詞化をついに認めた。これは 1980 年代から明確に反対していた立場からの大きな転換である。

一方で、ジャン＝ミシェル・ブランケール国民教育大臣は教育現場において 2017 年のフィリップ首相の通達に則り女性名詞化を認めながらも、「包摂的書記法」を排除する通達を 2021 年に出した（Circulaire du 5 mai 2021 relative aux règles de féminisation dans les actes administratifs du ministère de l'Éducation nationale, de la jeunesse et des sports et les pratiques d'enseignement）。また、2020 年から 2023 年にかけて公共サービスなどにおける「包摂的書記法」の禁止を定める法案が少なくとも五件提出された。

このようにフランスでまだ議論の続く「包摂的書記法」だが、確実にフランス語の包摂性は上がっている。女性やセクシュアル・マイノリティに関わる国家レベルの政策の実施と、親密圏を含むインフォーマルな政治の場たる社会における慣用の変化の両輪によるところが大きいだろう。ことばが「男性化」された過程を踏まえれば、ことばの「脱男性化」が進んでいるのである（Candea et al. 2021：95–96）。

参考文献

大久保朝憲（2005）「フランス語の性差別的言語構造について」『關西大學文學論集』55（3）：119–138。

大嶋えり子（2023）「フランス語の改革をめぐる議論と取り組み──アカデミー・フランセーズの反言語改革言説の分析」『金城学院大学論集　社会科学編』19（2）：54–74。

中村桃子（1995）『ことばとフェミニズム』勁草書房。

Académie française（2021）« Lettre ouverte sur l'écriture inclusive », https://www.academie-francaise.fr/actualites/lettre-ouverte-sur-lecriture-inclusive

Association Française de Science Politique, « Publications », https://www.afsp.info/association/publications/revue-francaise-de-science-politique/

Bureau de la représentation spéciale du secrétaire général de l'OTAN pour les femmes, la paix et la sécurité（2020）*Manuel de l'OTAN sur le langage inclusif.*

Candea, Maria, et Véron, Laélia（2021）*Le français est à nous ! : petit manuel d'émancipation linguistique*, Éditions La Découverte.

Centre national de la recherche scientifique（CNRS）, Institut national de la langue française (1999) *Femme, j'écris ton mon... Guide d'aide à la féminisation des noms de métiers, tires. Grades et fonctions.*

Commission générale de terminologie et de néologie (1998) *La féminisation des noms de métier, fonction, grade ou titre.*

Edwards, Michael (2017) « Aimons-nous la langue française ? », https://www.academie-francaise.fr/aimons-nous-la-langue-francaise

Haddad, Raphaël dir. (2016) *Manuel de l'écriture inclusive : faites progresser l'égalité femmes / hommes par votre manière d'écrire*, Mots-Clés.

Haut Conseil à l'Égalité entre les femmes et les hommes (HCE) (2015) *Guide pratique pour une communication publique sans stéréotype de sexe.*

Haut Conseil à l'Égalité entre les femmes et les hommes (HCE) (2022) *Pour une communication publique sans stéréotype de sexe : guide pratique, version actualisée 2022.*

Institut National de l'Audiovisuel (1958) « Charles de Gaulle «Françaises, Français, aidez moi!» », https://www.ina.fr/ina-eclaire-actu/video/i12048509/charles-de-gaulle-francaises-francais-aidez-moi

Laquièze, Ugo (2024) « La fabrication d'un épouvantail : l'antiwokisme comme livier du discours national-populiste sur X/Twitter », *La Revue Nouvelle*, 4 (4) : 68–73.

Lessard, Michaël, et Zaccour, Suzanne (2018) *Manuel de grammaire non sexiste et inclusive : le masculin de l'emporte plus !*, Éditions Syllepse.

Linguistes atterrées, Les (2023) *Le français va très bien, merci*, Paris : Gallimard.

Loison, Marie, et Perrier, Gwenaëlle (2022) « Un « langage excluant » ? Solidité, sincérité et enjeux des arguments d'opposition à l'écriture inclusive », *Travail, Genre et Sociétés*, 47 (1) : 153–156.

Loison-Leruste, Marie, et Perrier, Gwenaëlle, et Noûs, Camille (2020) « Introduction. Le langage inclusif est politique : une spécificité française ? », *Cahiers du Genre*, 69 (2) : 5–29.

Manesse, Danièle, et Siouffi, Gilles dir. (2019) *Le féminin et le masculin dans la langue : l'écriture inclusive en questions*, ESF sciences humaines.

Manif Pour Tous, La (2013) *L'idéologie du genre.*

Marianne (2020) « Une «écriture excluante» qui «s'impose par la propagande» : 32 linguistes listent les défauts de l'écriture inclusive », 18 septembre, https://www.marianne.net/agora/tribunes-libres/une-ecriture-excluante-qui-s-impose-par-la-propagande-32-linguistes-listent-les

Moron-Puech, Benjamin, et Saris, Anne, et Bouvattier, Léa (2020) « La normalisation étatique de l'inclusivité du langage : Retour sur les différences franco-québécoises », *Cahiers du Genre*, 69 (2) : 151–176.

145

Perrier, Gwenaëlle（2023）« Haro sur le langage non sexiste : entre anti-féminisme discret et anti-intellectualisme ouvert », *Pouvoirs*, 186（3）: 111–122.

Robert, « iel », https://dictionnaire.lerobert.com/definition/iel

Rosier, Laurence（2024）« L'écriture inclusive, une langue woke », *La Revue Nouvelle*, 4（4）: 74–79.

Slate（2017）« Nous n'enseignerons plus que « le masculin l'emporte sur le féminin » », 7 novembre, https://www.slate.fr/story/153492/manifeste-professeurs-professeures-enseignerons-plus-masculin-emporte-sur-le-feminin

Vaugelas, Claude Favre de（1880 [1647]）*Remarques sur la langue françoise. Tome I*, Cerf et fils.

Viennot, Éliane, et Candea, Maria, et Chevalier, Yannick, et Duverger, Sylvia, et Houdebine, Anne-Marie（2016）*L'Académie contre la langue française*, Éditions iXe

Wittig, Monique（2018）*La pensée straight*, Éditions Amsterdam.

『毎日新聞』「フランス語：仏に「第三の性」新語　代名詞「イエル」辞書に掲載　保守層「米国かぶれ」と批判」2021 年 11 月 22 日東京夕刊 8 面.

Le Figaro. « Un manuel scolaire écrit à la sauce féministe », 22 septembre 2017, https://www.lefigaro.fr/actualite-france/2017/09/22/01016-20170922ARTFIG00300-un-manuel-scolaire-ecrit-a-la-sauce-feministe.php

SOS Éduation [@soseducation]. 2013, 5 juin. *Contrez l'enseignement du « genre » à l'école http://p.ost.im/p/dq5GGd* [Poste]. Twitter. https://twitter.com/soseducation/status/342284168287371264

SOS Éduation [@soseducation]. 2014, 6 août. *La rééducation idéologique est en marche : une énième officine de propagande LGBT vient de recevoir l'agrément... http://fb.me/72IFFfZPD* [Poste]. Twitter. https://twitter.com/soseducation/status/496943987396460544

SOS Éduation [@soseducation]. 2017, 24 novembre. *Grande pétition nationale, adressée à Jean-Michel Blanquer : NON à l'écriture inclusive ! Signez dès maintenant, puis partagez ! http://bit.ly/2Bi8aM7* [Poste]. Twitter. https://twitter.com/soseducation/status/934003714368638977

Syndicat de la Famille, Le [@SyndicFamille49]. 2017, 13 mars. *Dès la conception, on EST femme ou homme... que ça plaise ou non aux idéologues de tous poils ! #Genre*, [Poste]. Twitter. https://x.com/SyndicatFamille/status/841244180257095680

Syndicat de la Famille 49, Le [@SyndicFamille49]. 2017, 25 septembre. *Cc @EditionsHatier / comment encore justifier vente du #Bescherelle Grammaire ? écriture inclusive =#gender lavage de cerveaux des enfants* [Poste]. Twitter. https://x.com/SyndicFamille49/status/912032180368441345

＊本章で引用したインターネット上の資料・記事等の最終閲覧日は、いずれも 2024 年 8 月 13 日である。

第6章

不妊の「脱政治化」の政治
——市場の再編と「個人的なことは個人的なこと」

井上 睦

はじめに

　本章の目的は、日本において不妊をめぐる問題がどのように政治課題化されたのか、フェミニズムの視座を参照しつつ分析することにある。とくに、不妊治療への公費助成が開始される契機となった少子化対策に焦点を当て、市場再編との関係を読み解くことで、「私」の問題から「公」の問題へ、という単線的な枠組みでは捉えきれない政治を描き出すことを目指す。

　性と生殖をめぐるイシューは、「私」の／個人の領域の問題とみなされ、公的領域における事象としての「政治」を考察対象とする既存の政治学ではほとんど扱われてこなかった[1]。しかし、既存の政治学が前提とする公私二元論に対しては、フェミニズムの立場から以下のような指摘がなされてきた（岡野 2020）。第一に、そもそも公私の区分は自明ではないということである。たとえば性と生殖をめぐるイシューについて言えば、それがきわめて個人的なものである一方、異性間のみの婚姻を規定する法制度、人工妊娠中絶の禁止や強制不妊手術などの出生促進・抑制策や優生政策を通じ、国家が大きくかかわってきた領域でもある。とりわけ日本においてこうした制度・政

　1）本章の問題関心とはやや異なるが政治学分野において性と生殖にかかわるイシューを扱った重要な研究蓄積として岩本（1992；1994）、Norgren（2001＝2023）、また「妊活」を中心に近年の生殖政治をめぐる重要な研究として Fassbender（2022）などが挙げられる。

149

策は、「産めよ殖やせよ」[2] といった「私」の領域への公的介入、「性と生殖にかかわる健康・権利（以下、リプロダクティブ・ヘルス／ライツ）」[3] の侵害として歴史的に現れてきた。

　第二に、公私の領域は単に自明ではないというだけでなく、その境界設定それ自体に政治性が伴うということである。第2波フェミニズムが掲げた「個人的なことは政治的なこと」というテーゼは、従来「私」の／個人的なこととされ非政治的領域に押し込められてきたことが、集合的な＝政治的な領域の問題であるという提起であった。すなわち、フェミニズムは、公私を貫く、あるいは構造化する力として「政治」を捉えることで、公私の境界設定に深くかかわる政治をこそ問題としてきたといえる（岡野 2020：91）。そこではまさに、「私」の問題とされてきたものが、なぜ「私」の問題として政治から排除されてきたのか、また、いまなぜ、「私」の問題であったものが、どのような政治の力によって、「公」の問題へと再編されようとしているのかということが問われてきた（岡野 2020：93）。したがって、政治学において公私二元論を問う試みは、これまで所与のものとして不可視化されてきたその境界設定にこそ潜む政治を明らかにしようとするものといえる。

　では、不妊や不妊治療についてはどうか。不妊は、長らく不妊に悩む女性／夫婦の個人的な／「私」の問題であり、不妊治療も「個人の選択」の問題

　2）本章では、「産む／生む」の表記について、一連の経験の身体性を重視するため、基本的に「産む」の表現を用いた。ただし、行政文書の引用・参照に際しては、すべて原文ママとし「生む」の表記を用いた。

　3）北京宣言（1995）においてリプロダクティブ・ヘルスは、「人々が安全で満ち足りた性生活を営むことができ、生殖能力を持ち、子供を生むか生まないか、いつ生むか、何人生むかを決める自由を持つこと」、リプロダクティブ・ライツは「最高水準のリプロダクティブ・ヘルスを得る権利」と定義される（United Nations 1996）。日本では長らく「リプロダクティブ・ヘルス／ライツ」と訳されてきたが、これは異性愛規範を前提としたシスヘテロ女性の「生む、生まない、生めない」にかかわる健康・権利を想定したものといえる。この邦訳は、LGBTQを含む性にかかわるより広範な権利や論点を排除するため、近年では「セクシュアル・リプロダクティブ・ヘルス／ライツ」と訳されるようになっている。筆者は「セクシュアル・リプロダクティブ・ヘルス／ライツ」の問題意識を共有するものの、本章の分析対象時期には用法・内容ともに「リプロダクティブ・ヘルス／ライツ」に限定された議論がなされてきたことから、これを適切に捉えるために分析に際しては引用、筆者の記述を含め「リプロダクティブ・ヘルス／ライツ」という文言を用いる。なお、概念および邦訳をめぐる攻防については柘植（2022）を参照されたい。

とされてきた。ところが2000年代を前後して、不妊に悩む人の存在や高額な費用がかかる不妊治療がマスメディアで取り上げられ、不妊治療への公費助成が選挙公約に掲げられるなど、不妊問題は公の場での注目を集めるようになった。制度レベルでは、2004年に不妊治療への公費助成が開始され、その後段階的な拡大を経て2022年には体外受精や顕微授精を含む基本的な治療が公的保険システムに組み込まれた。同年に不妊治療の体外授精で生まれた子どもの数は7万人と同年生まれた子どもの10人に1人にのぼる[4]。一連の政治的決定は、不妊がより多くの人に共通の経験となるなか、不妊治療にかかる費用負担を公的な財政システムに組み込むものであり、その点で「私」の問題を「公」的な政治課題に格上げするものとして（少なくとも暫定的に）捉えることができる。

　それにもかかわらず、不妊は今日ますます「私」の／個人的な問題としての側面を強めているようでもある。不妊治療の公費助成から保険適用拡大にいたる過程では、産む、産まないという意志決定が社会経済的に保障されていたか否かをめぐる議論がきわめて後景化する一方、女性個人の身体の／医療のレベルに焦点化した言説や制度が充実してきた。また近年、「妊活」という言葉が定着し、月経や妊娠経過、更年期など女性の生理・健康を自ら管理するツール「フェムテック」[5]も日常生活に浸透しつつある。不妊をめぐる問題は、一方では政治課題化され、集合的な問題として対応がなされながらも、他方では個人が自律的に選び、主体的に決定する「私」の領域の問題として現れてきたように見える。

　こうした状況は、「個人的なことは政治的なこと」という観点からは奇妙なものであるように思われる。一方では「公」的な制度に組み込まれ、「個人的なことは政治的なこと」として扱われつつも、他方ではきわめて個人的

4）朝日新聞デジタル「2022年の体外受精児、過去最多の7万7千人、治療ピークは42歳」2024年8月30日。
5）フェムテック（Femtech）とは「FemaleとTechnologyをかけ合わせた造語で、女性が抱える健康課題をテクノロジーで解決する製品やサービスなど」を指す（経済産業省「フェムテック等サポートサービス実証事業」）。生理周期管理アプリ「Clue」の共同創業者であるイダ・ティンによる造語として知られる。

なこととしての対処を迫られている。この一見パラドキシカルな状況は、公私の境界設定をめぐる政治という観点からはいかに読み解けるだろうか。本章は、公私を貫く力、あるいは構造化する力として政治を捉えることで、不妊をめぐって現れる両義的な事象を統合的に把握することを試みる。とりわけ、不妊問題が紐づけられた少子化対策に焦点を当て、そこでどのように「私」の問題が「私」の問題として形成されたのかを追うことで、不妊問題において社会的帰結を女性の／個人の身体が引き受けるにいたるメカニズムを明らかにする。

1　不妊問題の政治課題化をめぐって

　公私の境界設定をめぐる政治という観点に立つと、不妊がどのように政治課題化されたのかという問いは大きくふたつに分けられる。ひとつは、政治課題化がどのように生じたのか、つまりどのような政治の力によって生じたのかという問いであり、もうひとつは、それがどのような問題として編成されたのか——それまで「私」の問題だった不妊問題が「公」の問題へと移行したのか否か、より抽象的には「公」「私」の領域はどのように再編されたのか、あるいはされなかったのか——という問いとして理解できる。本節では、この視点に沿って先行研究を整理・検討し、本章が扱うべき問題を導出する。

（1）　先行研究の論点

　性と生殖をめぐる政治に関しては、女性学や社会学分野において多くの研究が蓄積されてきた。そこでの基本的な争点は、そこで現れる政治が自己決定か私的領域への国家介入かをめぐるものであり、不妊の政治課題化もこの軸を中心とする。前者は、カイロ・国際人口開発会議（1994 年）や北京・世界女性会議（1995 年）で提唱されたリプロダクティブ・ヘルス／ライツ概念に注目する。具体的には、経済的理由や職場の無理解、疎外など不妊治療を望んでも受けられない状態をリプロダクティブ・ヘルス／ライツの侵害

として捉え、不妊の政治課題化をリプロダクティブ・ヘルス／ライツの受容の結果として位置づける。寺澤さやかは、社会経済的に不妊治療を受けられない状態を「生殖からの／への阻害」と定位し、公費助成や保険適用が国家にとっては出生率増加を目的とした政策であるとしつつも、その利用を望む個人にとっては有用な選択肢であると論じる（寺澤 2018：358）。同様の立場から乙部由子も、不妊治療の保険適用が「高額な治療費を理由に治療を諦めた人たちの再チャレンジ」となると主張する。乙部によれば「治療費を医療保険でまかなえるという国の取組があることこそが〔中略〕この事業の最大の効果」であり、それを通じて「経済的理由で不妊治療を諦める、特に若い世代の人たちが、経済的な心配をせずに、治療を行い、希望する子どもを授かれる社会」が展望される（乙部 2022：70）。

これに対し後者は、婚姻、中絶、強制不妊などと同様、不妊についても、国家による人口管理政策として、つまり私的領域への国家介入として政治課題化されてきたと考える。日本においては、2003 年の「少子化社会対策基本法」以降、2000 年代に少子化対策がそれまでの子育て支援策から個人の結婚や生殖に干渉する出生促進策へと転換したとの指摘がなされてきた（阿藤 2010；柘植 2016）。そもそも不妊という状態は、妊娠や出産を望まない限り「問題」にはならず、それゆえ厳密な意味での不妊の医学的な定義は存在しない（藤田 2015）。他方、出生率低下が政治問題化する過程では、不妊が医学的に定義されることで不妊の医療化が進む傾向が見られてきた。ここでは女性を「産む性」と捉え、その身体を国民の再生産のための社会的資源とみなす視点が強化される（藤田 2015：60）。柘植あづみによれば、日本では 2000 年代以降、不妊問題が少子化対策に組み込まれるなかで、「不妊症」の対象が「高齢出産による不妊」を含むものへ、「不妊」の定義が 2 年から 1 年へと変更され、生殖補助医療の拡大と女性の対象化が進んだ（柘植 2016：43-47）。

リプロダクティブ・ヘルス／ライツか国家介入か。この二項対立を解く鍵は、不妊と、その他の性と生殖をめぐるイシューとの扱いの相違に見出せる。仙波（2003）は、不妊治療への保険適用を少子化対策に位置づけることが

153

リプロダクティブ・ライツの侵害につながると警鐘を鳴らした。もしリプロダクティブ・ライツとして不妊治療に保険適用を行うならば、避妊や中絶、出産なども同様に保険適用としなければならないという仙波の指摘は示唆に富む。その後の日本で、少子化対策のもと不妊治療のみが保険適用対象となったことは、それが妊娠・出産奨励という私的領域への国家介入であったことを示している。

　興味深い点は、こうした少子化対策／国家介入としての不妊の政治課題化が、「自己決定」やリプロダクティブ・ヘルス／ライツという一見相反する論理を取り込んで展開したことにある。1990 年代以降の日本の政策言説およびマス・メディア言説を分析した諸田（2000）は、不妊治療が一方では少子化対策の文脈で政治課題化されながらも、他方では妊娠・出産が「主体的な選択／決定」であるというレトリックが巧妙に取り込まれ、不妊治療にかかわる問題の個人化と女性の自己帰責化が生じたと指摘した（諸田 2000：75）。同様に、柘植は、出生促進策として提供される生殖医療技術が、女性の願望充足のための技術利用、つまり女性の「選択」や「自己決定」に資するものとして導入されたと論じた（柘植 2016：33）。

　こうした議論は、個人と国家という関係に着目することで、不妊の政治課題化の過程における両義的な事象――「自律」を装った「他律」、「自己決定」を冠した国家介入――を暴いてきた。むろん寺澤（2018）が指摘するように、出生率増加という国家の目標があっても、それが個人にとって有用な選択肢となる可能性は実際的にはありうる。だが問題は、実質的に「自己決定」が保障されていないこと、にもかかわらず、そこで生じた「問題」への対応が、個人の責任の領域に戻されるという状況にある。たとえば、安定した雇用に就くことができ、妊娠中の求職活動でも不利益を被ることがなく、あるいは育休後に原職に復帰でき、そして子育てに伴う時短勤務で評価や報酬が下げられないのであれば、産む、産まないにかかわる「自己決定」は保障されていたといいうるかもしれない。問題は、様々なケースでこうした状況が保障されていないにもかかわらず、後々「自分で決めた」とされ、不妊治療という選択肢が個人に対して提示される――個人の、それも身体のレベ

ルで引き受けるか否かという「自己決定」を迫られる——、そういう状況が
生じているということだ。

　これが意味するのは、上記のような社会的問題とその帰結を、多くの場合、
女性たちがその個々の身体で——痛みとともに——引き受け（させられ）て
いるということである[6]。不妊治療において、女性たちは、加齢やそれに伴
う卵子数の減少、卵管・子宮の「異常」といった「問題」を抱えるものとし
て自らの身体を経験する。その身体はホルモン剤の自己注射、排卵日の人工
的な調整といった継続的な医学的管理のもとに置かれることになる。思うよ
うな結果につながらないことが繰り返されるなかで、治療の継続の判断を迫
られ続ける。ホルモン治療の副作用を抱えながら、数カ月から数年にもわた
って治療を継続し、そのつど職場との調整を（「私事都合」として負い目を感
じながら）行いつつ、定期的な（さらには、ときに急遽の集中的な）通院をし
続けるのである。女性たちが経験しているこのような身体的・社会的な苦難
とそれに伴う痛みは、「自己決定」が実質的に保障されていると思えるよう
な社会的調整があれば感じずに済んだものかもしれない。では、「自己決定」
という自明性のもとに、この苦難と痛みを女性たちがその個々の身体で引き
受けているとすれば、それを成り立たせてきた条件とはいったいなにか。

（2）　分析の視点と方法

　妊娠・出産による所得減少など、子どもを持つことで社会的・経済的に不
利な状況に置かれることは、チャイルドペナルティ（子育て罰）、マザーフ
ッドペナルティなどと呼ばれてきた[7]。そこでは、キャリアとの関係で女性

6）ここで筆者は「女性たち」と述べているが、それは本章が女性をめぐる動向に焦点化する
　ためであり、たとえば男性不妊において男性がなんらかのかたちで同様の、あるいは異なる困
　難・苦難を経験している可能性やそのことの重要性を否定するものではない。女性に焦点化す
　る理由は、不妊をめぐる議論がこれまで主として女性の問題として語られてきたこと、また女
　性と男性というカテゴリーで見た場合に不妊治療の実際的な負担が女性に著しく偏っている現
　状（厚労省 2022：4）に鑑みてのことである。関連して、本章は「ニード解釈の政治」の視
　点から不妊をめぐって社会環境的なものでもありうる問題が個人問題化される事態を俎上に載
　せるが、こうした枠組みに収まらない個別のケースを軽視するわけではない。

7）多くの研究蓄積があるが、女性が子どもを持つこととキャリアを両立させることの難しさ

第Ⅱ部　フォーマル／インフォーマルな政治の交差をどのように語りうるか

たちが結婚・出産を先延ばしにするという選択をすることや（高見 2012）、不妊治療を受ける女性の平均年齢が平均初産年齢を大きく上回ることなどが指摘されてきた（野村総研 2021）[8]。このような事実は、不妊が単に医療の、身体にかかわる個人的な問題ではなく、妊娠・出産・育児とキャリアの両立困難という労働市場の問題や、性別役割分業や男女の賃金格差といった性差別の問題としても政治課題化されうることを示している。では、不妊の政治課題化において、身体以外の問題化、すなわち産む、産まないにかかわる選択可能性を保障するというアプローチ、たとえばキャリアを含めたライフコース上の不利益とならないような社会環境上の調整可能性はいかに排除されたのだろうか。

　ここには、不妊に悩む個人のニーズを不妊治療であるとする「ニード解釈の政治（the politics of need interpretation）」（Fraser 1989：145）が潜んでいる。フレイザーによれば、何をニーズと考えるかというニーズ解釈それ自体が政治の場であり、既存の権力関係と深くかかわっている。つまり、ニーズはあらかじめ所与のものとして前提することができず、あるニーズの問題化は、ほかのありえたニーズの不可視化をもたらす。この観点を踏まえると、不妊の政治課題化は、一方では不妊治療に個人の／身体の治療ニーズを見出しつつ、他方では社会経済的なニーズを不可視化する過程として捉えることができる。

　では、「私」の問題を「集合的な／政治的なこと」ではなく「個人的なこと」とするような「ニード解釈の政治」はどのように生じたのか。不妊問題が少子化対策に位置づけられたという先行研究の指摘を踏まえれば、まずは少子化対策において「ニード解釈の政治」が見られ、そのなかで不妊をめぐ

　　を経済学の視点から歴史的に分析した著作として、Goldin（2021＝2023）、日本のチャイルドペナルティに注目した著作として末冨／桜井（2021）など。

8）不妊治療はこれまで自由診療だったため公的統計が限られており、治療者の年齢構成の正確な把握は難しいが、2020 年度の年齢別の特定不妊治療費助成の初回受給件数申請者の年齢別集計では 39 歳がピーク年齢である（野村総研 2021）。なお、受給および保険適用には年齢制限があり、2 回目以降の受給や保険適用外の受診を含む年齢構成はさらに高くなる。保険適用外も含む体外授精にその範囲を広げると、最新のデータ（2022 年度）における治療ピークは 42 歳である（朝日新聞デジタル、前掲記事）。

る「ニード解釈の政治」が形成されたと考えられる。したがって、本章では第一の視点として、少子化対策を構成する政策群に注目し、そこでどのような「ニード解釈の政治」が見られたのかを明らかにする。その際、不妊問題が紐づけられた 2000 年代に加えて、両立支援策を軸とした 1990 年代を対象時期とする。

これまで不妊の政治課題化については、2003 年の「少子化社会対策基本法」およびその後の展開に主たる関心が集まってきた。同法は「生み、育てる喜び」を謳い不妊治療に関する規定を盛り込んだことで、出生促進策／私的領域への国家介入の起点として注目されたためである（阿藤 2010；柘植 2016）。不妊治療に対する公費助成制度も、この基本法にもとづき策定された「少子化社会対策大綱（第一次）」のもとで創設されている。だが、1990年代の少子化対策が「両立支援」を通じて「家庭を守る」女性から「家庭と仕事を両立する」女性へ、という新たな女性像／家族像を提示してきたとすれば、そこにこそ私的領域への国家介入の起点を見出せるのではないか。その場合、2000 年代の出生促進策は、介入の起点というよりもむしろ介入のありようの変化であり、主たる政治課題の変化として捉えることができる。以上のことから、本章では 1990 年代から 2000 年代にいたる少子化対策を構成する政策群を対象に、そこでどのような女性像／家族像が提示されたかを検討することで、少子化対策が「私」の領域をどのように構成したか——何を問題化し、同時に何を不可視化したか——を導出する。

他方、少子化対策において提示された女性像／家族像に、不妊問題の政治課題化／脱政治化にいたる「ニード解釈の政治」が見出せるとしても、それが単独で成立したとは考えにくい。そのため第二に、少子化対策における女性／家族という「私」の領域に影響を及ぼした「公」の領域として、経済／市場の領域に着目し、市場のどのような変化が家族の再編に影響を及ぼしたかを考察する。

家族と市場との密接な結びつきについてはすでに多くの指摘がなされてきたが、その典型として戦後日本の経済成長モデルが挙げられる。日本型企業社会、日本的経営とも呼ばれた日本の経済成長モデルは、男性稼ぎ手への雇

用保障と家庭内の家族＝女性による無償のケア労働を軸とした。共通の特徴は韓国、台湾、香港など東アジアモデルと呼ばれる諸国にも見られ、これらの国々は、低い公的社会支出と家族＝女性によるケア負担という側面からときに家族主義（的福祉）レジーム、国家主導型の開発主義的な経済成長という側面からときに開発主義／生産主義（的福祉）レジームと評されてきた（Kwon 2009；新川 2011；辻 2012）。こうした名称の違いは、家族という再生産領域――「私」の領域――と、市場という生産領域――「公」の領域――のいずれに着目するかに起因する違いであり、両者がコインの表と裏の関係にあることを示してもいる。それゆえにでもあるが、こうした戦後の経済成長モデルが変化するなかでは、それまで前提となってきた労働市場のありようやそれを支える家族のありようも変化したことが想定される。したがって本章では、1990年代以降の少子化対策の前段階として1980年代の経済成長戦略およびそれを構成する政策群に着目し、市場がどのように変化し、またそこでどのような家族の変化が求められたのか、少子化対策との関係を導出する。

　分析の手順は以下のとおりである。第一に、1980年代にはじまる労働市場改革に着目し、戦後日本の経済成長を支えた市場がどのように再編されたかを明らかにする。検討を通じ、市場の再編では女性の労働力化が進められた一方、男性稼ぎ手モデルが維持されることで性差別構造が温存されたことを指摘する。第二に、1990年代の少子化対策に着目し、それが市場再編に伴う新たな経済成長戦略にいかに位置づけられたかを検討することで、家族の領域がどのように再編されたかを明らかにする。分析を通じ、少子化問題が、市場の再編を支え、市場の再編に伴う問題への対応策として登場したこと、それゆえに家族の領域の問題は、市場の問題とは切り離された「私」の／女性の問題として形成され、脱政治化されたことを論じる。第三に、2000年代の少子化対策に着目し、そこでの家族の変化を市場との関係から検討することで、不妊の政治課題化と脱政治化にいたる契機を導出する。ここでは、少子化対策における家族像が「育て、働く」女性から「産み、育て、働く」近代家族へと変化したことが不妊の政治課題化につながったこと、家

族と市場との関係がますます強化されるなかで、不妊を含む少子化問題が「あるべき」家族像からの「逸脱」として病理化されたことを明らかにする。

　一連の検討を通じ、市場の要請こそが、社会経済的なものでありえた問題化の可能性を排除し、個人のニーズへと還元する「ニード解釈の政治」をもたらしたこと、それが少子化問題を女性／家族といった「私」の領域でのニーズの問題に、さらに不妊を医療のレベルでのニーズの問題に還元し、社会的帰結を個人の身体が引き受けるという不妊の「脱政治化」の政治にいたったことを主張する。

2　労働市場の再編──女性の労働力化と性差別構造の維持

　戦後日本の経済成長の土台となったのは男性稼ぎ手モデルを軸とする完全雇用政策である。高い雇用率の政策的な維持と福祉拡充の抑制は「雇用を通じた福祉」（Miura 2012；三浦 2015）とも評された。この雇用を保障したしくみが新卒一括採用、年功序列賃金、終身雇用に象徴される日本型雇用慣行である。長時間労働や転勤などを含む日本型雇用慣行は、女性による家庭内の無償ケア労働を前提に、家族的責任が免責された男性労働者を対象とした。すなわち戦後日本の経済成長は、「男は仕事、女は家庭」という家族像のもと、労働市場から女性を排除する「ジェンダー化された二重構造」（Miura 2012）によって支えられてきたといえる。

　では、こうした労働市場のしくみは、その後どのように再編されたのか。またそれは男性稼ぎ手／女性ケアモデル、あるいはジェンダー化された二重構造をどのように変え、あるいは変えなかったのか。上野（2017）は「雇用のネオリベ改革」として、1980 年代以来のジェンダー平等施策と雇用の規制緩和を取り上げる。その特色は、女性の労働力化が進められた一方で男性稼ぎ手モデルが維持された点にある[9]。起点となったのは 1985 年に制定さ

---

9 ）上野が「雇用のネオリベ改革」と呼ぶ、女性労働力化と男性稼ぎ手モデルを特色とする市場の再編は今日にいたるまで引き継がれている。上野は、「女性活躍」を掲げた第 2 次安倍政権下で制定された「職場における女性の活躍を推進する法律」（2016 年）を取り上げ、企業

れた男女雇用機会均等法と労働者派遣事業法である。女性差別撤廃条約
（1979年）の批准にあたって制定された男女雇用機会均等法は、「結果の平
等」ではなく「機会の均等」を強調し、それを通じて男性労働者向けに作ら
れた既存のルールを維持したまま女性の参入を促した（上野 2017：22）。そ
の結果、多くの企業では人事管理に従来の男性職、女性職に替え「総合職」
と「一般職」が導入されたが、このもとでは一部の女性労働者が日本型雇用
慣行のもとで「男並み」に働く「総合職」に採用された以外、ほとんどは
「一般職」に採用され、男女の処遇の差は呼称を変えて温存されることとな
った。

　このジェンダー平等施策と並行したのが雇用の規制緩和である（上野
2017：25）。男女雇用機会均等法と同年の1985年に制定された労働者派事
業法は、当初は専門知識の求められる一部の職種を対象に許可制で始まり、
その後度重なる改正を経て原則自由化されていく。さらにバブル崩壊後、就
職氷河期さなかの1995年には日経連（日本経営者団体連盟）が「新時代の
「日本的経営」」を発表し、経営効率の向上を目的として労働者を（1）長期
蓄積能力活用型、（2）高度専門能力活用型、（3）雇用柔軟型という3グル
ープに分ける人事管理案を打ち出した。このうち（1）は日本型雇用慣行の
もとで働く男性稼ぎ手であり、それを絞り込む代わりに増やされたのが残り
の2枠である。（2）は法律職など外注の対象となる専門職、（3）はパー
ト・アルバイト、請負労働者、派遣労働者、契約労働者などの非正規雇用枠
であった。とりわけ重要なのは（3）の非正規雇用枠であり、ここに女性と
若者で構成される大量の「柔軟な」労働力が新たな経済成長の支柱として組
み込まれることとなる。

　これらはいずれも、男性稼ぎ手モデルの維持を通じて性差別構造を温存す
るものであり、今日にいたるまで市場再編の核となってきた。その特色を数
字で確認してみよう。1984年から2021年にかけ、非正規雇用労働者の割

に課された情報公開に男女賃金格差が含まれておらず、職場の雇用慣行や労働慣行を変えない
まま「女性の参入」を促すという点で男女雇用機会均等法の場合と少しも変わらないと指摘す
る（上野 2017：24）。

合は 15.3％から 36.7％に増加した。このうち男性については正規雇用が
2335 万人から 2334 万人とほぼ横ばい、非正規雇用が 457 万人の増加とな
った。これに対し女性は正規・非正規ともに増加したが、正規雇用が 998
万人から 1221 万人へと 223 万人の増加にとどまったのに対し、非正規雇用
は 408 万人から 1413 万人へと 1005 万人の増加となり、増加分の 8 割超を
非正規雇用が占めた（男女共同参画局 2022）。

　こうした正規／非正規のジェンダー格差は、男女の賃金格差や性別役割分
業の維持も説明する。男性一般労働者の給与水準を 100 としたときの女性
一般労働者の給与水準は、2021 年に 77.5％と OECD 平均の 88.4％を大き
く下回る。また生活時間を見ると、有償・無償をあわせた総労働時間が男女
ともに長く、有償・無償労働時間の男女差も大きい（男女共同参画局 2020）。
まず、どの国も男性の方が有償労働時間は長いが、日本男性の有償労働時間
は 452 分／日と比較国中最長であり、女性の 272 分／日と比較すると男女
比は 1.7 倍と比較国中最大となる。同様に、どの国も無償労働時間は女性の
方が長いが、日本では男性 41 分／日に対し女性 224 分／日と、男女差は比
較国中最大の 5.5 倍にのぼり、次に 4.4 倍の韓国、2.3 倍のイタリアが続く。
さらに男女雇用機会均等法施行前後を比較した調査では、第 1 子出産までに
就業継続する女性が増えていないこと、出産・育児期に離職した後の早期再
参入が施行後に増えた一方、正規雇用での就業割合は減ったことが示されて
きた（労働研究研修機構 2009；永瀬・守泉 2017）。

　留意したいのは、こうした市場再編の特色、すなわち女性の労働力化と性
差別構造の維持がともに不可視化されてきた点である。まず若者を中心とし
た非正規雇用の増加によって、男性労働者内、女性労働者内での分断と格差
が生じた。さらに「総合職」と「一般職」、「正規」と「非正規」といった職
種や雇用形態の違いにより、処遇の差は「自己選択」の結果とされ、それを
「性差別」の名において告発することが難しくなった（上野 2017：22）。一
見中立的なルールの導入は——それが現実には男性稼ぎ手を主たる労働者と
して想定し、その結果、男性／女性といった特定の集団において著しく有利
あるいは不利が生じているにもかかわらず——問題を個人化し、「私」の領

第Ⅱ部　フォーマル／インフォーマルな政治の交差をどのように語りうるか

域に押し込めることで、それを集合的な／政治的なこととして問題化する契
機を失わせるものであったといえる。

3　市場と家族の接続──少子化対策における問題の女性化

（1）　市場と家族の接続

　市場の再編は、家族にどのような変化を求めることになったのか。女性の
労働力化の結果生じたのは、ケアの危機、つまりこれまで家庭で女性が担っ
てきたケア責任をどこに転嫁するのかという問題であった。バブル崩壊後の
経済低迷のなかでは、いかに市場の再編を支え、同時に市場の再編の結果生
じた問題に対応するか、すなわちいかに女性の労働力化／男性稼ぎ手モデル
という市場の要請に応えつつ、ケアの危機に対処するかが主要課題となった。
こうした国家の経済的な要請にしたがって、家族のありようにかかわる問題
が「公」の領域へと再編されたのが、1990 年の 1.57 ショックを契機に浮上
した少子化問題である。1992 年経済企画庁の『国民生活白書』では、政策
用語としての「少子化」「少子化社会」がはじめて登場した（阿藤 1997：
2-3）。少子化は何よりもまず、経済運営方針のもとでの生活領域の問題と
して政治課題化されたのである。

　畢竟、この時期の少子化対策は、育児休暇制度の制定・拡大、保育サービ
スの拡充、多様な働き方支援など、「女性が」働きながら子育てをするため
の両立支援策を軸とした。1991 年には育児休業法が成立し、1994 年には「エ
ンゼルプラン（今後の子育て支援のための施策の基本的方向について）」のもと
で育児休業給付の実施推進、保育所一時預かりや延長保育の拡充、学童保育
の設置などが定められた。1999 年には「少子社会への対応を考える有識者
会議」、「少子化対策推進閣僚会議」、「少子化への対応を推進する国民会議」
が相次いで設置されるとともに「新エンゼルプラン（重点的に推進すべき少
子化対策の具体的実施計画について）」が策定された。その後、2001 年「仕事
と子育ての両立支援等の方針」の閣議決定、「仕事と子育ての両立支援等の
方針（待機児童ゼロ作戦）」にいたるまで、初期の少子化対策の一貫した関心

162

は「女性のため」の両立支援であった。

　これらの施策は、女性の「柔軟な」労働力化を促進することでジェンダー化された二重構造を維持するものであり、その点で1980年代以来の市場の再編を支えるものであった。それゆえにでもあるが、この時期の少子化対策は、「雇用のネオリベ改革」（上野2017）とされるジェンダー平等施策と雇用の規制緩和策——1993年のパートタイム労働法（短時間労働者の雇用管理の改善等に関する法律）、1999年の男女共同参画基本法、男女雇用機会均等法改定、労働基準法の女子保護規定の撤廃など——と並行した。

　こうした点を踏まえれば、少子化対策が市場再編をさらに推し進めた経済構造改革と接続されたのは驚くに当たらない。少子化対策において、はじめて構造改革への直接的な言及がなされたのは、厚生省（当時）人口問題審議会による1997年の「少子化に関する基本的考え方について」（以下、「基本的考え方」）である。ここでは、「人口減少社会の姿として〔中略〕相当厳しい状況が予測される」ために「経済構造改革、社会保障構造改革、財政構造改革等現在進行中の諸般の構造改革を〔中略〕実行していかなければならない」と述べられ、「これらの構造改革とあわせてさらに、個人（男女）の自立と自己実現がはかられるような男女共同参画社会」が謳われる（人口問題審議会1997）。ここで少子化対策の一環として示された構造改革と男女共同参画は、労働市場の構造改革とジェンダー平等施策を含み、ここでも「雇用のネオリベ改革」（上野2017）と大きく重なっている。少子化対策は、ここにおいて市場の再編策と軌を一にするものとして明確に位置づけられたといえる。

　その結果、1990年代後半には、経済領域においても少子化問題が主要な関心として浮上し、少子化対策としての女性「支援」が雇用施策に結びつけられた。1999年の経団連（日本経済団体連合会）による少子化への提言では、結婚・出産は「個々人の自由な選択」に委ねられるべきとしつつ、保育制度の充実、子育て支援、多様な雇用機会の創出が掲げられた（日本経済団体連合会1999）。さらに小泉政権下の経済諮問会議「サービス部門における雇用拡大を戦略とする経済の活性化に関する専門調査会緊急報告」では、介護・

保育サービスが「雇用創出型の構造改革」とされた（内閣府 2001）。ここに少子化対策は、市場の再編によって生じたケアの危機への対応策としてだけでなく、雇用創出を担い、女性の労働力化を支える経済成長戦略としての役割をますます強めることとなった。

（2）　問題の個人化／女性化＝脱政治化

　少子化「問題」が市場の再編によって生み出され、少子化「対策」が市場の再編を支える役割を担ったことは、その問題の所在や解決策が市場の外——「私」の領域——に求められたことを説明するものでもある。武田（2016）は、1990 年代の「男女共同参画」政治における家族モデルの再編が経済構造のアップグレードと相補し合う関係にあり、その結果、2000 年代初頭の構造改革において家族の問題が主要な関心事に浮上したと論じた。ここでは「自己責任」原則が強調され、女性ひとりひとりが政治的、経済的領域で自律的で有能な行為者であることが期待される状況が生じた（武田 2016：133）。重要な点は、こうした「個人の選択」や「自己責任」といった言説が、市場の問題を家族の問題へと変換する——脱政治化する——ことで、市場の問題を不可視化する役割を担ったということにある。

　たとえば 1994 年のエンゼルプランでは、少子化要因として「女性の高学歴化、自己実現意欲の高まり等から女性の職場進出が進」んだこと、「女性の経済力の向上や独身生活の方が自由ということのほかに、家事、育児への負担感や拘束感が大きい」ことが挙げられ、問題の所在は「女性の選択」とされた。さらにここで「子どもを生むか生まないかは個人の選択」とされたことは、それを通じて個人の選択を保障するものではなく、むしろ「自律的」な「個人の選択」を前提とすることで個人を取り巻く環境を度外視し、問題を個人化した。同様に、1997 年の「基本的考え方」や 1999 年の経団連による少子化に関する提言でも、「個人（男女）の自立と自己実現」や「個々人の自由な選択」といった文言が強調される一方、それらに影響を与えうる外的環境の問題は不問に付された。これらを通じて、少子化問題は「個人の選択」の結果として、その少子化対策はそうした個人が抱えるニー

ズへの「支援」として政治課題化されていく。

　個人を取り巻く問題を、集合的な問題ではなく「個人のニーズ」の問題へと戻していく過程は、言説レベルだけでなく具体的な取り組みにも見られた。1997年の「基本的考え方」で言及された社会保障構造改革では、それまでの福祉政策を大きく転換するサービス提供体制の変革がなされた。ここでは、行政がサービスを決定する「措置制度」から、事業者との対等な関係のもと利用者がサービスを選択する「契約制度」へ移行し、サービス提供体制に市場原理が導入された。「措置から契約へ」とも呼ばれた制度転換は、生活問題を個人の問題に閉じ込め、さらに解決のための社会的手段の入手を「市場の選択」として個人間の契約に委ねることで、社会福祉問題を脱政治化させるものであった（浅井 1999：53）。この過程で保育サービスも、1997年に措置による施設指定から選択利用方式に変更され、社会に「必要な措置」から「個人的需要」へと保育の意味が転換することとなる（見平 2009：137）。

　他方、不妊については制度化にはいたらなかったが、生殖補助医療の発展や当事者の運動を背景に、医療ニーズに限定された政治課題化の動きが見られた[10]。1994年には当事者らが不妊治療への健康保険適用を求める署名・要望書をはじめて厚生省に提出し、1998年には体外受精で生まれた子どもの数が年間1万人を超えた。1999年には少子化社会対策議員連盟が不妊治療に関する規定を含む「少子化社会対策基本法案」を提出した。同年には自民・自由・公明の連立与党（当時）の少子化対策検討会が「総合的少子化対策の推進に関する提言」において不妊治療への保険適用を盛り込んだ。ただし、当時の社会保障構造改革における医療分野の目玉は、増大する高齢者医療費抑制と介護保険制度創設であった。1990年代を通して、厚生省は不妊治療への公費助成や保険適用に対する消極的な姿勢を保持した[11]。

---

10) 1997年には、北京宣言を受けた厚生省の「生涯を通じた女性の健康相談事業」として東京都などで「不妊ホットライン」が開設されたが、性感染症や中絶、月経や避妊などは当該事業には組み込まれていないことから本章ではリプロダクティブ・ヘルス／ライツの政治課題化としては捉えない。

11) 1997年の「基本的考え方」では、少子化対策の文脈ではじめて不妊に言及したが、「生命倫理に関わる面もあり、その点については慎重な議論が必要」として慎重な姿勢を示した。ま

1990 年代の少子化対策は、女性の労働力化に伴うケアの危機に対応しつつ、市場の再編を支える役割を担った。その結果、第 1 に、「女性の」両立支援を通じて、従来型の「男は仕事、女は家庭」という家族像に代わり「男は仕事、女は家庭と仕事」という「新・性別役割分業」（松田 2001）を推進し、ジェンダー化された二重構造を再生産した。その結果、第 2 に、少子化問題は「女性の選択」として個人化され、その解決手段は「個人のニーズ」に基づく市場での選択に委ねられたことで、それを集合的な問題として政治化する契機は失われた。不妊については、制度化にはいたらなかったが、医療ニーズに限定された議論が、すでに少子化対策の文脈に位置づけられつつあったことが指摘できる。

4 「近代家族」の登場——問題の家族化と脱政治化

（1） 問題の家族化と不妊治療の政治課題化

市場の再編を受け、それを支える形で家族が再編されてきたとすれば、2000 年代にはどのような家族／市場の変化があったのか。またそれは、不妊の政治課題化／脱政治化にどのようにつながったのだろうか。1990 年代の少子化対策が女性を対象とする施策だったとすれば、2000 年代のそれは（少なくとも見た目上は）家族を対象とする施策へと大きな変化を遂げた。その背景として、2000 年代には雇用の柔軟化が女性だけでなく男性にも波及し問題の「女性化」が困難になったこと、それを従来通り「私」の領域にとどめたまま、より広い文脈に移し替える必要が生じたことが挙げられる。2000 年代の少子化対策が「近代家族」規範の強化、家族への介入へと大き

た、1998 年の参議院国民福祉委員会、1999 年の参議院国民生活・経済に関する調査会では出席者から不妊治療の保険適用について質問がなされたが、いずれも厚生省保険局長より成功率、安全性、医学的見地あるいは倫理的な観点を含めた社会的合意などを理由に慎重な検討が必要との見解が示された（第 142 回国会会議録、第 145 回国会会議録）。他方で 1998 年、厚生省の厚生科学審議会のもと「生殖補助医療に関する専門委員会」が発足し、医療制度整備をめぐる議論が開始された。同専門委員会は親子関係に関する法整備の必要性を提言するも、2020 年 12 月まで法整備にはいたらなかった（内田 2021）。

第 6 章　不妊の「脱政治化」の政治（井上　睦）

く舵を切ったのは、その当然の結果でもあった。施策の対象範囲は従来の
「仕事と家庭を両立する」母親に加えて、「育児を手伝う」父親、「産み、育
てる」父母、「自立して働く」若者にまで拡大し、「産み、育て、働く」家族
像が全面に押し出された。一連の過程では、不妊治療が主題化され「自分の
子ども」を持つことが積極的に奨励されるとともに、親の養育責任が強調さ
れた。具体的に見てみよう。

　2002 年に発表された「少子化対策プラスワン」は、「厚生労働省の枠を
超え」、「社会全体が一体となって」取り組む「総合少子化対策」として従来
との違いを打ち出した。具体的には、育児休業取得率の男性 10％・女性 80
％目標、「子どもが生まれたら父親誰もが 5 日休暇取得」など、男性を含め
た数値目標をはじめて掲げた。2003 年には「少子化社会対策基本法」およ
び「次世代育成支援対策推進法」が制定され、「父母その他の保護者」の
「子育てについての第一義的責任」が明記された。さらに「少子化社会対策
基本法」では、「子どもを生み、育てる者が真に誇りと喜びを感じることの
できる社会」の実現を掲げるとともに、不妊治療に関する規定を盛り込ん
だ[12]。同年には新エンゼルプランに代わって「子ども・子育て応援プラン
（少子化社会対策大綱の具体的実施計画）」が策定され、重点施策にはじめて
「妊娠推進」を掲げるとともに、中高生らに子どもを産み育てることの喜
び・意義を教えることを盛り込んだ。

　「働き、育てる」母に代わり新たに提示されたのは、「働き」ながら「産
み」「育てる」家族であり、不妊治療はそこで中核的な役割を担った。不妊
治療をはじめとする生殖技術は、セクシュアリティと生殖とを分断すること
で異性愛夫婦と「血のつながった子ども」を前提とする「近代家族」を変容
させてきたが、同時にセクシュアリティと生殖とを「接合」する作用も持っ
た。斎藤（2006）は、これを「近代家族の〈分節＝接合〉」作用と呼んだ。

---

12) 同法は 1999 年に提出され廃案となっていた「少子化社会対策基本法」が再度議員立法で提
　出され、成立したものであり「出生促進策への転換」として注目された。女性議員を中心とし
　て野党議員から異論が相次ぎ、前文に「結婚や出産は個人の決定に基づく」との一文を挿入し
　「生み育てる」を「生み、育てる」に変更することなどで修正合意された（第 156 回国会会議
　録）。

167

すなわち2000年代の少子化対策は、生殖の問題を独自に争点化しつつ、同時にそれを親の養育責任と連結することで──「産む」ことと「育てる」ことを結びつけ──「近代家族」規範を強化するものであった（斎藤2006：250）。1990年代の少子化対策が、少子化の要因を「女性の選択」に見出し、市場の再編によって生じたケアの危機への対応を「女性問題化」したとすれば、2000年代の少子化対策は、少子化の要因を「家族の危機」に見出し、市場の再編によって新たに顕在化した問題を「家族問題化」したといえよう。

　では、ここで提示された家族、「近代家族」と市場との間にはどのような関係が見出せるのか。重要な点は、1990年代の「育て、働く」女性から、2000年代の「産み、育て、働く」父母へと家族像が再編された一方で、市場と家族の接続は維持され、ますます強化されたことにある。少子化対策の対象範囲が女性から家族へと拡大してもなお、それは女性の労働力化と男性稼ぎ手モデルを軸とした市場再編を推し進めるものとして、1990年代からの一貫した関心のもとにあった。

　たとえば、2002年の「少子化対策プラスワン」において「子どもが生まれたら父親誰もが5日休暇取得」という目標と並び掲げられたのは、「子育てで退職後」、「子育て期」の短時間勤務・隔日勤務といった「多様就業型ワークシェアリング」であった。子どもが生まれて「5日休暇」の対象が「父親」であれば、子育てで退職後、あるいは子育てしつつ「多様就業」する対象が「母親」であることは明らかである。こうした施策は男性稼ぎ手モデルの維持と女性の柔軟な労働力化をさらに進めるものといえ、それゆえに1990年代と同じように雇用の規制緩和と並行した。「少子化社会対策基本法」制定と同年の2003年には、「労働者派遣法」と「労働基準法」が改正され、製造業、医療事務など例外業種への派遣解禁、他業種における派遣期間延長、裁量労働制の導入・運用の要件・手続きの緩和などがなされた。

　こうしたなか、構造改革でもこれまでの「両立支援」に加え「近代家族」が強調されるようになる。2004年の「骨太の方針（経済財政運営と構造改革に関する基本方針）」は、「少子化対策の充実」として同年の「少子化社会対策大綱」に言及し、「家庭の役割を大切にし、子どもを生み、育てることに

喜びを感じることができる社会の構築」を謳った。そのための施策として挙げられたのが、高齢者給付の見直しを通じた財政抑制策と保育サービスを通じた市場活性策である。ここでは保育について「利用者の選択を機能させ、サービスの向上について施設間の競争を促す方向」で拡充することが明示された。こうした展開は1990年代の社会保障構造改革における選択利用方式への転換によって可能になったものであったが、保育という社会的手段の入手は、以後ますます「市場の選択」に委ねられることとなった[13]。さらに注目すべき点は、ここで少子化社会に必要な施策として「男女共同参画社会の実現」を通じた「多様な働き方ができる環境」整備が掲げられたことにある。これらは2000年代の少子化対策が、1990年代の少子化対策と同様に──対象を女性から家族へと拡大することでより強固に──ジェンダー平等施策と雇用の規制緩和策から成る「雇用のネオリベ改革」（上野2017）と接続されたことを示すものであった。

（2）　家族をめぐる「ニード解釈の政治」と不妊の脱政治化

　市場と家族がますます結びつけられるなかで、少子化問題は、市場再編を支える「近代家族」からの「逸脱」として── 1990年代とまったく同じように──市場外の「私」の領域に求められることとなる。すなわち、少子化問題とは、「産み、育て、働く」ことができない家族／個人の問題として、少子化対策は、そうした家族／個人への「支援」として政治課題化され、市場の問題を不可視化する役割を担った。ここでは1990年代に登場した「個人の選択」や「自己責任」という論理が引き継がれつつ、「私」の範囲が、女性の問題から、若者の意欲の欠如や親の養育責任の放棄、不妊も含む身体の問題へと拡大された。

　2004年の「少子化対策大綱」では、少子化の原因として従来指摘されてきた「未婚化・晩婚化」に加え、新たに「夫婦の出生力低下」が挙げられた。

13）1990年代には市場化／民営化のための制度整備が進んだが、実際に市場化／民営化が進んだのは2000年代以降であり、2007年に公立保育所と私立保育所の割合が逆転した（Nishioka 2019）。

その背景とされたのは「家庭の養育力の低下」、「孤立育児」、「育児負担感」、「家庭生活との両立が困難な職場のあり方」、「結婚や家族に関する意識変化」、「若年失業」である。これらはいずれも、不安定な労働市場や男性稼ぎ手モデルの維持、あるいは社会的排除といった社会経済的な問題にかかわる論点を含んでいたが、それにもかかわらず、そうした「公」的な文脈とは切り離された「私」の問題として再構成された。

　まず、「働けない」問題として焦点化されたのは若年失業であり、ここで問題化されたのは「学校を卒業あるいは中退した後、就職も進学もせずその意欲もない状況に陥る多数の若者」、「親元に同居し基礎的生活コストを親に支援してもらっている未婚者」、「引きこもりや不登校」である。したがって対策はそうした個人への「支援」、すなわち「早い頃からの職業意識の醸成のための教育」や「キャリア形成」とされた。

　「育てられない」問題も同様に、親の養育責任に求められた。家庭内の性別役割分業について「日本では、父親が育児にかける時間が世界でも突出して少ない」とされつつも、その処方箋はそうした父親を生み出す日本社会ではなく「父親が親としての役割を積極的に果たす」という個人の姿勢に向けられた。さらに子育てをめぐって生じる問題は、「子どもに対し時間的・精神的に十分向き合うことができていない親、無関心や放任といった極端な養育態度の親の問題」とされ、その背景として「人々が自由や気楽さを望むあまり、家庭を築くことや生命を継承していくことの大切さへの意識が失われつつある」との指摘がなされた。畢竟、問題解決の手段は「子育ての楽しさを実感し、自らの生命を次代に伝えはぐくんでいくことや、家庭を築くことの大切さの理解」を個々人に求めるものとなる。

　このなかで不妊は、妊娠・出産をめぐる「個人の選択」という論理を伴い、かつ不妊治療という個人的／医療的なニーズの問題として政治課題化されたために、「自己責任」化と「産めない」身体の焦点化という医療化のプロセスとが重なりあう領域となった。したがってここで問題化されたのは、妊娠・出産にかかわる「自己決定」をした結果としての「産めない」身体であり、解決策はそうした「産めない」身体を抱えた個人への「支援」、すなわ

ち「不妊専門相談センター」の整備および「不妊治療の倫理面・技術面、医療機関の体制整備、不妊治療への経済支援」であった。

　留意したいのは、ここでの「個人の選択」は「産む」ことに限定され、中絶を含む「産まない」選択は否定されたこと、すなわちリプロダクティブ・ヘルス／ライツの保障とは言えないものであったことである。リプロダクティブ・ヘルス／ライツが、いつ、だれと、どこで、産み、あるいは産まないかといった自己決定やその実質的な保障をめぐる問題であることを踏まえれば、それは不妊という個人の問題を「個人的なこと」ではなく「政治的なこと」として政治課題化するための契機となるものでもあった。不妊が「産めない」身体とその医療的ニーズの問題とされ、同時に不妊という「産めない」身体にいたった原因が女性の「自己選択」の問題とされたことは、不妊をめぐる問題をリプロダクティブ・ヘルス／ライツの文脈に位置づける可能性を排除し、「個人的なこと」へと矮小化するものであった。「少子化社会対策大綱」が策定された翌2005年の「第2次男女共同参画基本計画」では、不妊治療に対する支援の必要性と中絶の自由の否定が並んで明記されることとなる。

　ここにおいて、不妊は、一方では「近代家族」をつなぐテクノロジーとして、生殖補助医療＝不妊治療に焦点化された政治課題化がなされつつも、他方では社会経済的文脈から切り離された「自己責任」の問題として、かつ身体の／医療の問題として脱政治化されることとなった。1990年代の少子化対策は、市場の再編によって生じた問題——ケアの危機——を、市場の問題から女性の選択の問題へと変換し、女性への両立支援を通じて解決を図ってきた。これに対し2000年代の少子化対策は、市場において新たに顕在化した問題——「産み、育て、働く」をめぐる危機——を、親の養育責任、若者の自立、不妊といったより広い家族の問題へと変換し、「近代家族」規範を強化することで解決を図ってきた。これらはいずれも「個人的なこと」を、「政治的なこと」ではなく「個人的なこと」とすることで市場の問題を不可視化し、市場の再編を支えるものであった。すなわち市場の要請こそが、社会経済的なものでありえた問題化の可能性を排除し、社会的帰結を「私」の

／個人の身体が引き受けるという「脱政治化」の政治をもたらしたのである[14]。

　不妊において、リプロダクティブ・ヘルス／ライツの否定のもとに、市場の問題を「私」の問題に還元する過程は、その後ますます強化されることとなる。2006年の「新しい少子化対策について」では、「少子化の背景にある社会意識を問い直し、家族の重要性の再認識を促す」方針のもと、不妊治療への助成拡大の方向性が示された。これにもとづき不妊治療への助成額・回数が段階的に拡大される一方、2012年には「治療効果が低い」42歳を超える年齢の女性に対する助成が廃止された。さらに「医学的・科学的に正しい知識」の普及として、2015年には高校保健体育の啓発教材「健康な生活を送るために」が改訂され、「正しい妊娠適齢期」に沿ったライフプラン設計が示された（西山 2017：102）[15]。ここでは不妊の原因が、加齢に伴う「卵子の老化」[16]として問題化されるとともに、若いうちの妊娠・出産が推奨された。

　さらに近年では、「女性活躍推進」という政策的関心のもとに、「女性の身体」が課題として明確に位置づけられつつある（渡部 2023：24）。2021年には、「骨太の方針」における「女性の活躍」の項に「フェムテックの推進」が盛り込まれ、同年より経済産業省が「フェムテックを活用した女性の就業継続支援」事業のもとで、女性の就業継続とフェムテックサービス産業支援

---

14) 三浦（2015；2022）は、「女性活躍推進」を看板政策に掲げた第2次安倍政権における、新自由主義的な女性労働力の活用と国家家族主義的な母性活用の結合を「新自由主義的母性」と呼び、国家家族主義が生殖と婚姻の関係を強化することで新自由主義との不安定な結びつきを保持していると論じた。本章の分析対象時期には「新自由主義的母性」の起点を見出せるように思われる。

15) ここでは「妊娠のしやすさと年齢」のグラフにおいて、20代で子どもを妊娠・出産するように圧力をかける方向で改ざんがされたこと、改ざんに対する新聞各紙の報道を受けて配布された正誤表でも、カップルの「妊娠のしやすさ」の要因をすべて女性の年齢とするものであったことなどが指摘されている（柘植 2016；田中 2018；西山 2017）。

16) 2010年代の日本における「卵子の老化」キャンペーンを分析した田中重人によれば、「卵子の老化」は、もともとは生殖細胞の変性という現象を指したが、その後、加齢にともなう妊孕力低下とその背後にある生物学的な仕組みの全体を包含するマジックワードとして、結婚・出産を促進する政策を科学的に正当化する根拠として政治的に用いられるようになった（田中 2018：2）。

を開始した[17]。こうした一連の過程を通じて、不妊という社会的問題がすなわち女性の身体への介入であるという見方は、あたかもそれがきわめて「自然」なことであるかのように私たちの目前に現れている。

おわりに

「私」の問題は、「私」を取り巻く外部から独立したものではありえない。にもかかわらず、不妊をめぐる「私」の問題が、「私」の問題として——たとえば「産む」ことを選択しなかった「自己決定」の問題として、「卵子の老化」という身体の問題として——「私」に突きつけられるのはなぜか。本章の分析から見えてきたのは、家族の再編が、市場の再編を支え、さらにそれを維持するものとして政治課題化されてきたということ、それゆえに市場の問題が女性の／家族の／「私」の問題へと変換され、脱政治化されてきたということであった。不妊においてジェンダー化された二重構造という性差別構造の帰結を引き受けてきたのは、「自己決定」の結果としての「産めない」女性の身体であり、かつ不妊治療を「自己決定」することで妊娠・出産へと向かう（向かわせられる）女性の身体であった。

本章は、公私を構造化する政治という観点に立ち、不妊という「私」の問題がどのように「私」の問題とされたのか、市場と家族との関係を中心に検討した。本章における方法論上および議論全体の問いにかかわる今後の課題は以下のとおりである。第一に、市場と家族との関係考察に際しては政策分析を中心としたことから、政治アクターの動向およびその利益・資源など「私」の問題化を可能にした具体的な政治的文脈や、それにもとづき現に行われた改革についての十分な考察ができなかった。これらはいずれも「ニード解釈の政治」のより詳細な展開を明らかにしていくうえで重要となると考えられる。

第二に、不妊、女性、近代家族、生殖技術といった本章の核となる概念に

17）経産省のフェムテック事業については、経済産業省HP「フェムテックを活用した働く女性の就業継続支援」を参照されたい。

おいて、紙幅の関係から議論の対象および内容をきわめて限定した。まず不妊という問題を扱う際に、「女性」および「女性の身体」を焦点化しつつも、そこでの「女性」を働く女性、シスヘテロ女性、日本人女性、男性との子どもを望む女性といった特権的な存在を前提とし、「女性」とは誰かという問題には踏み込まなかった。また、議論の内容についても上記の「女性」の権利をめぐる文脈に限定したことから、中絶についてはフェミニズムの議論に即してリプロダクティブ・ヘルス／ライツの一部を成すものとして扱い、現実の政策展開でも並行し、かつ本章が対象とした「近代家族」規範や生殖技術においてきわめて重要と考えられる優生政策との関係は検討しなかった。

　中絶は、歴史的には、産む、産まないをめぐる「女性」の権利と障害児の生きる権利をめぐりフェミニストと障害者運動との間で論争が生じてきたテーマだが、今日では、不妊の政治課題化とともに出生前検査の対象が大きく拡大するなかで、「自発的な優生学」（松原 2001：234）という観点からも問題化されてきた。こうした近年の展開は、障害者やその家族の生を困難にする差別構造を問題の外に置きつつ、その生や選択を「個人の決定」へ帰すものであり、「私」の問題化という本章の関心においても重要な展開である。上記のような問題を射程外としたことは本章の限界であり、課題である。今後、こうしたより広い文脈から議論を捉え直すことで、より包括的な権利保障のあり方を展望していくことが求められよう。

【付記】本章は JSPS 科研費 20H00058 および 21K13232 の助成を受けた研究成果の一部である。草稿にコメントを寄せて下さった各位に感謝申し上げる。

参考文献
浅井春夫（1999）『社会福祉基礎構造改革でどうなる日本の福祉』日本評論社。
阿藤誠（1997）「「少子化」に関するわが国の研究動向と政策的研究課題」『人口問題研究』53（4）：1-14。
阿藤誠（2010）「日本の「少子化対策」—— 20 年の軌跡とその評価」『人間科学研究』

23：187-207。

岩本美砂子（1992）「生殖の自己決定権と日本的政策決定——1990年妊娠中絶可能期間2週間短縮をめぐって」『女性学』1：27-48。

岩本美砂子（1994）「人工妊娠中絶政策における決定・非決定・メタ決定——1980年代日本の2通りのケースを中心に（新保守主義下の行政）」『年報行政研究』28：119-143。

上野千鶴子（2017）「ネオリベラリズムとジェンダー」『ジェンダー研究』20：21-33.

内田亜也子（2021）「生殖補助医療の提供等に関する法整備の実現と課題——生殖補助医療に関する民法特例法案の国会論議」『立法と調査』431：221-226.

岡野八代（2020）「フェミニズムにおける政治と政治学教育の緊張関係」『新潟国際情報大学国際学部紀要』5：89-100。

乙部由子（2022）「不妊治療の医療保険適用にむけた課題」『金城学院大学論集』18（2）：58-73。

斎藤真緒（2006）「少子化対策における生殖技術と「近代家族」——現代日本の再生産をめぐるポリティクス」『立命館産業社会論集』42（1）：243-255。

新川敏光編（2011）『福祉レジームの収斂と分岐——脱商品化と脱家族化の多様性』ミネルヴァ書房。

人口問題審議会（1997）「少子化に関する基本的考え方について——人口減少社会、未来への責任と選択」（https://www.mhlw.go.jp/www1/shingi/s1027-1.html）。

末冨芳／桜井啓太（2021）『子育て罰「親子に冷たい日本」を変えるには』光文社。

仙波由加里（2003）「少子化対策と不妊治療への保険適用——バイオエシックスの視座から」『生命倫理』13（1）：190-197。

高見具広（2012）「出産・育児期の就業継続における就業時間帯の問題——復職後の同一就業継続に焦点を当てて」『社会科學研究』64（1）：69-89。

武田宏子（2016）「親密性をめぐるせめぎあい——政治経済の構造変革と家族／ジェンダー」グラッグ、C.／五十嵐暁郎編『思想史としての現代日本』岩波書店、117-148。

田中重人（2018）「2010年代日本における「卵子の老化」キャンペーンと非科学的視覚表象」Project "Unscientific Knowledge and the Egg Aging Panic" Research Report, 1-12。

柘植あづみ（2016）「女性の健康政策の20年——リプロダクティブ・ヘルス／ライツから出生促進政策まで」『国際ジェンダー学会誌』14：32-52。

柘植あづみ（2022）「日本におけるセクシュアル・リプロダクティブ・ヘルス／ライツの現状と課題——医療・ジェンダーの視点から」『連合総研レポート』379：10-13。

辻由希（2012）『家族主義福祉レジームの再編とジェンダー政治』ミネルヴァ書房。

寺澤さやか（2018）「不妊治療および生殖補助医療とリプロダクティブ・ヘルス／ライツ——アメリカの研究動向からの示唆」『東京大学大学院教育学研究科紀要』58：351-359。

永瀬信子／守泉理恵（2017）「第1子出産後の就業継続率はなぜ上がらなかったのか——「出生動向基本調査」2002年を用いた世代間比較分析」『生活社会科学研究』

20：19-36。

西山千恵子（2017）「学校教育における「少子化対策」の導入——新旧『高校保健・副教材』の検討を中心に」『立教ジェンダーフォーラム年報』19：101-116。

野村総合研究所（2021）「令和2年度　子ども・子育て支援推進調査研究事業　不妊治療の実態に関する調査研究　最終報告書」（https://www.mhlw.go.jp/content/000766912.pdf）。

藤田智子（2015）「20世紀半ばのオーストラリアにおける不妊治療の発展と不妊の医療化」『パブリック・ヒストリー』12：46-61。

松田茂樹（2001）「性別役割分業と新・性別役割分業——仕事と家事の二重負担」『哲学』106：31-57。

松原洋子（2001）「日本——戦後の優生保護法という名の断種法」米本昌平／橳島次郎／松原洋子／市野川容孝『優生学と人間社会——生命科学の世紀はどこへ向かうのか』講談社、169-236。

三浦まり（2015）「新自由主義的母性——「女性の活躍」政策の矛盾」『ジェンダー研究』18：53-68。

三浦まり（2022）「「ケアの危機」の政治——新自由主義的母性の新展開——コロナ禍とジェンダー」『年報政治学』2022（1）：96-118。

見平隆（2009）「保育領域における『こどもの貧困』の課題」『名古屋学院大学論集』46（2）：129-146。

諸田裕子（2000）「「不妊問題」の社会的構成——「少子化問題」における「不妊問題」言説を手がかりに」『家族社会学研究』12（1）：69-80。

渡部麻衣子（2023）「政策的関心の対象としての「フェムテック」とその倫理的課題」『現代思想』51（6）：22-30。

労働研究研修機構（2009）「女性の結婚・出産と雇用継続——育児休業制度の効果を中心に」労働研究研修機構『仕事と生活——体系的両立支援の構築に向けて』98-120。

Fassbender, Isabel（2022）*Active Pursuit of Pregnancy: Neoliberalism, Postfeminism and the Politics of Reproduction in Contemporary Japan*, Brill.

Fraser, Nancy（1989）*Unruly Practices: Power, Discourse and Gender in Contemporary Social Theory*, Polity Press.

Goldin, Claudia（2021）*Career and Family: Women's Century-long Journey toward Equity*, Princeton University Press. ［鹿田昌美訳（2023）『なぜ男女の賃金に格差があるのか——女性の生き方の経済学』慶應義塾大学出版会］

Kwon, Huck-Ju（2009）"The Reform of the Developmental Welfare State in East Asia," *International Journal of Social Welfare*, 18（1）：12-21.

Miura, Mari（2012）*Welfare through Work: Conservative Ideas, Partisan Dynamics, and Social Protection in Japan*, Cornell University Press.

Nishioka, Susumu（2019）"Privatization of childcare service in Japan: analyzing gradual policy changes since the 1990s," *Journal of Asian Public Policy*, 11

(3): 285–298.

Norgren, Tiana（2001）*Abortion before Birth Control: The Politics of Reproduction in Postwar Japan*, Princeton University Press.［岩本美砂子監訳（2023）『新版 中絶と避妊の政治学——戦後日本のリプロダクション政策』岩波書店］

United Nations（1996）*Report of the Fourth World Conference on Woman, Beijig, 4-15 September 1995*, United Nations（https://www.un.org/womenwatch/daw/beijing/pdf/Beijing%20full%20report%20E.pdf）.

第142回国会会議録「参議院 国民福祉委員会第17号」1998年5月28日（https://kokkai.ndl.go.jp/#/detail?minId=114214333X01719980528&current=2）

第145回国会会議録「参議院国民生活・経済に関する調査会 第6号」1999年5月12日（https://kokkai.ndl.go.jp/#/detail?minId=114514324X00619990512&current=2）

第156回国会会議録「少子化社会対策基本法案審議録」2003年5月23日〜7月23日（https://kokkai.ndl.go.jp/simple/result?billId=115102053）

経済産業省「フェムテックを活用した働く女性の就業継続支援」（https://www.meti.go.jp/policy/economy/jinzai/diversity/femtech/femtech.html）

経済産業省「フェムテック等サポートサービス実証事業」（https://www.femtech-projects.jp/）

厚生労働省（2002）「少子化対策プラスワン——少子化対策の一層の充実に関する提案」平成14年9月20日（https://www.mhlw.go.jp/houdou/2002/09/dl/h0920-1b.pdf）

厚生労働省（2004）「少子化社会対策大綱」平成16年6月（https://www.mhlw.go.jp/houdou/2004/09/dl/h0903-4.pdf）

厚生労働省（2022）「事業主・人事部門向け 不妊治療を受けながら働き続けられる職場づくりのためのマニュアル」（https://www.city.ichikawa.lg.jp/common/000344382.pdf）

男女共同参画局「男女共同参画基本計画（第2次）」平成17年12月（https://www.gender.go.jp/about_danjo/basic_plans/2nd/index2.html）

男女共同参画局『男女共同参画白書』各年版（https://www.gender.go.jp/about_danjo/whitepaper/index.html）

内閣府「経済財政諮問会議 サービス部門における雇用拡大を戦略とする経済の活性化に関する専門調査会 緊急報告」2001年5月11日（https://www8.cao.go.jp/kisei/giji/002/s1.html）

内閣府「経済財政運営と構造改革に関する基本方針2004」（https://www.kantei.go.jp/jp/kakugikettei/2004/040604kaikaku.pdf）

日本経済団体連合会（1999）「少子化問題への具体的な取り組みを求める〜政府、企業、地域・家庭が一体となってシステム改革の推進を〜」（https://www.keidanren.or.jp/japanese/policy/pol225.html）

「日本 21 世紀ビジョン」に関する専門調査会（2005）『日本 21 世紀ビジョン』専門
　調査会報告書『新しい躍動の時代──深まるつながり・ひろがる機会』平成 17 年 4
　月（https://warp.da.ndl.go.jp/info:ndljp/pid/998219/www5.cao.go.jp/keizai-
　shimon/minutes/2005/0419/item10.pdf）

朝日新聞デジタル「2022 年の体外受精児、過去最多の 7 万 7 千人、治療ピークは 42 歳」
　2024 年 8 月 30 日。（https://digital.asahi.com/articles/ASS8Z3G0WS8ZUTFL0
　13M.html?_requesturl=articles%2FASS8Z3G0WS8ZUTFL013M.html&pn=4）

＊本章におけるインターネット情報の最終アクセス日はすべて 2024 年 8 月 30 日であ
　る。

第7章

アクティヴィズムを卒業するとき
—— 「現れなくなること」の政治について

西山 渓

はじめに

2022年の夏、私の研究室に留学先から一時帰国をしていたKが訪ねてきた。いつものようにフェアトレードのコーヒーを出し、留学のこと、今読んでいる本のこと、海外の生活のことなどをざっくばらんに話していた。1時間ほど話して、Kがかつて代表補佐を務めていた気候アクティヴィスト・グループ（Fridays For Future：以下、FFF）のことに話題が移ったとき、Kは「でも僕はFFFは卒業してしまったので」と何気ない様子で私に言った。そしてFFFの思い出を2人で楽しく話し合った。時間は4時間を過ぎていた。

　Kの「卒業」という言葉は、その後も私の頭に残り続けていた。卒業は通常、（学校の卒業式に典型的に見られるように）制度化・儀礼化された活動を指し、必ずその場から退出しなければならないという、ある種の強制力も帯びている。だが、Kの言う「卒業」からは、そうした制度化・儀礼化・強制力のニュアンスが読み取れず、むしろアイドルたちが「卒業する」と言うときの語感に近いと私は感じた。アイドルたちは「卒業」を強いられるわけでもなく、またその「卒業」の形も多種多様である。だが、アイドルたちが「卒業」と言うときに、多くの場合そこで共通していることは、ポジティブな理由づけである。たとえば、乃木坂48の山下美月は2024年2月に、公式ブログで以下のように「卒業」を発表した。

179

> アイドルとして叶えられた夢も、叶えられなかった夢もあるけど、それ
> でも毎日幸せでした。もう悔いはない！と心から思えるようになったの
> が卒業を決めたきっかけです。〔中略〕卒業後は少しお休みをいただい
> て、自分のやりたいことは何か？もう一度立ち止まって考える時間が必
> 要だと思っております[1]。

　ここでの「卒業」が暗に強調していることは、新たな目標へのステップ・
アップに向けた自発的な選択である。私がKの「卒業」という言葉を聞い
たときにアイドルのこのようなポジティブな理由づけを想起したのは、Kが
FFFのメンバーとしての活動を終えたことを後悔していたり、FFFの活動
に嫌悪感を抱くような素振りを見せず、むしろ当時の中心メンバーとしての
経験を自身の生き方の糧としようとしていたためである。
　こうしたKの卒業に対する視点とは対照的に、従来の研究において社会
運動から離脱するということは、離脱した人にとっても、運動組織にとって
も、基本的に「好ましくない」経験であるとみなされてきた。たとえば、運
動からの離脱はしばしばバーンアウトや運動への疑念や生活との両立の困難
さと結び付けられて論じられることが多いほか（Budziszewska and Głód
2021）、「人々が社会運動から離脱するという事態は、彼らが支えてきた社
会運動の発展や持続を妨げることにつながる」（富永 2013：70）と指摘され
ることもある。
　より視点を広げれば、政治学では伝統的に（気候変動問題などの政治的問題
に関する）国家の公的意思決定に対抗する市民社会から離脱をした人は、公
的に追跡・視認することが困難であるがゆえに、政治の舞台からは「降り
た」不可視化された存在とされ、研究の主題となることはほとんどなかった。
離脱は逃亡や裏切りと見なされることもあれば、アルバート・ハーシュマン
（2005）の古典的研究が示しているように、これまで関わっていた組織への
不満（あるいは忠誠のなさ）の表明のためのオプションとして理解され、離

1）山下美月公式ブログ「決心」https://www.nogizaka46.com/s/n46/diary/detail/102301

脱者にとっては「苦渋の決断」であり、組織にとっては「できるだけ阻止・減少するべきもの」とされてきた。

　他方で本章では、「卒業」という言葉を軸としながら、離脱にあるもう一つの側面、すなわち離脱者にとっては「積極的な選択」であり、組織にとっては「歓迎すべきもの」であることを明らかにする。本章では、「卒業」を決断するに至るまでの思考の巡り、実際に「卒業」するまでの経緯、「卒業」後の経験を叙述し、「卒業」がこれまで政治学の中で扱われていたネガティブな意味での「離脱」とは異なる経験であること（より詳細に言えば、「卒業」という離脱自体が、社会運動へのコミットメントの一形態であるという、一見すると逆説的な経験）を明らかにする。これは、社会運動という経験の多層性を浮き彫りにするだけでなく、不可視化されることを積極的に選択した人の経験から政治的主体の意味を問い直すことにもつながるものである。

　「卒業」の経験を詳細に描くにあたって、本章では私が行っている FFF でのフィールドワークの記録[2]を参照する。特にその中でも、私がフィールドワークのなかで書き留めたフィールドノート[3]と、卒業を決意した、あるい

2）2021 年 2 月から、私は FFF のローカル・グループの一つで参加型フィールドワークを開始し、メンバーたちの活動に様々な形でコミットし、その活動の一端を担ってきた。この FFF は約 5〜8 名ほどの高校生や大学生のオーガナイザーを中心として数年に渡る活動を続けており、時に他の団体と協力しながら毎週金曜日の路上でのスタンディング活動や、気候マーチなどの抗議・啓発活動を主導してきた。私はスタンディングの参加や気候マーチの運営サポート（当日は主に写真撮影を担当）やミーティングでの助言などのかたちで運動に携わってきた。加えて、必要に応じて定期的にメンバーたちへの半構造化インタビューを行ったほか、スタンディング中や日々の生活の中でメンバーと話をしながら活動のこと、その時々の気持ちや考えていることなどを聞いた。

3）私はアクティヴィストたちの活動にアクティヴィストとしてコミットしており、活動に集中するために活動中には原則としてフィールドノートを取らなかった。アクティヴィストたちが何かをしているときにすかさずノートやレコーダーを取り出し記録をしようとすれば、「監視されている」あるいは「真剣に活動をしていない」という不信感を与えかねないとも考えていた（Alberro 2019 も参照のこと）。それゆえ、活動中はできる限りその活動に集中し、その後帰りのバスなどですぐに自分が見たもの、話したこと、感じたことをフィールドノートに書くという記録法を採用した。ただし、どうしても活動中に記録しておかなければならないと判断したものについては、スマートフォンのメモ機能を用いた。アシュリー・ミアーズ（2022）がクラブのパーティ会場で行ったエスノグラフィのように、スマートフォンを覚書（jotting）がわりに使うことは、現代エスノグラフィではしばしば見られる光景である。

はすでに卒業をしたメンバーたちに行ったインタビュー[4]を中心として、若い気候アクティヴィストたちの「卒業」の経験にアプローチする。本章で示すように、「卒業」それ自体は必ずしも（伝統的な意味での）政治的な目的や意図をもって行われたものではない。だが、フィールドワークは「通常の政治の経路の外側で、あるいは明確な政治的意図を持たないような条件で起こる、必ずしも政治的とは認識されないような政治活動の領域を探究するために開かれて」おり、それゆえ「研究対象者が世界をどのように経験しているかを学ぶことによって、自分たちの思い込みの境界を超えて探究することを可能にする」（Brodkin 2017：131–132）。「卒業」の意味を既存の枠組みを押し付けることなく、それでもなお政治学にとって重要な知見をもたらしうるものとして探究するためには、フィールドワークから学ぶことは多く、それが本書に対する本章の貢献の一つである[5]。なお、本章での議論の大半は「卒業」に関するストーリーの叙述に費やされるが、それは本章の方法論およびデータの性質上の特徴である[6]。

4）インタビュー対象者には、同意書を交わした上で半構造化インタビューを複数回ずつ（2～3時間）行った。ただし、倫理申請を通過することや同意書を用いることは、必ずインタビューで適切なデータが収集できるということを保証するわけではない。グラハム・クロウらが指摘するように、インフォームド・コンセント（IC）によって研究対象者との関係がぎこちなくなることがあり、最も信頼できるデータはしばしばICの外側（その存在を対象者が忘れているときなど）にいるときであるとも言われている（Crow et al. 2006）。それゆえ、私がアクティヴィストたちと日常的に交わした言葉の記録（フィールドノート）も重要な参照データとして扱っている。なお、本章ではインタビューとフィールドノートからの引用はそれぞれIN、FNと記す。

5）なお、政治学における参与観察に関しては、本書の石神論文（第1章）も参照のこと。

6）ストーリーに関して、以下の2点を明確にしておきたい。まず、本章でのストーリーにおける「私（筆者）」の立ち位置である。私と若い気候アクティヴィストの間には大人・若者、大学教員・学生／生徒といった関係性が不可避的に入り込んでおり、それゆえ私の中にある「大人性」や「教員性」（あるいは、総じて言えば「権力性」）に対してより自覚的・反省的になるために、ストーリーの中で「私」の存在や視点を押し付けるようにしないよう努めた。ただし、私自身がそのフィールドワークの中でどのような立ち位置にあるかを読者に対して示すため、私の存在を完全に消すことはしていない。こうした執筆方法は、シカゴの黒人コミュニティでのドリル・ミュージックをめぐる黒人たちのオンライン・オフラインのジレンマに関する経験を詳細に描いたスチュアート・フォレストのエスノグラフィ（Forrest 2020）に典型的に見られる。次に、ストーリーの構成である。気候アクティヴィストたちは生活の全てを活動に捧げることはせず、様々なアイデンティティの間を日常的に往還している。彼／彼女らは時に大学生・高校生であり、時にアルバイト従事者であり、そして時に就活生となる。常態的

フィールドの中で生まれ、得られたデータを参照としながら、本章では特に「卒業」前後の経験を以下の三つに分け、ストーリーを描いていく。まず、「卒業のきっかけ」である（第1節）。気候アクティヴィズムに熱心にコミットしていた者が「卒業」を考え始めるには、相応の理由が必要である。そこで、「卒業」へのトリガーとして、運動内部で権力を持つことのジレンマという理念的な悩みと、個々のメンバーの経験から生じた個別具体的な悩みの重なりという点から、卒業のきっかけを考察する。次に、「卒業の準備」（第2節）である。「卒業」を決めることと、実際に離脱するというその間に「卒業」を決めた者は何を行い、どのように行動を変容させ、「卒業」へと向かっていくのか。本章ではこれを残されたメンバーへのケアと引き継ぎという点から考察する。最後に、「卒業後」（第3節）である。本章では「卒業」後にメンバーたちがライフスタイル・ポリティックスにコミットする様子を描きながらこの点を考察する。

これらを踏まえ、最終的には「卒業が政治学に何を語るか」（第4節）を論じていく。特に政治理論が長きにわたって前提としてきた「現れ」と、それに対抗する「現れていないこと」に、「卒業」という「現れなくなること」を対置させ、自らが公的空間から「降り」、不可視化されることを引き受けることによって、公的空間をより健全化・活性化させていくという、しばしば見落とされがちな政治活動への倫理的コミットメントおよびそのメンバーシップのあり方を提示する。

1　悩む──民主的な対話とアクティヴィストのジレンマ

マーチやスタンディングデモなど、路上での抗議活動はアクティヴィスト

に動き続ける人々のストーリーを一つ一つ包括的に記述することは、本章の（紙幅的・内容的な）範囲を超えるものとなる。それゆえ、本章では FFF のメンバーたちの多様な動きを総合的に描いていく「スナップショット・アプローチ」を採用し、ストーリーの記述を行う。アメリカのトラック運転手に対するデジタル技術を用いた新たな監視システムとトラック運転手たちの「攻防」を描いたカレン・レヴィの研究（Levy 2023）など、近年のエスノグラフィでもこのアプローチは採用されている。

たちの重要な活動の一つであるが、それはアクティヴィズムのすべてではない。ドナテラ・デラポルタとディーター・ルフトが適切に要約しているように、「アクティヴィストはたくさん活動をするが、話すことはそれ以上に多い」（della Porta and Rucht 2015：3）。特に運動のオーガナイザーは、議論や対話を通してメンバー同士の結束を強め、脱落者を引き留め、運動をデザインし、新たな抗議のレパートリーを生み出し、時にメンバーに抗議やオーガナイジングの知識や技術を教え、育てる。運動のこうした側面はしばしば（路上での抗議活動といった公的に視認可能な活動（＝フロントステージ／表舞台）と比べる形で）バックステージ／裏舞台と呼ばれ、このバックステージのコミュニケーションの質が、フロントステージの活動のあり方に大きく関わることとなる（Polletta 2002；Haug 2013）。

　FFF もその例外ではない。彼／彼女らがメディアの取材を受けるときは大抵路上で何か活動をやっていることが多いが、それはあくまで活動のごく一部であり、その活動の対話はグループ内の対話に費やされている。

　FFF では週１回のオンライン・ミーティングが行われており、そこでは目下のタスク（イベントやマーチの計画など）の進行状況の確認や情報共有、今後の予定、グループの理念についての話し合い、悩みの共有などが行われている。このミーティングでは、それぞれのメンバーが自由に負荷なく発言をすることができるような様々な仕組みがあった。どれだけ急ぎの議題があったとしても、ミーティングで発言するための良き雰囲気をつくるために、「最近行ったおすすめの場所は？」「最近笑ったことは？」といったカジュアルなトピックについて一人一言話す「チェックイン（あるいはアジェンダ・ゼロ）」は、その例の一つである。ほかにも、ファシリテーターがローテーションで変わることや、Google ドキュメントを使って議事録を作成し、誰でもそこに書き込むことができるようにするといったことが挙げられる。

　ミーティングの最中には、代表を中心にアジェンダが一つ一つ議論されていくが、その際にも特に新しく入ってきたメンバーが自然にミーティングに入ることができるように、細やかな声掛け（「○○さん、どう思いますか？」「まだ発言していない人の話も聞きたいです」）が行われ、少数のメンバーだけ

で何か重大な決定が下されることはない。たとえば、2021年のある日、翌日に控えたコロナ禍での気候マーチの最終打ち合わせをするための準備ミーティングの最中に政府が緊急事態宣言を出した際には、「マーチを中止するか」「マーチを実行するか」でメンバーの意見が分かれたが、代表を中心として話し合いが続けられ、全員が意見表明の機会を与えられ、表明された意見の着地点が見つかるまで話し合いが行われた。最終的に「二人でマーチをする」という案が出され、それが「マーチ中止」と「マーチ実行」のどちらにとっても譲歩可能な点として受け入れられ、合意形成がなされた。FFFでは何かを性急に決めることよりも、全員が話し、聴かれ、それが受け止められる経験があるということが重視されている。

こうしたミーティングでの対話中心の方針はしばしば「民主的」と形容され、それは特に新たに入ったメンバーにとってFFFの魅力の一つとして受け止められている。たとえば、2022年中旬に加入したHは、ミーティングについて以下のように述べている。

（Fridaysのミーティングの印象はどうですか？）
んー、民主的ですね。でもこれはすごいTさんが形作ってるところが大きいんじゃないかと僕は思ってて。きちんと全員に意見を聞くし、誰か一人がバーってしゃべってそれで意見が決まるってこともなくて、しゃべってない人がいたらどう思いますかって声かけをしてるというのがすごい印象的で、自分も初めてしゃべれたというか。(IN：2022年7月29日)[7]

だが、こうしたFFFのミーティングの「民主性」は、ある種の時限性に

7）なお、ここで言及されている当時の代表のTもまた、自身がいちメンバーだったときには、当時の代表たちが対話の文化を作ろうと試みていることを高く評価していた。「Kさんもそういうの（対話への参加）が敏感な人で、みんなが喋る機会、みんなの意見を聞いて、Fridaysとしての意見、全員の意見をFridaysの意見としてやりたいっていうのをずっと言ってて、KさんとMさんが思ってるFFFのイメージっていうのが体制にすごい活かされてるなって思います」(IN：2021年5月12日)。

185

第Ⅱ部　フォーマル／インフォーマルな政治の交差をどのように語りうるか

も特徴付けられている。というのも、どれほど民主性を掲げてミーティングでの対話を行ってきても、ある特定の人が代表を長く続け、運動をデザインし、メディアの取材に応えるといったことが繰り返されるにつれ、その人の発言や知識が他のメンバーから一目置かれ、望まずとも力を持ってしまうからだ。代表は一方ではフラットで民主的なミーティングを望むものの、自身の存在が不可避的にその民主主義の障壁となってしまうことに対して、グループ内における自身の存在の意味を問い直しはじめる。以下の発言はそれぞれ 2021 年に代表を務めた M と、2022 年に代表を務めた T のインタビューであるが、私が二人に FFF から距離を置くことについて聞いた際には、いずれもミーティングの中での自身の立ち位置に関する悩みを一つのきっかけとして挙げていた。

　　M の場合：でもこういう〔ミーティングでみんなが議論している〕ときも意見持っているっていうのは私と K なんですよね。すぐに言葉がでてくる。責任ってこういうのが必要とか。この議事録とかミーティングも、あんまり Fridays のメンバーがすごい積極的というかは、考えて話すって人が多いので、5 分間とか 7 分間とか考える時間をとって話そうって。で先に議事録に書いて発表するみたいなのをとってるんですけど、私と K がやっぱりバーって書いてしまって……。(IN：2022 年 2 月 18 日)

　　T の場合：(なんで代表辞めること決めたんですか？) いちばんおっきいのは、長く続けることで出てくる弊害みたいなところで。やっぱり圧倒的にミーティングの場を作れちゃうというか、長くいる人が。だから、結局ミーティングの方向性だったりとかも作れちゃう。〔中略〕あとは Fridays の今までのことを知ってたりとか、今までのスタンダードってものが自分の中でも生まれてて、そういったものが無意識のうちに多分強制しちゃってる部分もあるかなって思っていて。(IN：2023 年 11 月 13 日)

186

とはいえ、先述のHのインタビューにも見られるように、他のメンバーにとっては代表がミーティングの中で発言することは「民主的なもの」として理解されることすらある。だが当の代表は、民主主義を掲げるグループと自身の存在感のジレンマとしてそれを受け止める[8]。

　だが、代表は自身がグループの中で力を持ちつつも、他のメンバーが自身のことを頼りにしているということも理解しているがゆえに、離脱のタイミングを摑めずにいた。そうしたときに、自身がグループから離れることを具体的に後押しするような経験が加わると、「卒業」のためのトリガーが引かれはじめる。その例として、元代表のMとT、そして代表補佐のKの経験を簡潔に見ていこう。

　Mの場合、きっかけとなったのは上述の緊急事態宣言下でKと2人で行った気候マーチ後のバーンアウトだった。2021年の時点ですでに1年以上代表をしていたMは、マーチをきっかけに代表を交代するつもりだったが、マーチは2人でしかできず、その後もコロナ禍で外出やアクションが自粛されたことで、「交代のタイミングを失った」という。後述するように、彼女は他のメンバーたちのケアのために運動を続けたが、「アクティヴィストとしての熱量は2人マーチをした時点で切れていました」（IN：2023年12

8）なお、アクティヴィスト・グループの中心人物が意図せずとも力を持ってしまうことは、特段珍しいことではない。言い換えれば、上記のようなジレンマはMやTの個人の資質や能力に関するものではなく、アクティヴィスト・グループという集団の特徴でもあるということだ。フランチェスカ・ポレッタ（Polletta 2002）によれば、1960年代アメリカのアクティヴィストたちはFFFと同様に運動内での熟議や参加を強く求めその実現を試みたが、それは様々なジレンマに直面した。たとえば、表向きはオープンで平等な熟議という理想を掲げるが、実際にはその運動が発展するためには代表が他のメンバーを教育したり、情報を伝達する必要が生じ、結果として特定の誰かに発言が集中することがあった。あるいは、すでに様々な経験をした古参のアクティヴィストたちがグループ内で強い信頼関係を形成していると、古株のメンバーの存在感が不可避的に増し、新しく加入したメンバーが発言しづらい雰囲気が出て、結果として新たなメンバーが疎外感を覚えることもある。ポレッタは、アクティヴィストたちが持つ民主主義の理念と、特定の誰かが力を持つことが共存している状態を「複雑な平等の概念」（p. 170）と呼び、特にそれが友情・信頼関係を基礎として組織されたアクティヴィスト・グループに顕著に見られる現象であると指摘した。

月6日）と振り返る[9]。最終的に、11月にTに代表交代を打診することとなった。

同じ「マーチ」という経験でもTの場合は、2023年後半に200人以上を動員した気候マーチのデザインと準備の大半を手がけ実行したことで、達成感と疲労感が同時に現れた。「今回ちょっと疲れたんですよ。（マーチが）終わった後に。だからマーチを今後も年2回くらいのペースでやってくのがちょっと厳しいと思った自分もいて」（IN：2023年11月13日）。その後、他のメンバーに代表交代の打診を始めた。

若者ゆえのキャリアの流動性の高さも、具体的な離脱の引き金となる。Mの代表補佐をしていたKは、自身の留学がきっかけで離れることとなった。留学を始める前から少しずつ参加の頻度が減っていった理由として「（海外では）勉強が忙しくなるのってわかってるから、退いていく感じの動きはありました」（IN：2023年4月29日）という[10]。

2　引き継ぐ——ケアし、寄り添う

離脱を決めることと実際に離脱をすることは一緒くたにされがちだが、それらの間のタイムスパンは、多くの場合ブラックボックス化されている。だがFFFに限らず、アクティヴィストたちは何かをきっかけに即座に離脱を実行するわけではない。友人に相談したり、もう少し様子をみようと決めたり、離脱を実行するまでには様々な行動のオプションがある。そして、「卒

9）バーンアウトがアクティヴィスト・グループからの離脱と結びつくことに関しては富永（2013）を参照。若者に関して言えば、ブジシェフスカとグロドはポーランドの若者による気候アクティヴィズム（MSK）を例に挙げ、運動に深くコミットし、強い責任感をもって活動に取り組んでいる若者が、身体的・精神的な疲労が重なった結果バーンアウトに至る様子を描いている（Budziszewska and Głód 2021：15）。

10）物理的にグループを離れざるをえないため、特に若いアクティヴィストにとって留学は離脱の典型的な理由となる。だがFFFの中には、留学をしながらオンラインでミーティングに参加するなどの形でなお活動にコミットし続けているメンバーもいる。Kと同様に留学を選択したにも関わらず、離脱とコミットメント継続の違いが生まれるのは、留学それ自体が決定的な要因となったというわけではなく、留学以前にあった自身のFFFでの立ち位置に関する批判的・反省的な眼差しの有無にもあると思われる。

業」という離脱の経験は、このブラックボックスの中で何が起きているかを解明するための一つの手掛かりとなる。以下は、その中でも特に「引き継ぎ」と呼ばれる経験に焦点を当てていこう。

「引き継ぐ」という言葉は、MやTが離脱を決めてから使う頻度が増えた言葉の一つであるが、それは会社などで使われているような、特定の仕事の内容を伝達することを意味するわけではない。MとTは、自分たちがいなくなったあとも残ったメンバーたちが自ら運動をデザインし実行していくことができるよう、メンバーたちのケアにより一層の力を注ぐようになる。MやTは自身らが代表としてFFFの中心にいたからこそ、他のメンバーが自身らにある種の依存[11]をしていることを多かれ少なかれ理解していた。それゆえに、彼／彼女らにとっては一方的に即座に運動から離れることはある種の無責任さがあり[12]、むしろすべきことは依存関係を引き受け、残ったメンバーたちと共に対話を重ね、運動のあり方や今後の方向性などを共に考えていくことだとする。だからこそ、「引き継ぎ」ではFFFの本質やオーガナイズの仕方にこだわることよりも、「引き継ぎ」を経てメンバーたちがより自由に新たなFFFのあり方をデザインしていくことが重視される。「全く新しいFridaysになってもいい」（IN：2023年11月13日）、「今までの（運動）を作ってきたのは明らかに私とKで、そっから新しいFFFっていう名前が一緒なのに新しい運動にしていかないと」（IN：2022年2月18日）という言葉はこの点を要約したものである。彼／彼女らは、かつてのように自らが先頭に立ち、活動を引っ張っていくわけではなく、活動を続けている人たちの悩みや不安に寄り添い、サポートし、裏から支える役割を積極的に引き受けてきた。以下ではその具体例として、Mの「引き継ぎ」に焦点を当てていきたい。

---

11) 「依存」という言葉は、人は誰しも脆弱であるという点で平等であり、目の前にいる具体的な人間のケアをしつつも、時に他者からのケアを必要としながら、互恵的ではない倫理的なつながりを作り拡張させていくケアの倫理の依存概念を念頭に置いている（キティ 2023）。

12) 自身の責任について、Mは次のように当時を振り返る。「じゃあ代表変わったから抜けますってわけにもいかないのかなって思ってて。とりあえず年度末くらいまでは自分もミーティングに参加しながら、ファシリも急には交代できないので」（IN：2023年12月6日）。

第Ⅱ部　フォーマル／インフォーマルな政治の交差をどのように語りうるか

　2021年5月の気候マーチを区切りとして代表の交代を計画していたMは、緊急事態宣言の影響でFFFの活動が停滞し、かつ次期代表の候補がいないなかで、誰か特定のメンバーをサポートするというよりは、個々のメンバーが自分たちで運動を作り上げられるようなグループ全体での場づくりを行うことに力を入れた。その一つが、ミーティングの参加の仕方の変化である。MはKと話し合いながら、自分たちがそれほど発言をしなくてもメンバーたちが意見を表明しあって運動の形を作っていくよう、徐々にミーティングでの発言を控え、聞き役に回ることが多くなった（あるいは、そもそも意図的にミーティングに出ないということもあった）。また、具体的なアクションを考え、合意形成をしていくことよりも、メンバー同士が今後FFFをどのような形にしていきたいかを話し、定義し、共有し合う機会を積極的に設けるようにした。Mはインタビューの中で次のように振り返る。

　　表のアクションをあまりせずに、内側で自分たちに何が必要かどういう
　　運動をしたいのかっていう内部的なところを話し合うのを中心にして、
　　そこでみんな対話が大事とか連帯が大事とかって出てきたのは、低迷し
　　てた中でも大きい収穫っていうか今のFFFを作っている大事な部分が
　　できてたんやなって思います。(IN：2022年2月18日)

　次の代表（T）が決まってからも、MやKはすぐに離脱することなく、全体のサポートに加え、次期代表の精神的なサポートを行い続けてきた。たとえば、代表が交代して数ヶ月後の運営ミーティングの中で、Tは代表の役割がわからなくなり、今後どのようにすれば良いかを悩んでいることを打ち明けた。そこから1ヶ月ほどかけて、MやKはTとともに「代表の役割とは何か」「責任とは何か」「そもそも代表は必要なのか」といったことを一緒に話し考え合ったほか、Mが代表になったときにどのように代表として運動をデザインしてきたかという経験談を共有した。時にはMはTと対面で会い、自身が今後どういった形でのFFFのサポートができるか提案するなど

し、Tを精神的・実務的にケアしてきた[13]。

　さらに、FFFの公共の場での活動においても、Mは積極的にサブに回るというやりかたで、メンバーや運動を下支えする役割を引き受けていく。それが最も顕著に見られたのは、2022年3月に新しい代表のTを中心として実行された気候マーチのときであった。Mはいちメンバーとして参加したが、マーチの際は列に加わってコール＆レスポンスをするよりも、他のメンバーたちを気遣うことに多くの時間を割いていた。いつものようにマーチの撮影係として写真を撮り続けていた私の前を行ったり来たりしながら、Mは以下のようにマーチを支え続けていた。

　　　今日もっとも象徴的だったのは、Mが一貫してマーチのサブ役にまわっていたことだった。［中略］Mは必要に応じてマーチの横を行ったり来たりしながら「スピードはやすぎない？」とか、他のメンバーに「前行ったらどう？」といって声をかけているほか、自分がデモの列に参加した時には後方にいて前の様子を時おりうかがっていた。［中略］メンバーたちはMのアドバイスを受けながら順番に入れ替わり、マーチの先頭に立ち、コールを先導していた。（FN：2022年3月22日）

　このように、離脱することを決め、実際に新しい代表が決まってもなお、Mは運動が軌道に乗っていくまで、運動のメンバーたちを精神的、実務的に（多くの場合は目に見えづらい形で）ケアし続けてきた。そしてひとたび運

13）早川（2023）は、ケアは単に相手の具体的なニーズに寄り添うだけではなく、それが適切なタイミングで行われる必要があるとし、それを「タイミングの倫理」と呼ぶ。他者のニーズだけでなく、その時間感覚にも鋭敏に寄り添うことにより、「相手は自分のタイミングを尊重されることで、自分の存在も尊重されていると感じられるからこそ、相手の自尊感情が形成・維持される」（p. 45）。実際、Tはこの後、代表として様々なプロジェクトを手掛け、イベントやマーチを組織し、運動に対話文化をさらに根付かせていく際の中心的な役割を果たす代表へと成長したが、Tが代表のあり方に悩んでいた初期の頃に適切なタイミングでMがケアをしていなければ、Tは代表を早々に辞めていた可能性すらあった。こうした意味で、Tのその後の代表としての活躍は、Mのケアが適切なタイミングでなされていたことに支えられているとも言えるだろう。

第Ⅱ部　フォーマル／インフォーマルな政治の交差をどのように語りうるか

動が新たな代表を中心として動き始めると、代表だけでなく残ったメンバーたちはこれまでにない様々なアイディアを出し、自らの手で運動の新たな形を作り、運動を継続させようと試みてきた。

たとえば、2022 年の中旬ごろ、メンバーの学校・大学でのスケジュールの関係で金曜日のスタンディングの参加者が減少傾向にあった頃、メンバーは T を中心に話し合いを行い、月曜日にスタンディングの日を移すことを決めた。Fridays を掲げているにもかかわらず月曜日に活動をするという提案に戸惑ったメンバーもいたものの、より多くのメンバーがスタンディングに参加できることが大事であるという認識が共有されていたことにより、スムーズに活動日の移行がなされた[14]。この結果、スタンディングの人数はかつてよりも増え始めた。スタンディングにはメンバーだけでなく、その情報を聞きつけた他の学生・市民団体の人々もやってくるようになり、10 人以上がスタンディングに参加することも珍しくなくなった。他の学生・市民団体とのつながりが増えたことで、イベント（マーチや対話型イベント）の参加者も徐々に増え、2023 年末に行ったマーチでは、前年度の約 3 倍の 220人が参加し、それは多くのメディアに取り上げられることとなった。

3　離れる──「政治」の継続

しばらくの間メンバーたちのケアをしながらスタンディングとミーティングに参加を続けていた M や T だけでなく、留学のためにスタンディングに参加できないながらも、ミーティングには参加し続けていた K も、運動が軌道に乗り始めてくるにつれて徐々にミーティングやスタンディングからの離脱を始める。もちろん、気候マーチのような大きなイベントがあるとき、スケジュールが合えば参加者として関わることもあれば、定期的にソーシャルメディアを確認し、FFF が今何をしているかを確認することもある。だが、「引き継ぎ」の時期とは異なり、運営の方針に口を出すことは徐々に控える

---

14) T は次のように言う。「別に金曜日にこだわらなくてもいいかもしれないですよね。みんなが集まれる日の方が大事な気がします」（FN：2022 年 9 月 30 日）。

第7章　アクティヴィズムを卒業するとき（西山 渓）

ようになる。Ｔの言葉を借りれば、離脱してもなお存在感と影響力を持つような「OBにはなりたくない」のである。

　ここで重要となるのは、運動から離脱（彼／彼女らの言葉で言えば「卒業」）し、公共圏から離れていくことは、自発的な選択であり、強制的なものではないということだ。ここでいう「自発性」とは、運動の内部ですでに信頼関係を築いたメンバーが新たなメンバーに疎外感を与えるかたちで「自発的な」離脱を誘発させること（Polletta 2002：Ch. 6）や、運動それ自体の方針に疑念を抱きながら「自発的に」離れていくこととは異なるものである。FFFにおける離脱の自発性は、残ったメンバーのニーズに対して寄り添うなかで、残ったメンバーが自立的に活動を始め、これ以上のケアが必要ないだろうと判断した際に、自らが積極的に選択する（あるいは、Ｍの言葉を借りれば「徐々にフェードアウトするという選択」）という点にある。それゆえ、アクティヴィズムを含む政治活動や気候変動問題への関心それ自体が消えた訳ではないため、運動から離れた後もそれぞれ異なる形で（広義の）「政治」活動は継続されていく。

　とはいえ、FFFを卒業した後に気候変動に関する他の市民団体に入る人は、少なくとも私が見てきたメンバーの中には一人もいなかった[15]。むしろ卒業後の活動は、ライフスタイルという形で現れることが多い。メンバーの中にはFFFの活動を通して自らのライフスタイルを大きく見直し、それを継続する人は少なくない。例を挙げると、親と話し合った上で適切な飼育環境で育てられていない肉や卵を買わないこと、ベジタリアン・ヴィーガン食を作

15）メンバーの一人のＮは、大学卒業後に気候変動アクティヴィズムに関わることの困難さを次のように述べている。「社会人になって求められるのは生きていくことで〔中略〕仕事をして自分の労力を使いながらも、あんまりお金を生み出さなくてあんまり効果も返ってきてないように感じてしまうものに時間を使い続けられるかっていうと、ちょっと厳しいなって思って」（IN：2024年2月9日）。なお、大学卒業後に若者中心の団体を離脱し、大人中心の市民団体に入るアクティヴィストもいるが、先行研究の中には、そうした「元若者」メンバーが大人のグループの中で「歓迎されなさ」を感じることがあると指摘するものもある（Lund and Van Beers 2020）。大人よりも簡単に「成功体験」を得た若いアクティヴィストに対するジェラシーや、若者の経験不足を問題視する年配メンバーの存在によって、大人から若者への技術の継承という「徒弟制の不在」（p. 9）が一つの原因となり、「歓迎されなさ」が生まれ、それが結果として「元若者」のバーンアウトを誘発するという。

193

り家族に振る舞うこと、有機野菜を生産する農家で働きながら人間関係を広げていくこと、気候変動問題に取り組む企業でアルバイトや就職をすること、ファストファッションを買うことをやめ古着を積極的に着ることなどが含まれる。

　これらは単なるライフスタイルの変化と言うにとどまらず、自らのライフスタイルを変化させたり、その可能性を他者に提示することで、個人ないしは集団に影響を与え直接的・間接的なやりかたで社会変革を目指すライフスタイル・ポリティックスの具体的な表れとも言える。ライフスタイル・ポリティックスの要素を組織のレベル（個人・集団）と戦略（直接的・間接的）に分け、それらの組み合わせにより異なる形の運動があることを示したヨースト・デ・モア（de Moore 2017：185–187）の分類に従えば、家族や友人などにヴィーガン食などの新たなライフスタイルの形を提示し変化をもたらすものは「ライフスタイルの動員」、消費者の立場から消費の仕方を変えたり、ボイコットをしたり、（アルバイト先を含めて）企業を選ぶ行動は「ライフスタイルの変化」、有機農法を用いる農家などで働き既存の市場の問題を考え、代替案としての製品を生産することで大衆の意識を変えようとすることは「集合的なライフスタイルの動員」とそれぞれ分けることができる。

　ライフスタイルの変化という形での政治活動だけでなく、FFF の卒業者たちは他の（特に若者が中心として取り組む）市民団体や市民活動に対するまなざしの変化も自覚している。たとえば M は友人がウクライナの子どもたちにお菓子を配るという運動をしていることを聞き、その意義や実現可能性に若干の疑問を持ちつつも、「企画する側も精一杯であることはよくわかる」といい共感の意を示していた。というのも、彼女自身が運動を通して理想と現実の間で行動を実現することの困難さを経験しており、「あれこれ考えてもそれを形にするのって本当に大変で」それゆえに「そういった活動を攻撃的に見ることが一切なくなった」という（FN：2023 年 4 月 16 日）。自身が運動の中で苦しんだこと、新たなメンバーが運動をデザインし実行することの困難さに直面しているところを間近で見て、そのケアに時間を割いていたことから、M は「今なら私たちの活動を批判する人の意味もわかるように

なってきた」し、同時にそれでも運動をしようとする人に対して共感の意を示すようにもなる。

　このようにして、FFF の卒業者たちは、FFF を通して変化した自らのライフスタイルやまなざしとともに、FFF の活動に現れなくなる。最後にこれまでのストーリーを踏まえながら、この「現れなくなる」ことの政治理論的示唆について、考察を進めていこう。

4　卒業と政治理論──現れること、現れないこと、現れなくなること

　「なぜ運動に参加するか」という問いは社会運動研究の中心的なものであるのに対し、「卒業」に限らず、「なぜ離れるか」が問われることは、富永 (2013) の研究を除けば、その数は限られたものとなる。運動への参加のためには「特定の資源」や「共有されたアイデンティティ」の有無が重要となるため、裏を返せばそうした資源やアイデンティティがなくなったとき、人は運動から離れるということができるかもしれない。しかし、本章で見てきたように、離脱を決意したときと実際に離れるまでの間には、多くの葛藤や思考の動き、行動があることは、見落とすべきではない。たとえ十分な資源やアイデンティティの共有がなくとも、人はすぐに離脱を実行するとは限らない。にもかかわらず、その内実はブラックボックス化されてきた。

　本章で論じてきた若いアクティヴィストたちの「卒業」という選択は、このブラックボックスの一端を解明するものである。キャリアの流動性が比較的高く、「若者」を掲げて運動を行う以上、若いアクティヴィストたちは自身らが永久に若者として同じ場に留まりながら運動を続けることはできないと考えている。だからこそ、若者のアクティヴィズムには時限性があり、それは「卒業」という形態に限らず離脱が宿命づけられている。中には、いくつかの先行研究が示すように、バーンアウトなどの理由で運動を離れる者もいる。しかし、より自発的でケア的・倫理的な意図を込めて運動を卒業していく者がいることもまた事実である。卒業は、若者のアクティヴィズムの経験の豊かさを理解するための一つの視座を提示するものである。

195

第Ⅱ部　フォーマル／インフォーマルな政治の交差をどのように語りうるか

　だが、FFF という運動についての研究に関して言えば、その評価はこれ
まで公的に観察可能な「動員数」や「政策的影響力」などのような、政治学
における伝統的な変数に頼ってきた傾向にある。たとえば長谷川公一は海外
の FFF と国内のそれを比較した際、後者の「弱さ」の一つを運動の動員数
にあるとし、次のように述べる。

　　日本の Fridays for Future の動員力は、海外に比べるときわめて限ら
　　れている。筆者は Fridays for Future Sendai の若者たちと共に、
　　2019 年 9 月 20 日に仙台市で、2020 年 9 月 25 日は多賀城市における
　　アクションを企画者の一人として呼びかけたが、2019 年 9 月 20 日の
　　デモの参加者は 83 名、2020 年 9 月 25 日のアクションの参加者は 65
　　名だった。いずれの場合も、Fridays for Future Sendai の若者たち
　　10 数名と、仙台パワーステーション操業差止訴訟の原告などが中心で、
　　顔見知りが多く、フリーの参加者は数名程度に限られていた。（長谷川
　　2021：73）

　こうした評価の下では、「卒業」という離脱の経験は、その運動の「弱さ」
を証明するものでしかない。なぜなら、より多くの人が「卒業」してしまえ
ば、運動の動員、発展、維持はより一層困難となり、結果として運動がその
目的（政策の変化など）を果たせなくなってしまうからだ。結局のところ、
「卒業」は他の離脱と同様、運動にとっては「望ましくない」ものに過ぎな
いのだろうか。この問いに答えるために、一度社会運動論から離れ、より広
い政治理論のなかに卒業という経験を位置付けながら考えていきたい。
　アリストテレスからハンナ・アーレントや今日の熟議民主主義理論に至る
まで、政治的主体とみなされる重要な条件の一つを、公的空間に「現れるこ
と（appearance）」（あるいは他者から見られ聞かれること）に求めるという伝
統がある。たとえばアーレントは「公的」という言葉の第一義的な意味を
「一般公衆の前に現れるものなら何であれ、誰もそれを見たり聞いたりする
ことができること、それにより可能な限り広範な公共性が当の現象にさずけ

196

られること」（アーレント 2015：63、傍点は引用者）にあると論じた。政治理論のこうした伝統に基づけば、FFF のメンバーたちが政治的主体になるのは、（ストリートという「表舞台」であれミーティングという「裏舞台」であれ）いかにして彼／彼女らが他者（道ゆく人々、他のメンバー）から見られ、その声が聞かれるかということにかかっている。そして「卒業」するということは、いずれの舞台からも離れることであり、それは政治的主体ではなくなることを意味するだろう。

　だが、こうした評価は一面的なものである。なぜなら、「現れ」に基づく伝統的な政治的主体の理解は、これまで政治理論の内部からいくつかの重大な反論がなされてきたからである。その一つが、公的空間に「現れていないこと（non-appearance）」という観点からの批判である。

　この批判が前提としている人間観は、人間の相互依存性である。人は独立・自立した存在ではなく、常に誰かに依存せざるを得ない脆弱さに条件づけられている。一見すると自立した存在として公的空間に現れている人であっても、その人の依存をケアする人々が存在する。そうしたケア従事者は公的空間それ自体には現れることはないが、政治コミュニティを支える重要な構成員の一人である。ロビン・ルブランの日本の主婦の市民活動に関するエスノグラフィはこの意味で示唆的な研究である。ルブランの観察によれば、主婦たちは選挙運動などの「大文字の政治」には意図的に関与せず、ボランティアなどに勤しんでいた。しかし、それは主婦たちが政治コミュニティから完全に切り離されているわけではなく、大文字の政治とは異なる形で政治コミュニティの構成に寄与しているとルブランは指摘する。たとえばそれは「候補者が選挙運動をしている間はその家族に食事を用意してあげること」（ルブラン 2012：219）や、大文字の政治を拒否することで、自身たちのアソシエーションのロジックを守り抜こうとするという形で現れる[16]。このよう

---

16) あるとき行政が「作業所」と呼ばれるボランティア・グループを取り込もうとしたときのことを、ルブランは以下のように描いている。「作業所のメンバーは、自分たちの公的活動を明確に政治的なものにすることを拒んでいる。なぜなら彼女たちは、政治家と提携すれば、彼女たちの倫理と参加を自己中心的な政治的利益に従属させることになると考えているからだ」（ルブラン 2012：285）。

に、公的空間に「現れない」からといって、その人たちが政治的主体はないという結論は必ずしも導かれるわけではない。むしろそうした「現れない」人たちなしには、「現れる」政治は成立すらしないからだ。エヴァ・フェダー・キティの言葉を借りれば、依存は「平等な市民としての私たちの地位——社会的協働の利益と負担を分かち合う対等な人格——に多大な影響を与える」がゆえに、「決して棚上げできるよう種類の問題ではなく、まして避けて通れる問題ではない」（キティ 2023：154）。

　FFF の卒業者たちは、自らに依存する残されたメンバーたちのケアを（多くの場合不可視化された形で）行ってきたという意味で、「現れていない」。だが「卒業」の興味深い点は、FFF のメンバーは現れることを拒否したり、最初から現れていないのではなく、現れている状態から現れない状態へと移行したという点にある。このように、すでに公的空間に現れていた人が、何かをきっかけとして現れなくなることを、差し当たり「現れなくなること（dis-appearance）」と呼ぶこととしよう。

　これまで政治理論では、「現れなくなること」を逃走、離反、裏切りとは異なる「離脱」、すなわちラディカル化された批判行動として論じてきた。先駆的研究となった『離脱・発言・忠誠』のなかで、ハーシュマン（2005：Ch. 2）は、離脱をすることは力を持たない者が力を持つ者に対して批判的メッセージを発し、自らの失敗に気づかせ、修復活動を行うよう圧力を与える方法であると論じている。ハーシュマンの理論枠組みはその後様々な形で撤退や離脱の分析に影響を与えてきた。たとえば腐敗した政府を批判するためにその社会から撤退し、オルタナティブな生き方を模索するコミューン運動（Wallmeier and Fieltz 2019）や、支配的な（白人）コミュニティが先住民の土地を開発しようとした際に、それに公然と反対しつつも白人の言語が重大な権威を持つ裁判所などの機関で詳細な理由を述べることを拒み、そうした議論の場から意図的に離れることで支配的なコミュニティに反省を求める運動（Rollo 2017）などがそれにあたる。

　他方で FFF のストーリに見られる「卒業」は、ハーシュマン的な離脱とは異なる形の「現れなくなること」のあり方を浮き彫りにする。これまで見

てきたように、「卒業」は公的権力や支配的なコミュニティを批判したり、その自己反省を促したり、あるいはそれを暗示するために公的空間から離れていくことではない。「卒業」という経験の中で第一に考えられているのは、これまで共に活動をしてきた具体的な人間たちであり、その人たちへの精神的なケアとエンパワメントを目的とした自発的な離脱こそが「卒業」の特徴である。卒業者は一定の期間のケアが終わると、その集団の一員であることをやめ、「現れなくなる」。しかしそれによって「助走期間」を十分に持つことができた残されたメンバーたちは、新たに運動をデザインし、それを実行することで再度運動を維持し、活性化されていく。これはある種の逆説的な現象でもある。というのも、「卒業」という経験によってあるメンバーが「現れなく」なることで、すでに公的空間に「現れて」いる人々の活動が健全化・活性化するからだ。しかしこの逆説は、これまで政治理論が依拠してきた「現れること」「現れないこと」そして（ハーシュマン的な）「離脱」とは異なる政治のコミットメントを示すものである。

　私たちはこの逆説を通して、広い意味での社会運動のメンバーシップを問い直すことができよう。アルベルト・メルッチが指摘するように、社会運動には多元的な意味が内包されており、運動を「政治に抵抗する人」だけで構成されていると捉えることは、視認可能な現象しか見ない「政治還元主義」（メルッチ 1997：41）に陥ってしまう。政治還元主義の視点から見れば、「現れて」いた人が離脱することは、その人は単なる部外者にすぎなくなってしまう。しかし本章で示したように、まさにその人が「現れなくなること」、そしてその際の「引き継ぎ」に見られるケア活動によって、その人は運動の活性化に確かに貢献しているし、それなしには運動は維持・継続することができなかったかもしれない。その意味で、「現れなくなること」の効果や貢献は公的に視認することはできないものの、すでに公的空間に「現れている」人々を支える行為である。この意味で、「現れなくなる」人は、運動に間接的あるいは不可視化された形でコミットする運動の隠れたメンバーであると言えるだろう。そして「現れないこと」が、アクティヴィズムの広い意味でのメンバーシップと繋がる限りにおいて、それは公的空間に存在しない

第Ⅱ部　フォーマル／インフォーマルな政治の交差をどのように語りうるか

にもかかわらず、政治活動の一端を担う活動として理解することができるようになる。公的空間に「現れなくなること」は必ずしも政治的主体ではなくなることを意味しない。むしろ「現れなくなること」が既存の政治活動を健全化する条件となったり、新たな政治の活動（ライフスタイル・ポリティックス）の出発となったりすることもあるのだ。

おわりに

　本章では筆者のFFFでのフィールドワークの記録を通して、そこで行われる「卒業」がどのようなロジックと運動内の文化によって実行され、経験されているか、そしてそれが政治理論に対してどのような示唆を与えるかということを明らかにしてきた。時限性のある活動を行う若いアクティヴィストにとって、自身がいつ運動を離れるかということは一つの大きな決断となる。時には他のメンバーと反りが合わず辞めていくものもいれば、FFFの中心メンバーのように民主主義を掲げる運動だからこそ自身の存在を問い直しその上で離れることを決める者もいる。しかし、本章で描いてきたように、離れることを決めることと、実際に離れることの間には、即時的な繋がりはない。特に中心にいたメンバーは、離脱の具体的なトリガー（バーンアウト、留学、達成感や疲れ）の後押しがあったにもかかわらず、運動に残り続け、残されたメンバーへの精神的な引き継ぎを通して、ケア活動に従事していた。そしてそのケアによって運動が再度息を吹き返し、新たなリーダーと共に運動を作り上げていく段階になって、中心メンバーたちは「卒業」を実行し、グループから離れていく。彼／彼女らはアクティヴィストとして「現れる」ことはなくなり、公的空間から「降りて」いく。だが、それは彼／彼女らが政治的主体ではなくなったということを意味しない、ということが本章における中心的な主張である。というのも、彼／彼女らは「現れなくなる」という自発的かつ倫理的な選択（ケア）をすることによって、運動それ自体を間接的にデザインすることに貢献し、残されたメンバーたちのエンパワメントに大きな影響を与えているからである。そして、実際に離れた後は、FFF

200

第 7 章　アクティヴィズムを卒業するとき（西山 渓）

での経験を糧として、異なる形で政治に関わり続けていく。つまり公的空間でアクティヴィストとして可視化されなくなるということは、時に自他の政治的コミットメントの条件ともなりうるのである。

参考文献

アーレント、ハンナ（2015）『活動的生』森一郎訳、みすず書房。

キティ、エヴァ・フェダー（2023）『愛の労働——あるいは依存とケアの正義論』岡野八代／牟田和恵監訳、白澤社。

富永京子（2013）「社会運動における離脱の意味——脱退、燃え尽き、中断をもたらす運動参加者の人間関係認識」『ソシオロゴス』37：170-187。

ハーシュマン、アルバート（2005）『離脱・発言・忠誠——企業・組織・国家における衰退への反応』矢野修一訳、ミネルヴァ書房。

長谷川公一（2021）「気候危機をめぐる参加と連帯—— Fridays for Future の社会運動論的分析」『The Nonprofit Review』20（2）：69-78。

早川正祐（2023）「人間尊重とタイミングの倫理——ケアの倫理からの新展開」『死生学・応用倫理研究』28：33-59。

ミアーズ、アシュリー（2022）『VIP——グローバル・パーティーサーキットの社会学』松本裕訳、みすず書房。

メルッチ、アルベルト（1997）『現在を生きる遊牧民』山之内靖訳、岩波書店。

ロビン、ルブラン（2012）『バイシクル・シティズン——「政治」を拒否する日本の主婦』尾内隆之訳、勁草書房。

Alberro, Heather (2019) Methodological considerations for the special-risk researcher: A research note. *Methodological Innovations*. 12（1）：1-6.

Brodkin, Evelyn (2017) The ethnographic turn in political science: Reflections on the state of art. *PS: Political Science & Politics*. 50（1）：131-134.

Budziszewska, Madgalena., and Głód, Zuzanna (2021) "These are the very small things that lead us to that goal": Youth climate strike organizers talk about activism empowering and taxing experiences. *Sustainability*. 13：1-19.

Crow, Graham., Wiles, Rose., Heath, Sue., and Charles, Vikki (2006) Research ethics and data quality: The implications of informed consent. *International Journal of Social Research Methodology*. 9（29）：83-95.

de Moor, Joost (2017) Lifestyle politics and the concept of political participation. *Acta Politica*. 52：179-197.

della Porta, Donatella., and Rucht, Dieter (2015) Power and democracy in social movements: An introduction. In D. Della Porta and D. Rucht (eds.) *Meet-

ing democracy: Power and deliberation in global justice movements. Cambridge University Press, 1–22.

Forrest, Stuart（2020）*Ballad of the bullet: Gangs, drill music and the power of online infamy.* Princeton University Press.

Levy, Karen（2023）*Data driven: Truckers, technology and the new workplace surveillance.* Princeton University Press.

Lund, Darren., and Rae Ann, Van Beers（2020）Unintentional consequences: Facing the risks of being a youth activist. *In Education.* 26（1）：3–17.

Polletta, Francesca（2002）*Freedom is an endless meeting: Democracy in American social movements.* The University of Chicago Press.

Rollo, Tobby（2017）Everyday deeds: Enactive protest, exit and silence in deliberative systems. *Political Theory.* 45（5）：587–609.

Wallmeier, Philip., and Fielitz, Maik（2019）Withdrawal as dissident politics. In F. Anderl, C. Daase, N. Deitelhoff, V. Kempf, J. Pfister and P. Wallmeier（eds.）*Rule and resistance beyond the nation state: Contestation, escalation, exit.* Rowman & Littlefield, 205–219.

＊本章で引用したインターネット上の資料・記事等の最終閲覧日は、いずれも 2024 年 6 月 1 日である。

第8章

暴動の政治理論

——登録される原因、登録されない不満

安藤有史

はじめに

（1） 本章の概念——非登録・登録・脱登録

　ミクロでインフォーマルな政治を探究するという本書の試みは、従来のマクロでフォーマルな政治領域（国家、議会、政党、官僚、外交、軍隊…）に含まれなかった事柄や集団を、政治学の範囲に組み込む、または再発見することを目指している。目指しているとはいえ、こうした傾向はすでにかなり強く存在してもいる[1]。今日の政治学（または政治的とされる論争）では、性・身体・言語・家庭・職場・文化・自然に関わる多彩な事柄が対象となる。だ

1）本書全体の問題意識は、政治・政治学の範囲拡張がいまだに不十分であるという点に向けられている。序章で論じられているように、たしかに家庭や職場、言葉遣いや自然環境を事例とする個別具体的な研究の量は依然として少ない。しかし本章が議論の出発点にしたいのは、そうした傾向が理論的にはすでに十分一般化しているという点である。伝統的に政治・政治学の規定要素として挙げられてきた、権力（ウェーバー）、敵対性（シュミット）、複数性（アーレント）といった概念は、もはや対象範囲の限定には役立っていない。なぜなら、いまや権力はどこにでもある（フーコー）し、敵対性は言説をめぐるヘゲモニー闘争を通して編成される（ラクラウ）し、人間の複数性が重要な役割を果たすのは公的領域だけではなく公私区分そのもののパフォーマティヴな見直しにおいてだ（バトラー）といった仕方で、権力性や敵対性や複数性はどこにでも見出されるからだ。「言説理論（discourse theory）」と呼ばれるラクラウらのポスト・マルクス主義政治理論の主たる関心は、マルクス主義の経済決定論を克服することだけではなく、政治をさまざまな政治外的なもの（経済、階級、民族、ジェンダー等）の表出として理解するのを止めることにあった。「社会的なものの構造的な決定不可能性を強調することによって、政治はそれ自体は政治的ではない何かから導き出せるという考えは維持できなくなる。政治の基盤が底なしの深淵であるならば、〔何を政治的なものとするかの：引用者〕決定それ自体が基盤となる」（Torfing 1999：70）。

が、そのように政治の範囲が拡張されれば、「人が二人いれば、そこには政治がある」という程度の最大限に薄められた定義に行き着かざるをえない。ここで問題となるのは、結局複数の人間が関わるあらゆる出来事が政治的であるならば、何も政治的ではないのと同じではないか、というパラドクスである（川崎 2012：5；田村／近藤／堀江 2020：23)[2]。

　このことは、フォーマル＝政治、インフォーマル＝非政治という単純な区分ができないことを意味する。われわれはインフォーマルなものも含めてすべてが潜在的に政治的だという地点から議論を始めなければならない。何が政治／非政治かという問いは原理的には失効している。しかし何がフォーマル／インフォーマルであるかという問いは依然として有効だ。なぜならフォーマル／インフォーマルの関係は、内部／外部関係と同様に、両項相互の種差性に基づいているからである。あらゆるものが政治的であることは（定義次第で）可能だ。しかしすべてが内部になることはできない。外部がなければ内部はありえず、内部のためには外部が必要であり、全包摂は不可能である（Spinner 1994；Goodin 1996；山本 2016）。同様に何かがフォーマルであるためには必然的に何かがインフォーマルでなければならず、両者は相互規定的な二項を成している。

　本章では、何が政治／非政治かという問いには取り組まない。代わりにフォーマル／インフォーマルの境界がいかに設定・管理・越境・変更されるか

　2）そこで川崎（2012）が提示するのは、政治とは結局「ものの見方」であるという解釈である。家庭生活や企業内の活動は、それぞれ家族や道徳、経済の領域であると同時に、権力関係を見出すことのできる政治的側面を有している。「同じ現実が、ある側面からみれば政治的関係としてみえ、別の側面からみれば他の社会的関係としてみえる［中略］政治は社会の至るところにあるという考え方は、あらゆる社会的関係がもっぱら政治的だということではなくて、あらゆる社会的関係には政治的関係としての側面・性格を見出すことができるということを意味している。したがって、この意味での「政治」とは、ある社会的現実が対象自体としてもつ特質ではなく、私たちが社会をみるときのものの見方、より正確には社会に対する関わり方の性質なのである」（川崎 2012：7-8）。現在の政治学・政治理論に関する多くの教科書も同様の前提に立っている（田村／松元／乙部／山崎 2017：24；田村／近藤／堀江 2020：6；中村 2017：137）。他方で領域内のすべての共同体を含む全体に関係する事柄＝共通善・最高のものこそが政治的であるというアリストテレス以来の伝統的立場を強調すれば、政治の本来性はあくまで国家や地方政府における「大政治」にあるのだとするニュアンスが強まる（苅部 2011；2012）。

をめぐる闘争や合意に焦点を当てる。さしあたり、フォーマルとは、政府や議会、またそれらが設置する調査委員会により、用語化され、記録され、社会問題として登録された状態、インフォーマルとはそうした登録の対象外に置かれた状態といえよう[3]。

　政治理論で流通している「包摂」や「承認」ではなく、「登録」という本章独自の概念を用いる理由は二つある[4]。第一に、包摂や承認には包摂・承認されないよりもされるほうが良いという肯定的ニュアンスが付き纏うのに対して、登録の場合は登録されることの良し悪し両面をとらえられるためである。近代国家による人口調査や公衆衛生などの登録作業は、住民の権利保障や福祉向上に役立つと同時に、管理や支配の契機ともなってきたことから

3）登録を行う主体は国家ばかりではなく、業界団体、企業、NGO や NPO、国際機関でもありうる。しかしフォーマル／インフォーマルの区分に注目するというここでの目的において、対象となるのはやはり国家的制度に関わる登録である。

4）ただし、「登録」への着目はジャック・ランシエールの人権論やアクセル・ホネットの承認論を参考にしている（Rancière 2004；ホネット 2012）。彼らの議論の共通点は、社会と国家の関係が多元主義的に調整されているときでさえ、多元性の外に放逐されてしまう者たちや、そもそも分類されるべき集合名称を獲得していない者たち、登録されざる不満に接近しようとする姿勢にある。ランシエールは人間の諸権利には二つの側面があると述べるなかで、登録（inscription）について言及している。

　　第一に、成文化された諸権利がある。それらは自由かつ平等なものとして共同体に登録されたもの（inscriptions of community）だ。〔中略〕第二に、人間の諸権利はそうした登録（inscription）に注文をつける者たちの権利のことでもある。彼らは自らの諸権利の「行使」を決定するだけでなく、登録の権力を確認するためにあれこれの事例を提起する。〔中略〕人間と市民は単に諸個人の集まりを指しているのではなく、政治的主体である。政治的主体は確定的な集合体ではない。それらは余剰の名（surplus names）であり、誰が勘定に入れられるのかについて論争や係争（dispute/litige）を提起している。（Rancière 2004：302–303）

　　またホネットは「社会運動においてすでに公共的に分節化されている規範的な目標設定だけに依拠するいかなる批判的社会理論も軽率なことに、所与の社会においてそのつど支配的な政治的–道徳的コンフリクトの水準を是認してしまう」（ホネット 2012：125）として、既存のマスメディアや日常会話のなかで重要な苦痛の経験として認められる事柄だけに承認論を限定すべきではないと論じている。これは経済的再分配よりも民族やジェンダー等の文化的承認の政治が優位していることを懸念するフレイザーの枠組みに対して、そのような認識は、そもそも立派な社会運動として現在の社会に表出されているものばかりに注目しているためだとする批判として述べられた。

わかるように、登録をあえて拒絶するという態度も考慮する必要がある。

第二に、包摂は包摂対象がすでに名を持つことを前提とするが、登録はそうした包摂以前の名称化を検討するためである。例えば社会的包摂の場合、新しい社会的排除の課題に取り組むために「労働者階級」という言葉に代わって「プレカリアート」といった言葉が発明されたように、包摂に先立って必ず「何を」包摂するかが言語化される。これに対して、登録の概念はまさにそうした包摂以前の名称設定の段階にかかわる争いを扱う。

以上のことを考慮すれば、登録をめぐっては、登録されていない状態を意味する「非登録」と登録されている状態を意味する「登録」に加えて、登録されることをあえて拒絶する「脱登録」が理論的には想定される。また登録されざるものは、フォーマルな言語化を経ておらず、窮状や不満を適切に発話することそのものが困難な状態に置かれている。しかしそれでもあえて「脱登録」を選ぶ勢力や態度が存在するだろう。

（2） 対象と問題の所在

本章では「非登録」「登録」「脱登録」の概念上の三類型を念頭に、インフォーマルな政治として放逐されたり、逆にあえてフォーマルであることを拒んだりする政治のあり方がいかなるものかを見ていく。ただしこのようにフォーマル／インフォーマル関係を登録される／されない関係に言い換えただけでは、まだ同語反復の域を出ていない。問題は何が、どのように登録されるかであり、政府や議会といった国家的な主体が行う登録において何が行われているかを問うことにある。そこで本章が取り上げるのは、大規模な公共秩序崩壊である暴動と、それに対して政府が行う公的調査である。より具体的には1981年にロンドンのブリクストンで起きた暴動と、それに対して実施された公的調査を見ていくことで、フォーマルなものとして登録される／されないことをめぐる政治について論じる。

81年のブリクストン暴動については後述するとして、公的調査の性格について最初に整理しておく必要があるだろう。公的調査（public inquiry）とは、公共秩序崩壊のような深刻な社会問題が生じた際に、政府や議会から

の付託の下で事件や問題を検証・調査するものである。英国では重大な社会問題が生じた際に、政府や議会によって好んで用いられる問題解決手段となっている（Peplow 2019：8；2024：2）。過去に公的調査が行われた事例には、黒人青年殺害事件と警察の制度・組織的人種差別（マクファーソン調査 Macpherson Inquiry）、イラク戦争の検証（チルコット委員会調査 Chilcot Inquiry）、高層住宅火災（グレンフェルタワー調査 Grenfell Tower Inquiry）などがある。公的調査に関する現行の法的位置付けは「2005 年調査法（Inquiries Act 2005）」（以前は「1921 年法廷委員会および調査法（Tribunals and Inquiries Act 1921）」）にあるが、すべての公的調査が単一の法規定を根拠に設置されるわけではなく、運用は慣用的である。通常は、社会的威信のある裁判官や爵位保有者が議長を務め、関係諸組織および社会一般から情報を収集し、報告書を作成し、政府または議会へ提出する。公的調査は「論争を街頭闘争ほど無秩序な形ではなく、法廷訴訟よりは幅広い形態で組織化するもの」（Sedley 1989：472）であり、結果として、政府が社会問題に対処していることをアピールする劇場的機能を果たす側面がある（Hajer 2005）。

　けれども公的調査は政府と市民社会の両側で常に望まれているわけではない。一方で政府・議会の側はすべての公的調査実施要求を受け入れるわけではない。その理由はコストと時間・資源の有限性だけではなく、公的調査を実施することで当該問題に政治的正当性を与えたくないという意図が働くためである（Sedley 1989）。例えば暴動に対して公的調査を行えば、調査結果の内容がどうであれ、暴動が単なる犯罪ではなく、十分に社会的背景や理由を有していると認めることになる。他方で住民や市民社会の側は暴動が単なる犯罪ではなく、政治・経済・社会的な理由を有することを公的調査で明らかにしてもらおうと要求するだろう。しかし住民の側も、常に公的調査を求めているとは限らない。たしかに公的調査は社会問題の原因を明らかにし、被害者の救済・補償や政府の責任追及を行う。しかし同時に「公的調査は政府によって真実を見つけ出し、人権侵害に対するアカウンタビリティを提示するための手段としてではなく、政府への批判を逸らし、非難をかわすための方法として活用される」（Hegarty 2002：1149）側面がある。

公的調査は、公的なアカウンタビリティの重要な手段であると同時に、問題を脱政治化し、政治的アリーナから取り除くことができ、大臣たちが世論の関心を共有しているという外観を作り出すことができる。さらに、公的調査は政府からは独立しているとしながらも、構成員、委託、報告書の出版の点で、大きなコントロール下に置かれている。独立しているという外観にもかかわらず、調査は、意図、言語、委託範囲によって影響を受けることで、政治的環境の内部にあるのである。(Peplow 2019：9)

　したがって、公的調査には理論上、四つの立場が存在するといえる。①公的調査を求める住民、②公的調査を拒絶する政府、③公的調査を許容する政府、④公的調査を拒絶する住民である。このうち①と②は非登録の状態をめぐる対立としてまとめて扱うことができる。③は登録によって政府が社会問題を体制内化する戦略である。④は登録しようとする政府の試みを拒絶する脱登録の動きを意味している。

　政府は公的調査のなかに何を登録し、何を登録しないのか。また公的調査を支持する住民は何が登録されることに満足し、公的調査を拒絶する住民はなぜ脱登録の立場を取るのか。以下の本章では、1981年のブリクストン暴動とそれに対する公的調査の内容、そして公的調査をボイコットする住民の主張、それぞれの論理を見ていくことでこれらの問いについて論じていく。

　本章が1980年代の、すでにある程度古くなってしまった事例を取り上げる理由は、非登録・登録・脱登録の三重性にある。いまだ十分に言語化されざる未知のインフォーマル性を取り上げたいのであれば、最近のテロや暴動における「絶望」(Berardi 2015：134＝2017：152) や「戦慄」(アサド2008：102)、「何も要求しない暴動」(Žižek 2011)、「不適格な消費者による暴動」(Bauman 2012：11) を取り上げるべきだろう。だが、そうした最新の事例では、登録されないことへの不満は論じられても、登録されてしまうことに対する抵抗は論じにくい。かつては1980年代イングランドの諸暴動につい

ても政治・社会的位置付けが定まっていない現象として、新しい文化・政治運動に位置付けようとする研究があった（Gilroy 1992＝2017；毛利 2003：49-53）。しかし本章で問いたいのは、すでにある面では政府による登録がなされ、フォーマル化されながら、別の面では登録を拒み、インフォーマルに留まろうとする両方向的な動きである。

1 暴動の政治学——因果説明を装った規範論争

（1） 観察者による合理化

「暴動（riot）」とは、多数の人間が集合的に、公的・私的な財物や他者に対して、略奪（looting）と破壊（vandalism）といった暴力を行い、警察や治安部隊と衝突する出来事である（Joyce and Wain 2014：287-290）。暴動は社会運動論や「闘いの政治学」においてさまざまな直接抗議行動レパートリーのひとつとして研究されてきたが、そもそも「暴動」という語を用いること自体が、出来事を脱正当（統）化させることに注意しなければならない（della Porta and Gbikpi 2016；Tilly 1978；2003）[5]。

> わたしは広く使われている「暴動（riot）」という用語を〔集合的暴力の：引用者〕分類学から除外してきた〔中略〕なぜなら暴動という用語は分析上の区分というよりもむしろ政治的裁定を体現しているからである。当局（authorities）や観察者（observers）は、彼らが支持しない破壊的な集まりに対して暴動というラベルを貼るが、彼らが支持する本

5） また暴動を行う者たちを指して使われる「大衆（mass）」、「群集（crowd）」、「暴徒（rioter）」といった表現は、統治側が既存秩序を脅かす存在に対して用いるパフォーマティブな効果を有する語りである（Schnapp and Tiews 2006：xi）。群集は愚かで暴走しやすく扇動された存在だという先入観は、群集をめぐって常に「定義をめぐる政治（politics of definition）」（Borch 2012：13）が展開されていることを示している。「サッカーの試合を観戦している人々は群集と呼ばれる。だがアルバート・ホールに集まる人々は観客（audience）と呼ばれる。〔中略〕恐怖を与えるように行動しているピケッティングの集まりはモブと呼ばれるが、警棒で武装した警官の集まりはそのように記述されることはないだろう」（Harrison 1988：5）。

質的には違いのない出来事に対してはデモ（demonstration）や抗議
（protest）、抵抗（resistance）、報復（retaliation）といった用語を使う。
（Tilly 2003：18）

とはいえ暴動と呼ぶべきかどうかはあくまで呼称の問題であり、暴動とい
う言葉を使いながら当該出来事の抗議性や政治的意義を論じる研究も多く存
在する（Bloom 2012；Clover 2016；Gilroy 1992＝2017；Wark 2011）。また
日本語の「暴動」が含む道義的非難のニュアンスが英語の riot にそのまま
当てはまるわけではない[6]。したがって、本章は「暴動」という呼称が自動
的に規範的評価を導くものではないという前提で、暴動という語を用いる。

　そのうえで、暴動の研究には社会運動論や革命論とは異なる独特の困難が
存在する。暴動の特徴は、観察者側から想定される出来事の原因と当事者の行
動様式の間に説明困難なずれが生じる点にある。例えば、民主化を求めて議
会前広場でデモや座り込みをしたり、資本家による搾取に抗議してストライキ
や工場占拠をしたりする場合には、当事者たちの行動と観察者が想定する目
的との間に合理的連関が容易に見出せる。ところが暴動と呼ばれる集合的暴
力の場合には、そうした当事者の行動と観察者が見出す目的との連結が有効
に機能しない。例えば、警察の不当な取締りに対する抗議として始まった出来
事が、警察署前でのデモに終わらず、途中から商店や一般家屋に対する略奪
や放火を始めたとき、観察者による出来事の意義づけは困難に直面する。想
定される暴動の原因と暴徒たちの行動様式の間に不整合が生じるからである。

　先行研究はこうした不整合を説明可能なものとして合理化するように努め
てきた。*Past & Present* 誌を中心に、エドワード・P・トムスンやジョー
ジ・リュデら「下からの歴史」を主張する社会史研究者たちは、暴動に独自
の規範を見出そうとした（Thompson 1971；Rudé 1981）。トムスンによれ

6）riot, public（civil）disorder, disturbance, insurrection, rebel, rebellion, revolt,
uprising, turmoil, mutiny, social unrest 等、これらの言葉は法律用語としてはともかく、
学術的に研究される場合では論者ごとに用法が異なるだけでなく、これらの一部ないし全部の
用語が互換的に用いられることが多い（Waddington 2022；Kettle and Hodges 1982）。

ば、「18 世紀イングランドの食糧暴動（food riot）は規律され、明確な標的をもつ直接民衆行動」（Thompson 1971：78）だった。暴動は伝統的な地域経済の論理（モラル・エコノミー）がグローバルな貿易関係と国民経済の論理（ポリティカル・エコノミー）により侵食されたことへの反発として解釈される。またエリック・ホブズボームは 18 世紀の機械打ちこわし運動を「暴動による集団交渉（collective bargaining by riot）」（Hobsbawm 1952：59）と呼び、選挙権をもたず制度的政治参加の手段から排除されていた労働者階級や農民による実力行使として解釈した。

　こうした解釈は近世史研究に限定されるものではなく、現代の「IMF 暴動」と呼ばれる分析にも引き継がれている。IMF 暴動とは、1970 ～ 90 年代にかけて中南米やアフリカの債務国で続発した食糧暴動、商店襲撃、金融機関や交通機関の破壊、ストライキのことで、途上国の貧困層や労働者、学生による間接的な形での IMF や米国財務省、世銀、多国籍金融機関が課す構造調整圧力（によるインフレや賃金抑制、失業、社会福祉削減）への抗議として解釈された（Walton 1997）。またジョシュア・クローバーの著書『暴動・ストライキ・暴動』は、1970 年代以降のブレトンウッズ体制崩壊後の金融化とポスト・フォーディズムがもたらした価値創出局面の変遷（生産から流通へ）が、生産局面において賃金闘争を行うストライキではなく、流通や消費の局面に直接働きかけて価格闘争を仕掛ける暴動の台頭をもたらしたと論じている（Clover 2016）。

　公式の政治過程において不満を政治化させ要求を通すことから構造的に排除されている場合に、暴動という手段が選択肢の一つになりうるという議論は、キング牧師の「暴動は声を聞いてもらえない者たちの言葉だ」（King 1968）という発言や、マルコム X の演説「投票か弾丸か」（Malcolm X 1964）以来、指摘されてきた。政治学者のバクラックとバラッツは「権力の二側面」で特定の要求を政治争点から排除する非決定の権力を論じた際に、暴動は貧者にとっての投票箱だと論じた（Bachrach and Baratz 1970）。この他、政治学では新しい社会経済的要求に対して政治体制が代表や調整回路を十分に提供できないことから暴力的集合行為が生じるという議論（Huntington 1968＝1972）や、中途半端な政治的抑圧がかえって暴動を生じさせやすくするという議論（Gurr 1968）もある。

（2）　因果説明を装った規範論争

　以上のような暴動の合理化は成功しているだろうか。再び暴動と社会運動の違いに戻れば、暴動は暴力を含み、それは警察に向けられるだけではなく、時に一般市民や商店、家屋にも向けられる。しかも略奪や破壊行為はある種の高揚感やお祭り騒ぎの様相を伴って行われる（Gilroy 1992＝2017）[7]。したがって暴動においては観察者（研究者）による合理化が出来事そのものとどのように接着されているかが最大の問題となる。

> 　暴動は社会運動とは次の点で根本的に異なっている。社会運動は明示的に表明された目的・対象と相対的に安定した抗議レパートリーを特徴とするのに対して、暴動はより曖昧な（しばしば混乱させられる）政治的アジェンダによって規定されている。［中略］それゆえ研究者たちを怯ませる課題とは、自然発生性と感情性、破壊性を無視することなく、暴動の隠れた政治的動機と合理性（underlying political motives and rationality）に取り組み、突き止めることにある。（Waddington 2016：423）

　暴動と解釈との解き難い関連性は、暴動に関する法律上の要件においても確認できる。イングランドの場合、「1986 年公共秩序法（Public Order Act 1986）」で、暴動の要件が定められている。同法第 1 条では、

　7）「ブリクストンでは、コールドハーバー・レーン近くの不法占拠の建物に住む若い白人の看護師が、1985 年の暴動を「家族での夜のお出かけとたいして変わらないもの」と言い表わした。［中略］ブリストルにおけるライヒャーのインタビューもまた、参加者たちが楽しさ、自由、快楽という観点から暴動を言い表わしていると指摘した――「すばらしかった、自由を感じた」、「みんなとても優しくて、『兄弟、来てくれてうれしいよ』と言って、肩に手を回してきた」、「本当に楽しかった。かれら［メディア］が無視しているのは、この『楽しさ』だ」。［中略］楽しさという自然発生的感情によって生じたカーニヴァルの雰囲気は、さまざまな暴動において、多くの観察者によって記録されてきた」（Gilroy 1992：326-327＝2017：512-513、訳文は一部変更した）。

(1)12 人以上の者が集まり、共通の目的のために不法な暴力を行使し、または威嚇を行い、その場に居合わせた理性的で冷静な他者に身の危険を覚えさせる場合、そのような共通の目的のために不法な暴力を行使した者たちは、暴動罪となる。(2)12 人以上による非合法な暴力行使や威嚇が、同時に行われるかどうかは問わない。(3)行動から推察される共通の目的が存在すること。(4)合理的で冷静な個人が居合わせていないか、ほとんどいない状況であってもよい。(5)公的空間だけではなく私的空間でも行われうる[8]。

と規定されている。この要件(3)にみられるように、暴動には「行動（conduct）から推察（inferred）される共通の目的」が必要である。単に強盗や器物破壊が同時多発しただけでは暴動ではなく、そこに何らかの協働性が見出される必要がある。しかし、その目的の共有や組織性は、本人たちの明示的な意思表示というよりは、観察者側からの判断に拠っている。言い換えれば、共通の目的の潜在的可能性こそが、暴動研究を他の社会運動論や抗議運動の研究から区別している最大の違いである。暴動は自ら語らないし、時には自ら単なる物欲や破壊欲に基づく行動であると公言することさえある。だからこそ、暴動研究においては、暴動が社会経済的不満の表出としての政治的抗議であると見做すのか、それとも解釈を受ける資格のない犯罪行為だと見做すのかが常に論争となる。

　暴動には共通の目的が潜在的に存在しているからこそ、たとえ暴徒たち本人がプラカードを掲げたり抗議声明を出したりしていなくても、暗に示され

8）同法第 1 条第 6 項は量刑の規定のため割愛する。Public Order Act 1986, (Retrieved 1 September 2024, from legislation.gov.uk, https://www.legislation.gov.uk/ukpga/1986/64#:~:text=(1)A%20person%20is%20guilty%20of%20riot%20only%20if%20he,be%20violent%20or%20threaten%20violence.) 暴動の法的規定は、古くは 1714 年暴動法（Riot Act）に遡るが、長らく実際には運用されておらず、20 世紀に入ってからは 1919 年の警察ストライキ中に起きた暴動に軍が対処する際に読み上げが試みられたものの、ほとんど用いられてはいなかった。1714 年法は 1973 年制定法失効法（Statute Law (Repeals) Act 1973）で正式に廃止された。

た意義を解釈し、代弁する必要がある。つまり暴動とは、観察者側からの合理性の再構築を経ることで政治的な行動となる出来事である。しかし、暴動には共通の目的が潜在的に・し・か・存在していないからこそ、それは単なる犯罪であると言われる余地が常にともなう。

　それゆえゲイリー・マルクスが類型化したように、「抗議的特性の暴動（riots of protest nature）」と「理由のない暴動（issueless riots）」が区別可能であり、暴動のなかの一定数は「理由のない暴動」とされることが避けられない。マルクスは、集合的に共有された規範や理念や社会的要求がどの程度あるかという基準と、集合的目的を実現するために暴動という行為がどの程度の手段性をもつかという基準の二つを軸として暴動を類型化しており、集合的な理念もなく手段性もない「理由のない暴動」が存在すると論じている（Marx 1972：52）[9]。「理由のない暴動」の特徴は、攻撃対象が曖昧かつ拡散しがちで、無秩序自体を楽しむいたずら（playful）性があり、表現的な（expressive）行動が中心であることだとされる。

　通常、物事がなぜ起きたかをめぐる因果関係を明らかにする研究作業と、どのような物事の状態に正当性があるかをめぐる規範理論の構築を目指す研究作業は区別可能なものとされる。民主化した国と民主化しなかった国を比較して民主化という結果をもたらす独立変数を特定する研究作業は、とりあえずは民主主義が好ましいものかどうかという規範的問いとは区別できる。

　しかし暴動の場合はそうではない。一見すれば、暴動の発生原因は規範的価値判断とは切り離して推論可能なようにみえる。だが実際に暴動研究で行われていることは、原因の説明を装った規範的論争である。すなわち、原因として挙げられる変数Xは、純粋に原因を記述しているのではなく、「この

9）「理由のない暴動」として挙げられるのは主に二つのケースである。第一に、警察のストライキなどによって社会統制が一時的に弛緩した際に、治安を維持する外的強制力が不在になることで、機会に乗じて行われる暴動（1911年リヴァプール、1969年モントリオール、1970年ストックホルムなど）。第二に、戦勝記念パレードなど、儀礼的、祝祭的状況における興奮に乗じて起きるカーニヴァル的な暴動（1768年イングランドでジョン・ウィルクスの選挙勝利を祝って生じた暴動や1945年サンフランシスコで対日戦勝の高揚感から生じた略奪や破壊行為）である（Marx 1972：56-58）。

原因であれば、略奪や放火、破壊活動をしても仕方がない」という、暴力の使用の許容範囲を同時に設定しているのである。逆に、暴動の原因 X を否定する論者は、X が独立変数として不適切だと述べているのではなく、たとえ X があったとしてもそれでは略奪や放火、破壊活動が行われる言い訳にはならないという規範的主張をしている。暴動研究が因果推論を装った規範的論争を必要とするのは、暴動が暴力をともなう直接行動だという点に関わっている。研究対象に物理的暴力がともなう場合、「どこから暴力を許容できる（できない）か」が深刻な問題となる。

　このように暴動研究を暴動の許容範囲をめぐる態度の差異として理解するとき、三つの解釈的立場が整理できる（Benyon 1984：20-34；Benyon and Solomos 1987：26-27；畠山 1994：140-142）。ここではジョン・ベンヨンらによる説明を引用しておく。

　　・保守主義的（*conservative*）視点は、集合的暴力を「奇異なもの、不必要なもの、目的がなく、非合理なもの」とみなす。この視点は既存の体制が十分適切なものであると前提にするので、暴力的動乱を必要としたり正当化したりする余地はない。秩序破壊は無責任な犯罪分子が犯す逸脱であるとみなされる。そうした犯罪分子は強欲や興奮によって動機づけられていたり、政治的極端主義によってそそのかさせていたり、単に他の者たちを真似して破壊活動を行ったりする人々である。（Benyon and Solomos 1987：26-27）

　　・自由主義的（*liberal*）視点は、暴力的爆発を特定の状況下では不可避のものだと考える。特定の状況とは、高い失業率、広範に見られる社会的不利益といったものである。この見方は、人種差別、警察権限濫用、政治的代表の欠如といった多くの不満の源泉を同定する。ただし、自由主義的視点は、状況改善にとって暴動がせいぜい控えめな効果しかもたらさないとみなす。（Benyon and Solomos 1987：27）

第Ⅱ部　フォーマル／インフォーマルな政治の交差をどのように語りうるか

・急進主義的（*radical*）視点は、集合的暴力を明確な目的があり、構造化された、政治的に有意味なものとして解釈する。集合的暴力は、他の機会が奪われていたり、深刻な剥奪や不正義を被っている集団にとって、標準的で、正統性があり、効果的な抗議手段のひとつであるとみなされる。この見方によれば、暴動は劇的な警告の印であり、権力や資源の再分配に対する大胆な要求であり、革命の最初の兆しですらある。（Benyon and Solomos 1987：27）

2　公的調査による暴動の登録
── 1981 年ブリクストン暴動と『スカーマン報告』

（1）　ブリクストン暴動

　1980 年代のイングランドでは、都市暴動、サッカー試合会場のフーリガン、ストリートギャングの増加、炭鉱ピケと警察の衝突など、街頭の群集騒乱が大きな社会問題となっていた（Gaskell and Benewick 1987：1）。1981年や 85 年のロンドンやバーミンガム、リヴァプール、マンチェスター等の諸都市では、「インナーシティ」と呼ばれる、失業や住宅不足が深刻化する移民系住民の集住地区で起こる暴動が発生した。これらの暴動は経済社会的剥奪状態に加えて、警察によるマイノリティ人種（特にカリブ海系の黒人移民）への過剰な取締りや殺害を契機として発生した「人種・警察暴動」と呼ばれる（Newburn 2015；Waddington 2022）[10]。「人種・警察暴動」とは、

10）　当時の黒人やアジア系の市民は、警察の人種差別的取締りの標的になっていると同時に、社会の人種差別的犯罪に対して警察が十分に自分達を保護してくれていないという疑念を抱えていた。1997 年に黒人音楽家のマイケル・メンソン（Michael Menson）が火をつけられて焼死した事件や、1993 年に黒人青年スティーヴン・ローレンス（Stephen Lawrence）が白人の集団にリンチされて殺害された事件に対する捜査怠慢から、黒人たちは自分たちが殺された時には英国の警察は白人が殺された時ほど熱心に市民を守ろうとしないと感じるようになっていた。こうしたなかでスティーヴン・ローレンス殺害事件に関して提出された『マクファーソン報告（Macpherson Inquiry）』では、警察機構をはじめとする英国社会の公的・私的な組織にみられる「制度・組織的レイシズム（institutional racism）」の問題が指摘されるに至った（Hall 1999）。

「人種暴動」と区別して用いられるものだ。「人種暴動」は 1958 年にノッティングヒルとノッティンガムの暴動に典型的に見られた（Pilkington 1988）。戦後の旧コモンウェルス移民の急増による労働市場における競合や、生活習慣をめぐる衝突（騒音、薬物、住宅問題）からテディ・ボーイと呼ばれる白人若者たちのサブカルチャーやオズワルド・モズレー（Oswald Mosley）率いるファシスト・ユニオン運動が、黒人移民に対してリンチや嫌がらせなどを行い、白人とカリブ海系移民が相互に攻撃し合う人種対人種の衝突となったのが「人種暴動」であった。対して「人種・警察暴動」は、主としてカリブ海系移民の黒人若者と警察との対決である。当時の黒人青年たちは警察による「停止捜査（stop and search）」や「Sus 法」と呼ばれる恣意的な路上職務質問が、自分たちに対して差別的に集中して行われていることに屈辱を感じていた。

　1981 年 4 月 10 日から 12 日にかけて、ロンドンのランベス区ブリクストンで起きた暴動（以下、ブリクストン暴動）は、「人種・警察暴動」の典型であり、黒人住民と警察が対立し、民間人 45 名と警官 279 名が負傷、28 軒の建物が破壊または放火され、285 名が逮捕される大規模なものであった。それに続いて 81 年 7 月にはリヴァプールやマンチェスターなどイングランド北部の諸都市で類似の暴動が起き、さらに 85 年にはバーミンガムやロンドンのトッテナムで暴動となった（ただし、反警察の抗議をしていた者たちと、略奪や放火に関わった者たちは別集団で、後者は秩序崩壊の噂を聞きつけて後からやってきた地域外の無法者たちだったとも指摘されている（Keith 1993：101-104））。

（2）『スカーマン報告』

　1981 年ブリスクトン暴動直後の 4 月 14 日、「1964 年警察法（Police Act 1964）」第 32 条に基づき、ウィリアム・ホワイトロー（William Whitelaw）内相が貴族院議員で法律家のレスリー・スカーマン（Leslie Scarman）[11] に、

　11）レスリー・スカーマン（1911-2004）。イギリスの法廷弁護士、裁判官。第二次世界大戦で空軍勤務の後、戦後は商業訴訟関連の法廷弁護人となる。1957 年に勅選弁護士、1961 年に高等法院裁判官、1973 年に控訴院裁判官に就任。この間、イングランド・ウェールズの法律に

第Ⅱ部　フォーマル／インフォーマルな政治の交差をどのように語りうるか

警察の対応や地域の社会的背景を調査し、暴動に関する政府への提言を作成するよう依頼する。同調査（以下、スカーマン調査）は、ブリクストンの住民に対する聞き取り調査と警察側の関連資料を用いて実施された。

スカーマン調査の設置は暴動の翌々日には決定されており、暴動に対する「登録」はすんなりと行われたかのように見える。しかしそうではない。内相ホワイトローは前年に起きたブリストルでの暴動について、公的調査の実施を拒否していた。ブリストルはイングランド西部の移民系住民が多く暮す工業・港湾都市で、ここでも暴動の背景にはマイノリティ人種と警察の対立があった。暴動は地元のカリブ海系住民が集まる飲食店に警察が薬物とアルコール無許可販売の嫌疑で立ち入り捜査を行った際の些細な揉め事（店内にいた客の一人が警察にズボンを引き裂かれたと抗議した）から生じた。警察の不当な暴力だと怒る群集が警官と衝突し、警察側が被害拡大を考慮して一時撤退を決定すると、街頭の無法状態は放置され、略奪や放火が拡大した（Kettle and Hodges 1982：26-29；畠山 1993：87-89）。

ブリクストン暴動は前年のブリストル暴動の再発であった。ブリクストン暴動に対して公的調査実施が迅速に決定されたのは、暴動の規模が大きかったことや首都ロンドン内で起きたことに加えて、ブリストルに続いてブリクストンでも暴動となったことで、人種・警察暴動が一過性のものではなく、英国社会が抱える深刻な社会問題として認識されたためであった（Peplow 2019：127-128）。ブリストル暴動の段階で公的調査を要求していた労働党議員アーサー・パルマー（Arthur Palmer）は、ブリクストンでの暴動の再発は内相が調査要求を無視した結果だと非難した（Hansard 1981）。また政府の公的調査が期待できないなかで、ブリストル労働組合会議（Bristol

---

関する見直しを担う法律委員会（Law Commission）の委員長も務める。1977 年、法曹貴族として貴族院入り。ブリクストン暴動の調査には、1969 年北アイルランド暴動の調査報告、1975 年のレッドライオン広場暴動の調査報告、1977 年のグリュンウィック労働争議の調査報告でそれぞれ座長を務めた経験を買われて任命された。これらの公的調査ではリベラルな立場を示したと評価されることが多いが、1979 年の Gay News 誌をめぐる判決では不敬罪を支持し、1981 年の労働党主導の大ロンドン市議会による公共交通料金値下げに対しては差し止めを行っている。またイギリス法体系の EU（EC）法への統合に熱心に取り組み、2000 年の人権法（Human Rights Act）実現に尽力した（Dyer 2004）。

218

TUC）は独自の調査報告を作成していた（Bristol TUC 1981）。ブリストル暴動の時点では、公的調査実施の要求があったにもかかわらず、政府は「非登録」の対応をとったのである。

　またスカーマン調査は当時の包括的な公的調査を定めた「1921 年法廷委員会および調査法」ではなく、「1964 年警察法」の第 32 条を根拠とする「地域調査（local inquiry）」に位置付けられ、規定上はブリクストン地区における警察活動のみを対象とするものだったため、広く社会経済的な文脈を対象とする調査ではなかった（ただし実際の運用においてスカーマンは都市インナーシティの置かれた社会経済的状況を考慮に入れている）（Peplow 2019：128）。

　スカーマン調査については、社会科学の専門家がほとんど参加しておらず、インタビュー調査の手法や規模も不十分であること（Rex 1984：191）や、暴動の具体的経過の記述において暴動参加者側の情報にはほとんど依拠せず、もっぱら警察側の資料に依拠している点が批判されている（Peplow 2019：132-133）。それでもスカーマン調査については、前述の「自由主義的視点」に属すると位置付けられ、ブリクストン暴動をバランスよく説明したものとして評価が高い（Benyon 1984；Benyon and Solomos 1987；畠山 1994）。

　では調査成果として出版された『スカーマン報告』（Scarman 1986）の内容はどのようなものだったのか。

　『スカーマン報告』は、暴動の発生原因についての対立する二つの見解の綜合を試みている。第一のものは、抑圧的警察活動の長年にわたる蓄積と黒人青年に対する警察ハラスメントが原因であるとする反警察の言説である。第二のものは、社会経済的フラストレーションと剥奪にさらされている人びとが、公共の関心をひきつけるための抗議として、暴力的反抗を行ったとする言説である（Scarman 1986：14）。両者はともに問題を単純化しており、単体では正しい説明にならない。前者はいわば暴動の直接的要因（警察による住民の殺害や不当な捜査）を論じるものであるのに対して、後者は暴動の構造的条件（失業、教育からのドロップアウト、貧困、住宅不足、人種差別）を重視する。スカーマンによれば、直接的要因も構造的条件もどちらか片方だけ

第Ⅱ部　フォーマル／インフォーマルな政治の交差をどのように語りうるか

では暴動にはならず、「構造的条件＋直接的要因」の連結[12]によってこそ、暴動は適切に説明される[13]。

『スカーマン報告』は暴動が生じる構造的条件として、ブリクストン地区の住宅不足と劣悪な住宅環境、高い失業率、教育・雇用機会や若者向けレジャー施設の不足を挙げる。ランベス区の調査では1978年時点で住民の25％が非白人であり、その内最大の集団が西インド諸島出身者で、住民全体の12.5％、またアフリカ出身の黒人が3.4％、南アジア系が2.4％であった。特にブリクストン付近では、非白人人口は36％に達し、さらに細かく地域別に見ると、住民の半数近くが非白人で、21歳以下の若年層人口が50％を超える地区もあった（Scarman 1986：23-24）。彼らの多くが経済社会的剥奪状態ゆえに路上での非合法な諸活動（ドラッグ、窃盗、喧嘩）に関わりやすくなり、そこで警察と接触する。彼らにとって警察は、「自分たちに利益と公正さを与えてくれない社会的権威の可視的な象徴」として現れる（Scarman 1986：29）。

こうした構造的条件に十分条件のように付加されるのが、直接的要因である。『スカーマン報告』は当時ランベス区で警察が行っていた街頭犯罪一斉取締り作戦（Operation 'Swamp' 81'）を挙げる。この一斉取締り活動は地域住民の理解が十分えられないまま大規模に実行され、暴動直前の5日間だ

---

12) スカーマン自身は「構造的条件」「直接的要因」という用語は使用していない。この分類は畠山（1993）やTaylor（1984）による『スカーマン報告』の読解を参考にしている。

13) これは構造的条件があるだけでは、すべての地域で暴動になるわけではないことに対する一定の回答になっている。ケトルとホッジスは暴動を擁護する立場でありながら、単独要因による説明の限界を指摘している。

「失業と同様に、インナーシティの剥奪と暴動を直接結びつけることは、疑う余地のないことではない。単純に言えば、インナーシティ問題は暴動の必要条件ではあっても、十分条件ではない。［中略］都市部の剥奪指標のどれをとってもグラスゴーはヨーロッパで最も荒廃した都市の一つである。1981年の夏にグラスゴー市民の6人に1人（若者では3人に1人）が失業しており、人口の40％が不十分な住環境に置かれていた［中略］グラスゴーには戦闘的左翼の歴史と文化、警察とコミュニティの対立の伝統があり、主にパキスタン人からなる2万人の有色系住民がいた。だが、グラスゴーで暴動は起きなかった。『オブザーバー』誌の9月の記事は、西インド系住民がいないことが理由だとする説明を載せた。真偽はともかく、少なくともグラスゴーは社会経済的条件と暴動勃発の関係という単純な原因結果の理論が誤りであることを示している」（Kettle and Hodges 1982：134-135）。

けで警官112名を動員して、合計943件の停止捜査と118名の逮捕者を出していた。そのうち半数以上は黒人であり、人種的偏りは明らかであった（Scarman 1986：94-96）。暴動は、この取締り活動の最中に黒人住民と警察が揉めたことから始まっている。騒動は二度起きた。一度目は4月10日（暴動1日目）、負傷した黒人青年を介抱しようとしていた警官を見た黒人住民たちが、警官が青年を負傷させたと誤解したことから、警察に対する投石が始まり暴動となった。二度目はこうした衝突がありながら11日も再び一斉取締り作戦が継続されるなかで、停止捜査中の警官の付近に黒人の若者30人ほどが集まって職権乱用だと騒ぎ始め、騒動のなかで誰かが警察によって刺されたという噂（不正確なものだったが）が広まり、警官への投石、警察車両への放火、略奪、破壊が起きた。

　こうした「構造的条件＋直接的要因」の図式は『スカーマン報告』独自のものではなく、公共秩序崩壊に関する研究において「点火理論（flash point theory)」と呼ばれるものにも見られる（Waddington 2022；2008；Waddington and King 2005；Waddington, Jones and Critcher 1989）。点火理論は、暴動・騒擾発生の条件を形成する六つの段階の構造要因（構造→政治・イデオロギー→文化→コンテクスト→状況→相互作用）を整理し、それらの諸段階が蓄積したうえで、きっかけとなる事件＝点火（例えば警察による不当な逮捕）が起こることで、大規模な秩序崩壊が発生すると論じる。

　「構造的条件＋直接的要因」という論理をとる以上、構造的条件（貧困や社会的剥奪）があるだけでは暴動は起きないことになる。「構造的条件＋直接的要因」という説明装置は、暴動の原因を網羅的に説明しようとする反面、構造的条件も直接的要因も単独では暴動の発生を許さないと確認することで、じつはどちらも片方だけでは決定的ではないことになり、結局どちらも暴動を許容するに足る理由とはならない。スカーマンが意図的にこうした論理を構築したのかどうかはわからない。だが少なくとも、「構造的条件＋直接的要因」の図式は暴動を正当化するほどの決定的理由を分散消失させる効果をもっていた。

　こうした二層構造ゆえに、スカーマン調査は二つの真逆な反応を引き起こ

第Ⅱ部　フォーマル／インフォーマルな政治の交差をどのように語りうるか

した。一方で警察幹部からは、スカーマン調査は警察の問題ばかりに集中しすぎだという反発があった。『スカーマン報告』では警察に対する批判がかなり抑制されていたにもかかわらず、当時のロンドン警視総監デヴィッド・マクニー（David McNee）はスカーマン調査について、政府を暴動責任の批判から守るために警察が政治的スケープゴートにされたと反発した（Brain 2010：68）。警察側から見れば、「1921年法廷委員会および調査法」ではなく「1964年警察法」に基づく公的調査でブリクストン暴動を総括することは、暴動を政府全体の問題（例えば当時のサッチャー政権の新自由主義的経済政策や「法と秩序」を重視した権威主義的方向性）ではなく、警察責任の問題にすり替えたものと映ったのである。

　他方で、警察の暴力やハラスメントの問題がスカーマン報告では見落とされているという批判もあった。暴動の構造的要因（失業や貧困）ばかりが強調されれば、警察に対する抗議としての側面が後景に退く。『スカーマン報告』は警察機構全体が組織的に人種差別的であるという見方を否定する（Scarman 1986：105）[14]。また暴動発生後の警察の対処に落ち度はないとして、むしろ当時の警察は人員と装備が不足していたなかで、略奪と破壊に可能な限り適切に対処したと評価する（Scarman 1986：118）。警察による暴力や人種差別的取締りに対する抗議こそが暴動の本質だと考えたい立場からすれば、『スカーマン報告』は警察に甘すぎた。次節でみる「ブリクストン防衛運動」の主張は、『スカーマン報告』の「構造的条件＋直接的要因」の二層構造が警察問題への批判を封じてしまうことに強く反発する。

---

14)　スカーマン調査が行われた1980年代初頭の時点では「制度・組織的レイシズム（institutional racism）」という用語は学術的にも社会的にも未規定で、構造的なものか道具的なものか、意識的なものか無意識的なものまで含むかといった原理的な問題について用語使用上の合意は存在しなかった（Mason 1982）。制度・組織的レイシズムの問題については、黒人青年スティーヴン・ローレンス殺害事件に対して出された『マクファーソン報告（Macpherson inquiry report）』（1999年）で本格的に取り上げられることになる。本章註10も参照。

3 公的調査ボイコットによる暴動の脱登録
——ブリクストン防衛運動

　次に公的調査を拒否する者たち、すなわち登録を拒絶する者たちの論理を見ていく。ポール・ギルロイは『スカーマン報告』について、暴徒たちの行動を広く社会学的構造のなかに位置付けて説明した点で、単に暴動を道徳的に非難する言説よりは妥当であったが、それでも「暴動の説明」と「暴徒たちへの共感」とのあいだには大きな差が残っていたと述べている（Gilroy 2013：555）。『スカーマン報告』は暴動を説明はしたが、共感はしなかった。暴動に対する共感は地元の若者たちの運動の中から生じた。

　ブリクストン暴動後にスカーマン調査を批判し、調査ボイコットを訴えて開始した運動が、地元の若者たちによる「ブリクストン防衛運動（Brixton Defence Campaign）」（以下、BDC）だった。BDCは81年6月7日にコミュニティ集会所で結成され[15]、以後週2回の集会を開きながら、暴動の逮捕者とその家族を支援するボランティアや募金収集、裁判傍聴や裁判所前での抗議、スカーマン調査ボイコットを訴えるビラやポスターの作成を行った。集会には弁護士やコミュニティの代表者も参加し、ブリクストンだけではなく、同様の暴動を経験したブリストルやコヴェントリーからも出席者が来た。BDCは「ブリクストンでの蜂起（uprising）において逮捕された者たちを守り、不当に処罰され続けている者たちを支援する」と宣言し、地元の法律支援団体とも協力しながら、暴動で逮捕された者たちの解放を目指した（Black Cultural Archives n.d. b）。

　BDCの要求は三つあった。第一に逮捕された者たちの法的弁護が十分になされること、第二にスカーマン調査をボイコットすること、第三にコミュ

---

15) BDCはもともと「ブリクストン黒人女性団（Brixton Black Women's Group）」と「黒人たちの国家ハラスメント抗議（Black People Against State Harassment）」という二つの団体の合流によって成立した地元の若者たちの運動だった。BDCメンバーのジャン・マッケンリー（Jan Mckenley）によれば、BDCは結成当初からさまざまな黒人住民運動の参加者たちの集まりであり、運動方針や目的をめぐって内部対立が起こることもあった（Black Cultural Archives n.d. a）。

ニティ全体を警察権限の濫用と国家による抑圧に対峙させる方向へ動員し続けること。そして、これらの要求の背後には、暴動は警察に対する正当な抗議（protest）だったという認識があった（Black Cultural Archives n.d. a）。BDC の結成集会では運動の目的が以下のように述べられている。

> われわれの考えでは、スカーマン調査はボイコットされるべきである。スカーマン調査に証拠を提供することは、〔暴動で逮捕された：引用者〕被告人たちの利益にまったくならないからだ。スカーマンは調査に協力して証拠を提供した者たちを法的に保護すると保証していない。さらに彼がこれまで議長を務めてきた他の調査の結果はどれも有害なものだった。彼がグリュンウィックのストライキに対して述べた提言は、抗議や抵抗を統制するために警察をより組織的で効果的なものにするべきだという教訓だけだった。（Black Cultural Archives n.d. a)[16]

　BDC にとって、スカーマン調査による暴動の総括は政府による事件の漂白でしかなく、ブリクストン暴動という「抗議」「蜂起」は、国家的な調査から「脱登録」されなければならなかった。ただし政府による調査をボイコットすることは、あらゆる調査の可能性を否定することではない。BDC は警察暴力に対する独自調査の組織化を試みてもいた[17]。またブリクストン暴動以前にランベス区議会が 1979 年に実施していた警察・地域関係に関する調査を高く評価し、政府と警察がこれを無視してきたことを批判した。

　BDC が評価するランベス区議会による調査委員会は、同区における警察・住民関係の悪化を受けて、区議 3 名とランベス区地域関係会議議長、

16）グリュンウィックのストライキとは、ロンドンの写真加工工場で南アジア系の女性労働者たちが中心となって 1976-78 年にかけて行った労働争議。スカーマンはこのストライキに関する公的調査の委員長も務めていた。

17）BDC は地元組織、労組、労働党の協力を得ながら「地元住民による調査（local peoples' enquiry)」を実施しようとした。これには約 1700 名の地域住民の協力と、ダーカス・ハウ（Darcus Howe）やポール・ボーテン（Paul Boateng）らの有力な活動家が協力する予定だった。だがこのような BDC 主導の調査は結局実現しなかった（Peplow 2019：132)。

ランベス区主席司祭らを委員として設置された。ブリクストン暴動発生3カ月前の1981年1月に同委員会の最終報告書がランベス区議会に提出された。報告書はランベス区の警察活動に対して極めて批判的な論調で書かれており、警察は労働者階級、黒人、マイノリティ住民を抑圧する敵だという印象を与えるものだった（警察に対して「占領軍」といった語彙も用いられた）。警察側はこの調査委員会に対して証拠提出等の協力を拒否し、さらに調査委員の構成が警察に批判的な立場の人物を過剰に含んでいるとして調査自体の公正性も問題視した（畠山1993：140-141）。『スカーマン報告』も同様に、ランベス区議会の調査報告書の文体や言葉遣い、内容が警察に対して過剰に否定的であるために、かえって警察・地域関係を悪化させてしまったと述べている（Scarman 1986：92）。しかしBDCにとってランベス区議会による調査は、まさに黒人青年たちの警察に対する怒りを正しく表現したものだった（Peplow 2019：132）。

　BDCにとっては、警察暴力を糾弾し、暴動の逮捕者を援護することこそがブリクストン暴動の理由を正しく継承することだった。そのためには暴動の原因を複層化することで警察批判を封じるようなスカーマン調査には協力すべきではなかった。

おわりに——原因をめぐる闘争

　暴動の研究は因果説明を装った規範論争であるとすれば、暴動をめぐって実施される公的調査や報告書作成は、暴動の原因を調査すること自体ではなく、原因調査による規範論争で勝利することを目的としている。

　この論争で暴動の正当（統）性を否定する最強の手段は、そもそも原因の存在自体を否定することである。出来事を政治化させたくない政府はまず暴動を調査しないという「非登録」の態度をとる。これは暴動研究における保守主義的視点と一致する。1980年のブリストル暴動についての公的調査は実施されず、ランベス区議会の警察・住民関係に関する調査報告は政府・警察によって無視された。

第Ⅱ部　フォーマル／インフォーマルな政治の交差をどのように語りうるか

　しかし暴動が続発し、一過性のものではないことがわかると、政府は公的調査によって暴動の生起原因を説明することで、暴動を「登録」しようとする。これは暴動研究における自由主義的視点と一致する。ブリクストン暴動に対するスカーマン調査のおかげで、社会は暴動がなぜ起きたかをよりよく知ることができる。しかし、暴動の原因の登録は、政府・警察・法と秩序が許容可能な範囲で選択的に行われる。『スカーマン報告』は「構造的条件＋直接的要因」という二層構造の説明を用いることで、実のところ経済社会的剥奪状態も警察の差別的取締りもどちらも、暴動を起こすに足る十分な理由にならないというメッセージを発していた。スカーマンはいう。「警察への攻撃や放火、暴動は正当化できない」、「これらの要因は秩序崩壊の動因（cause）ではなく、社会的条件（social condition）である」、「ブリクストンにおける社会的条件は、秩序破壊に対して言い訳を提供するものではない」（Scarman 1986：34、36、194-5）。

　ブリクストン防衛運動（BDC）によるスカーマン調査のボイコットは、こうした公的調査の詐術的側面を本能的に捉えた動きだったといえよう。BDCの活動家たち自身がどれほど自覚的だったかはともかく、政府の公的調査では何かひとつの決定的理由を暴動に帰属させる言説は採用されない。BDCによる「脱登録」は、暴動が政府によってフォーマルな形で登録されることを積極的に拒みつつ、暴動を起こした決定的理由を死守しようとする。これは暴動研究における急進主義的視点と親和的である。暴動には警察暴力に抗議するという明確な目的、つまり決定的理由がある。BDCにとってそれは警察による人種差別的取締りと住民への暴力だった。

　暴動に対する非登録・登録・脱登録の態度は、それぞれ暴動研究における保守主義的視点、自由主義的視点、急進主義的視点に対応する。非登録（保守主義的視点）、登録（自由主義的視点）、脱登録（急進主義的視点）の対立は、暴動の原因を研究することにではなく、暴動に対する事後的な意義づけをめぐる言説闘争にかかっている。暴動の政治学の役割は、暴動の原因（社会経済的であれ、警察問題であれ、具体的状況の記述であれ）を論じることそれ自体ではなく、暴動の原因をめぐってなされる言説闘争において、いかなる理由

づけが、いかなる決定と結びついているかを明らかにすることにある。政府が、公的調査が、第三者委員会が、研究者が、シンクタンクが、ある暴力的な出来事の原因を説明しているとき、それらの主体は原因を説明することで、一体何をしようとしているのか、と問う用心深さが必要である。

参考文献

アサド、タラル（2008）『自爆テロ』苅田真司訳、青土社。

苅部直（2011）「政治と非政治」苅部直／宇野重規／中本義彦編『政治学をつかむ』有斐閣、31-39。

苅部直（2012）『ヒューマニティーズ 政治学』岩波書店。

川崎修（2012）「政治──権力と公共性」川崎修／杉田敦編『現代政治理論 新版』有斐閣、2-19。

田村哲樹／松元雅和／乙部延剛／山崎望（2017）『ここから始める政治理論』有斐閣。

田村哲樹／近藤康史／堀江孝司（2020）『政治学』勁草書房。

中村研一（2017）『ことばと暴力──政治的なものとは何か』北海道大学出版会。

畠山弘文（1992）「治安問題の社会的解決と政治的再浮上──戦後イギリスにおける警察と治安の展開──治安と統治研究①　1981 年春ロンドン・ブリクストン暴動以前」『法学研究』49：197-306。

畠山弘文（1993）「イギリス的治安問題の形成過程（1）──反射鏡としてのスカーマン報告とその視座──治安と統治研究②　1981 年ブリクストン暴動」『法学研究』50：61-206。

畠山弘文（1994）「イギリス的治安問題の形成過程（2）──スカーマン報告の理論的検討──治安と統治研究③」『法学研究』55：59-166。

ホネット、アクセル（2012）「承認としての再配分──ナンシー・フレイザーに対する反論」フレイザー、ナンシー／ホネット、アクセル『再配分か承認か？──政治・哲学論争』高畑祐人／菊池夏野／舟場保之／中村修一／遠藤寿一／直江清隆訳、加藤泰史監訳、法政大学出版局、117-216。

毛利嘉孝（2003）『文化＝政治』月曜社。

山本圭（2016）『不審者のデモクラシー──ラクラウの政治思想』岩波書店。

Bachrach, Peter and Morton Baratz（1970）*Power and Poverty: Theory and Practice*, Oxford University Press.

Bauman, Zygmunt（2012）"Fuels, Sparks and Fires: On Taking to the Streets," *Thesis Eleven*, 109（1）: 11-16.

Benyon, John ed.（1984）*Scarman and After: Essays Reflecting on Lord Scarman's Report, the Riots and their Aftermath*, Pergamon Press.

Benyon, John and John Solomos eds. (1987) *The Roots of Urban Unrest*, Pergamon Press.

Berardi, Franco (2015) *Heroes: Mass Murder and Suicide*, Verso. [杉村昌昭訳 (2017)『大量殺人の"ダークヒーロー"』作品社]

Black Cultural Archives, n.d. a, 'Brixton Defence Campaign (1981–1985), Initiation, Activity,' (Retrieved from https://www.bcaexhibits.org/brixtondefence/initiation).

Black Cultural Archives, n.d. b, 'Brixton Defence Campaign (1981–1985), Defence, Su-pport,' (Retrieved from https://www.bcaexhibits.org/brixtondefence/defence).

Bloom, Clive (2012) *Riot City: Protest and Rebellion in the Capital,* Palgrave Macmillan.

Borch, Christian (2012) T*he Politics of Crowds: An Alternative History of Sociology*, Cambridge University Press.

Brain, Timothy (2010) *History of Policing in England and Wales from 1974: A Turbulent Journey*, Oxford University Press.

Bristol TUC (1981) *Slumbering Volcano? Report of an Enquiry into the Origins of the Eruption in St. Paul's, Bristol on 2nd April 1980*, TUC.

Clover, Joshua (2016) *Riot. Strike. Riot: The New Era of Uprisings*, Verso.

della Porta, Donatella and Bernard Gbikpi (2016) "The Riots: A Dynamic View," in Seferiades, Seraphim and Hank Johnston eds. *Violent Protest, Contentious Politics, and the Neoliberal State*. Routledge, pp.87–100.

Dyer, Clare (2004) 'Lord Scarman, humane chairman of Brixton riots inq-uiry, dies at 93,' *The Guardian*, 10 December 2004, (Retrieved from https://www.theguardian.com/uk/2004/dec/10/ukcrime.prisonsandprobation2).

Elliott-Cooper, Adam (2021) *Black Resistance to British Policing*, Manchester University Press.

Gaskell, George and Robert Benewick (1987) "The Crowd in Context," in Gaskell and Benewick eds. *The Crowd in Contemporary Britain*. Sage, pp. 1–18.

Gilroy, Paul (1992) *There Ain't No Black in the Union Jack: The Cultural Politics of Race and Nation*, Routledge. [田中東子／山本敦久／井上弘貴訳 (2017)『ユニオンジャックに黒はない──人種と国民をめぐる文化政治』月曜社]

Gilroy, Paul (2013) "1981 and 2011: From Social Democratic to Neoliberal Rioting," *The South Atlantic Quarterly*, 112 (3): 550–558.

Goodin, Robert (1996) "Inclusion and Exclusion," *Archives Européennes de Sociologie*, 37 (2): 343–371.

Gurr, Ted (1968) "A Causal Model of Civil Strife," *The American Political Science Review*, 62 (4): 1104–1124.

Hajer, Maarten (2005) "Setting the State: A Dramaturgy of Policy Deliberation," *Administration & Society*, 36（6）: 624–647.

Hall, Stuart（1999）"From Scarman to Stephen Lawrence," *History Workshop Journal*, 49: 187–197.

Hansard（1981）HC Deb Volume 3 Column29, 13 April 1981.

Harrison, Mark（1988）*Crowd and History: Mass Phenomena in English Towns, 1790-1835*, Cambridge University Press.

Hegarty, Angela（2002）"The Government of Memory: Public Inquiries and the Limits of Justice in Northern Ireland," *Fordham International Law Journal*, 26（4）: 1148–1192.

Hobsbawm, Eric J.（1952）"The Machine Breakers," *Past & Present*, 1: 57–70.

Huntington, Samuel P.（1968）*Political Order in Changing Societies*, Yale University Press.［内山秀夫訳（1972）『変革期社会の政治秩序（上・下）』サイマル出版会］

Joyce, Peter（2016）*The Policing of Protest, Disorder and International Terrorism in the UK since 1945*, Palgrave Macmillan.

Joyce, Peter and Neil Wain（2014）*Palgrave Dictionary of Public Order Policing, Protest and Political Violence*, Palgrave Macmillan.

Keith, Michael（1993）*Race, Riots and Policing: Lore and Disorder in a Multi-racist Society*, UCL Press.

Kettle, Martin and Lucy Hodges（1982）*Uprising!: The Police, the People and the Riots in Britain's Cities*, Pan Books.

King, Martin L（1968）Speech at the Grosse Pointe Historical Society, 14 March 1968,（Retrieved from http://www.gphistorical.org/mlk/mlkspeech/index.htm）.

Malcolm X（1964）'The Ballot or the Bullet,' in Breitman, George ed. 1990. *Malcolm X Speaks: Selected Speeches and Statements*. Grove Press, pp.23–44.

Marx, Gary（1972）（revised 2009）. "Issueless Riots," in Short, James and Marvin Wolfgang eds. *Collective Violence*. Aldine Transaction.

Mason, David（1982）"After Scarman: A Note on the Concept of 'Institutional Racism'," *Journal of Ethnic and Migration Studies*, 10（1）: 38–45.

Moore, Barrington Jr.（1978）*Injustice: The Social Bases of Obedience and Revolt*, Routledge.

Moran, Matthew and David Waddington（2016）*Riots: An International Comparison*, Palgrave Macmillan.

Newburn, Tim（2015）"The 2011 England Riots in Recent Historical Perspective," *British Journal of Criminology*, 55（1）: 39–64.

Peplow, Simon（2019）*Race and Riots in Thatcher's Britain: Racism, Resistance and Social Change*, Manchester University Press.

Peplow, Simon（2024）" 'A deadly weapon aimed at our hearts': The Scope and

Composition of Lord Scarman's 1981 Public Inquiry," *Critical Military Studies*, 10（3）：321–337.

Pilkington, Edward（1988）*Beyond the Mother Country: West Indians and the Notting Hill White Riots*, I.B. Tauris & Co Ltd.

Rancière, Jacques（2004）"Who Is the Subject of the Rights of Man?" *The South Atlantic Quarterly*, 103（2-3）: 297–310.

Rex, John（1984）"Disadvantage and Discrimination in Cities," Benyon, John ed., *Scarman and After: Essays Reflecting on Lord Scarman's Report, the Riots and their Aftermath*. Pergamon Press.

Rudé, George（1981）*The Crowd in History: A Study of Popular Disturbances in France and England, 1730-1848*, Lawrence & Wishart.

Scarman, Leslie（1986）*Scarman Report: The Brixton Disorders, 10-12 April, 1981* [2nd Revised], Penguin Books Ltd.

Schnapp, Jeffrey and Matthew Tiews eds.（2006）*Crowds*, Stanford University Press.

Sedley, Stephen（1989）"Public Inquiries: A Cure or Disease?" *The Modern Law Review*, 52（4）: 469–479.

Spinner, Jeff（1994）*The Boundaries of Citizenship: Race, Ethnicity, and Nationality in the Liberal State*, The Johns Hopkins University Press.

Taylor, Stan（1984）"The Scarman Report and Explanations of Riots," Benyon, John ed. 1984. *Scarman and After: Essays Reflecting on Lord Scarman's Report, the Riots and their Aftermath*. Pergamon Press, pp.20–34.

Thompson, Edward P（1971）"The Moral Economy of the English Crowd in the Eighteenth Century," *Past & Present*, 50: 76–136.

Tilly, Charles（1978）*From Mobilization to Revolution*, Addison-Wesley.

Tilly, Charles（2003）*The Politics of Collective Violence*, Cambridge University Press.

Waddington, David,（2022［1992］）, *Contemporary Issues in Public Disorder: A Comparative and Historical Approach*, Routledge.

Waddington, David（1998）"Waddington versus Waddington: Public Order Theory on Trial," *Theoretical Criminology*, 2（3）: 373–394.

Waddington, David（2016）"Riots," in della Porta, Donatella and Diani, Mario eds., *The Oxford Handbook of Social Movements*, Oxford University Press, pp. 423–438.

Waddington, David, Karen Jones, and Chas Critcher（1989）*Flashpoints: Studies in Public Disorder*, Routledge.

Waddington, David and Mike King（2005）"The Disorderly Crowd: From Classical Psychological Reductionism to Socio-Contextual Theory---- The Impact on Public Order Policing Strategies," *The Howard Journal,* 44（5）: 490–503.

Waddington, Peter A. J. (1991) *The Strong Arm of the Law: Armed and Public Order Policing*, Oxford University Press.

Walton, John (1997) "Urban Protest and the Global Political Economy: the IMF Riots," in Smith, Michael Peter and, Joe R Feagin eds. *The Capitalist City: Global Restructuring and Community Politics*. Basil Blackwell, pp.364–386.

Wark, McKenzie (2011) "The Logic of Riots," *Verso Blog*, 16 August 2011, (Retrieved from https://www.versobooks.com/en-gb/blogs/news/666-mckenzie-wark-the-logic-of-riots).

Žižek, Slavoj (2011) "Shoplifters of the World Unite," *London Review of Books*, 33 (16), (Retrieved from https://www.lrb.co.uk/the-paper/v33/n16/slavoj-zizek/shoplifters-of-the-world-unite).

＊本章で引用したインターネット上の資料・記事等の最終閲覧日は、いずれも 2024 年 9 月 1 日である。

第Ⅲ部

政治を語り直す
──オルタナティブを求めて

第9章

統治性研究・ガバナンス理論と 国家・政治の概念に関する一断章

宮川裕二

はじめに──本章の課題

　20世紀最後の四半世紀より、社会主義国家の体制崩壊と資本主義国家の福祉／開発主義レジームの解体以降の世界的な政治変動を背景として、主権を最終的権威とする国家中心的な国家像を問い直す理論的思潮が台頭している。具体的には政治研究の内部ではガバナンス理論、その外部では統治性研究が、その唯一ではないとしても代表的な例として挙げられよう。両者──その概要は次節で述べる──は主権国家という獣のイメージと対比させながら政治的な秩序と支配を説明しようとする視座、そして公と私のアクターの協働そして国家と公的諸制度の領域を超えるガバナンスと称される実践への関心を共有し、国家や政治に関する主流的な理論に対してそれぞれに代替的な理解を提示してきた研究である（Larsson 2015：26、43）。つまり本書が掲げる「インフォーマルな政治」というテーマにまったく合致する概念であるかどうかはともかくも、その探究に重なる関心がそれぞれのアプローチから抱かれており、研究も蓄積されている。

　それゆえそのテーマを題材とするにあたっては、両者の先行研究それぞれに蓄積されているセオリーに則ることが順当な作法であろうが、政治研究のいわば「内野手」にはあたらない筆者ではそれを論ずる任に不相応とも思われる。そこで喩えるなら「外野手」のようなポジションから、本章では未だ検討が尽くされていないある論争的な研究群を掘り起こすことによって本書

第Ⅲ部　政治を語り直す——オルタナティブを求めて

の企てに関与したい。すなわち、国家中心的な国家像を問い直してきた統治性研究とガバナンス理論という両思潮間で近年展開されている架橋的研究のうち、主に統治性研究からガバナンス理論を洞察した研究群のなかのいくつかの文献を取り上げ、本章の関心に沿って内容を概観しつつ、そこでいかに国家と政治の概念が問い直されているのかを考察することを本章の課題とするものとする。

　この課題は、両者に関する共通点と相違点を含むその研究群の洞察からの示唆が、本書テーマの探究に資するものとなるとの見立てから設定したものであるが、ただしいくつかの制約・留保事項を伴っている。第一は、世紀を跨ぐ時期から進展している統治性研究とガバナンス理論を架橋する研究が、実際には双方向から行われているなかで、ここでその一方に焦点を当てるのは本書のテーマに関わってのことであり、上記研究群の多くが、後述のとおりガバナンス理論を主として批判的観点から洞察したものであるとしても、本章は論争に何らかの結論を得ようと意図するものではないということ。第二は、20 年ほどの間にすでに少なからぬ文献が生み出されているなか、この研究群は筆者にとっても探査途上のものであり、本章で扱えるのはその一部にとどまるうえ、文献の整理を本章の課題に沿った仕方で行っているため、あくまでタイトルのとおり「一断章」であるという点。最後に、同研究群の文献において「ガバナンス・ストローパーソンを生み出すリスクを承知のうえで」（Walters 2004：28）とも留保されているように、ガバナンスは概念自体が論争的で、論じられる文脈も弾力的なものであって、かつそれは統治性にも該当する条件であることである。したがってそのような両者に依る本章は精緻な理論を提示するというより、国家・政治の概念を些かなりとも「広げる」かもしれない観点を加えようとする試みである。

　それでは、まず統治性研究とガバナンス理論と両者における国家・政治の概念について概観することから本章の叙述を始め、続いて本章の主題について、後述のように論者とテーマを大まかに三つに括った項立てに沿って論じる。なお上記の制約から、項立てについても本書で論じるうえでの仮設的なものであること、また内容上の重複や未整理が残されていることを了解いた

だきたい。そして最後にまとめに加え、近年は権威的な国家中心的政治の台頭と受け止められる動向が見られるが、それは本章の課題に関連してどのような事態と捉えうるかについて若干の補足をしたい。

1 統治性研究とガバナンス理論それぞれの概要と
   国家・政治の概念

まず統治性研究であるが、これは1970年代後半を中心とするM・フーコーの研究（cf. フーコー 2007；2008）を嚆矢として、本格的には1990年代から英米圏の社会学や政治学を中心に展開されてきたものである（ex. Burchell et al. 1991）。統治性研究においては、統治（government）という概念は、フーコーの権力概念とほぼ重なる「行為の操導（conduct of conduct）」、すなわち人間の「行為を形成しようとする、多かれ少なかれ計算された合理的な活動」を意味し（Dean 2010：266–67）、狭義には近代欧州に端を発する「一つの枠組のなかで国家の諸々の道具を用いることによって人間の行いを統御する活動」（フーコー 2008：392）を指す。そしてフーコーの造語である統治性（governmentality）は、統治に関わる諸特徴を示す語であるが、特に狭義の意に関わってフーコーの研究では、国家理性、古典的自由主義、新自由主義など、国家の統治の背後にある歴史的に特異な合理性であるところの統治性が同定されている。

このように統治性研究においては通例と異なり、統治という語は国家などの政治的主体あるいは行政機関の活動を第一義的に指すものではないが、それは国家や政治機構が重要ではないと考えるからではない。統治性研究が主張するのは、権力や政治の分析の出発点を、所与としての国家あるいは法・制度や主権にではなく、私たち自身の日常の統治実践に置くべきということである。フーコーは、現在の政治理論が国家の法的正統性や議会政治における意思決定の民主性などを中心とした18世紀までに作られた古典的政治学の認識枠組にとらわれたままであるため、その枠におさまらない政治、日常生活にかかわる政治を論じる有効な視角をもっていないことを批判していた

（重田 1996：199）。つまり統治性研究は既存の政治学に対する批判のこころみと言える（重田 1996：198-99）。そのうえで、政治を「経済の領域や社会の領域と区別された〈政治的なるもの〉を意味するのではなく、経済社会の領域を含めた日常生活全般にかかわり、その意味での社会全体に秩序を与える営み」（重田 1996：201）として、そして国家を統治実践の道具であると同時に、「統治に関する諸戦術」が「国家に属するべきものと属するべきでないもの、公的なものと私的なものを各瞬間に定義する」ことによる現象（フーコー 2007：134）、すなわち「多数多様な統治性の体制によってもたらされる動的効果」（フーコー 2008：94）として捉えるのが統治性研究ということになる。

　英米圏の統治性研究の研究動向としては、最近でもハンドブック（Walters and Tazzioli 2023）が刊行されるなど旺盛と言えるが、「政治学の中心領域では、いくつかの注目すべき例外はあっても、統治性はほとんど取り上げられていない」（ウォルターズ 2016：120）とも指摘されている。また日本の政治研究領域でも、とりわけ重田（米谷）園江の研究（ex. 重田 2018）──フーコーの権力論を含めればそれに先行する杉田敦の研究（cf. 杉田 2015）──が強いインパクトを与えてきたが、同様に中心性を占める位置にはないうえ、英米圏の研究とも異なる展開を見せているため、例えば本章で扱う研究群も、管見の限り日本ではほとんど注目されていない。

　次にガバナンス理論であるが、本章では 1990 年に前後して注目されるようになった、（ニュー・）パブリック・ガバナンスやネットワーク・ガバナンスといったタームにおいて含意されるところの、ガバメント（ここでは一般に、政府とそれによる階統的統治）と対比される統治の様式であるガバナンスに関するものを念頭に置く。ガバナンス理論の研究領域では多様な学説が提示され、その概念やアプローチをめぐって様々な論争が行われており、少なくない類型化の努力も見られるが──このテーマについて近年の和書では堀雅晴（2017）が参考になる──、前述のとおり共通理解は厳密にはほとんど存在しない。とはいえ、本章の（留保事項を含む）課題設定の範囲では、ガバナンス理論におけるガバナンスの概念として、本章で扱う研究群の論者

による下記の整理のように把握しても大きな問題はないだろう。

> ガバナンスは、支配の「制度」から「プロセス」への分析的・理論的焦
> 点移動を伴い、そして国家の主権の失墜または侵蝕を告げるものである。
> それは、様々な官僚機構、組織、アソシエーション間の相互作用から生
> じる政策ネットワークと官民パートナーシップを捉えて、政治当局と社
> 会的・経済的アクターとの相互依存関係の拡大を説明するものである。
> ガバナンスは一方では、かつては国民国家の見地から定義されていた実
> 践を超国家レベル（EUや国連など）へ移行させることを含み、他方では、
> ガバナンスの文献では、国家の他にもコミュニティや組織や市場などに
> 社会的制御の重要なメカニズムがあることが強調されている。（Lemke
> 2007：53、ただし文献割注は割愛した）

　ここでは、「かつて領土や人民に完全な主権を行使する国民国家が政治権
力を独占していた時代があった。それがいつのまにか近年、権力があまり中
央集権的でなく、自己組織ネットワークが増殖し、境界（公／私、国内／国
際）が曖昧になっている状況へと変わってきている」という国家観が示され、
そして国家もそれに対応して政治権力の行使のスタイルを変化させているた
めに、その分析・研究も、国家の機関とその権限のような「制度」より、調
整やネットワーク化の実践のような「プロセス」に焦点を当てるやり方に変
わらなければならないことが主張されている（ウォルターズ 2016：134–35）。
また敷衍すれば、政策ネットワークと官民パートナーシップへの注目のその
先に、しばしば「反 – 政治的な政治」の支持、すなわち「闘争と衝突」とし
ての政治を協同化、ネットワーク化、利害関係者としての取り込みによる
「解決」へ変容させていくことの肯定を見て取ることもできる（ウォルターズ
2016：135–36）。
　このガバナンス理論は下記の説明のような政治研究の動向を経て、1990
年に前後して欧米圏を中心に政治研究の主要な理論潮流の一つとして台頭し、
2010 年代以降も海外の有力な学術出版社でハンドブックの刊行が相次いで

いるように（ex. Bevir 2011a；Levi-Faur 2012；Ansell and Torfing 2022）、主権的支配を前提とする従来の政治理論の限界、さらにガバナンス理論が抱える理論的課題の克服をめざすモデルの探究が進められている。

> 1950 年代から 1960 年代までのアメリカにおける政治理論は、政治権力の見方ではより「多元主義」的だったが、1970 年代から 1980 年代までにアナリストは「国家中心」アプローチの採用を提唱するようになった。近代国家は、中央集権化、コントロール、制御、マネージに向かう避けがたい趨勢という観点から分析された。社会・政治理論家は、〔中略〕近代社会の分析に「国家を取り戻す」ことを望んだのである。しかしながらこの 15 年間、多くの社会学者や政治学者は、正反対の方向へ、同じように活発に議論を展開してきている。〔中略〕この動きのひとつの表れが、社会・政治分析の新たな分野としての「ガバナンス」の出現である。（Rose 1999：15）

その探究の中では、統治性研究とガバナンス理論が「国家の制度的構造から国家のなかに重なり合う権威と権力のネットワークへと目を向け」ており、「権力は上から下へ、ひとつの固定された中心から行使されるものではない」とする権力観を共有していることなどから（ウォルターズ 2016：134–35）、両者を結びつけようとする研究も試みられている（ex. Sørensen and Torfing 2009；Bevir 2011b；Enroth 2013）。そして他方の統治性研究の側においてもその研究を受けて、あるいはそれに先立って、統治性研究とガバナンスを架橋する研究が行われている。しかし次節で見るように、その多くがガバナンスあるいはガバナンス理論を再考するものであることが、「両者は、一見して想像されるほどには良き同志ではない」（Larsson 2015：43）ことを示してもいる。

2 統治性研究からのガバナンス／ガバナンス理論の洞察

（1） W・ウォルターズの議論
──ネットワークの強調による国家観・政治観をめぐって

　まず統治性概念を現代社会の分析に活用し、『統治性』の名を冠する書籍（ウォルターズ 2016）の上梓もしている政治学者の W・ウォルターズの文献（Walters 2004）を取り上げる。当該文献は、ガバナンスに関する研究が飛躍的に増加しているのに比してその基礎的前提や政治的含意を批判的に考察する研究との間には大きな不均衡があることを指摘したうえで、ガバナンス理論が政治の理解に果たした貢献を一定評価しつつも、そこで看過されているとするいくつかの問題についての検討と提起を行っている。以下、その議論をみていこう。

　ウォルターズはガバナンス理論がもつ特徴として次の4点を挙げる（Walters 2004：29–31）。その第一は、政治研究の分析的焦点を支配の「制度」から「プロセス」へシフトさせていること。第二は、「自己統治ネットワーク」つまりそれ自体が自律性と実体を持つと見なされるネットワークを強調していること。第三は、私たちは「変化と複雑性が加速する」世界に生きているとする社会的変化に関する特有のナラティヴをもつこと。第四は、ネットワーク、調整、ヘテラルキーのようなガバナンスの台頭は統治に関する国家中心的および市場志向的アプローチの失敗に対する対応であり、政策決定プロセスを独占してきた国家は多様な市民社会のアクターや代表のための場所を設けなければならなくなっている等とするその国家観であり、これは国民国家の権威の失墜あるいは衰退、そして国家主権の侵食を告げる社会科学の強力な潮流に共振するものであるということである。そして、そのように特徴づけられるガバナンスの世界においては、社会がより複雑になり社会的要求が増殖するにつれて政治的権力は多極的で多層的なものになってきており、統治は上からではなく公共と民間のアクターの濃密な領域との複雑な関係のなかで作動するようになっているのだと、ガバナンス理論は主張していると捉えられている（Walters 2004：27）。

第Ⅲ部　政治を語り直す——オルタナティブを求めて

　次に知識と実践両面での政治的な理解についてその理論がもたらした貢献
が——この文献はガバナンス言説批判を主題とするものながらそれに先立っ
て——示される（Walters 2004：31–33）。ウォルターズによれば、それは第
一に、政治的決定にかかわる投票や世論のような対象を主に探究してきた一
方で統治の「メカニクス」を等閑視してきた政治研究に歓迎すべき方向転換
をもたらした点である。第二には、ガバナンスがそれを理論レベルで国家を
再中心化することなしに行っている——その限りではフーコーの言う国家を
「冷酷な怪物」として捉える「国家の過大評価」の問題が回避されている
——点が評価される。ガバナンス理論は国家を自己組織的な市民社会や市場
から切り離されたものとせず、私的な統治が社会体に入り込んでいることを
認識しており、主流派政治科学と、制度的政治の領域を超えた家庭や企業や
学校その他の場において制御が行われているとしてきたフェミニズムとマル
クス主義において長く形成されてきた主張とを接続したとするのである。そ
して第三に、ガバナンスが政治科学に、権力は特定の制度的な場に蓄えられ
るものと理解されてきた権力観から関係的で結合的な権力理解へと促す「認
識論的」シフトをもたらした点が挙げられている。

　しかしウォルターズは、そのような有益な点があるにもかかわらず、ガバ
ナンスに関しては次のような不備、単純化と誤解があるとする。その第一は、
政治的コンフリクトを置き換える反政治性である（Walters 2004：33–36）。
ガバナンス言説は、社会空間に横たわる基礎的対立を前景化する他の政治言
説と異なり、包摂されていない「他者」が現在の権力秩序と本質的に相容れ
ない又は敵対する利害を持っているかもしれないこと、彼らの「排除」が矯
正可能な例外ではなく構造的結果であること、また包摂がシステムの根本的
転換を伴うであろうことを認めようとはしない。言い換えればガバナンス言
説は政治を闘争や対立として語ることをやめさせ、同化と統合のゲームの見
地から政治領域を再定義しようとする言説だということである。加えて、ガ
バナンスは民主主義の拡大というより、より効率的で効果的なプロブレム・
マネジメントの探求に関わるものであり、つまり政治的コンセンサスと問題
解決の探求という非常に特有な一つの政治観を体現していながら政治に関す

242

るより普遍的な記述を装っている、ということが指摘されている。

　第二は、国家のナラティヴに関するものである（Walters 2004：37–39）。ガバナンスは制御と政策ネットワークのような領域に焦点をあて、政策立案あるいは公共政策と社会的経済的文化的生活との関係の多くが、ここ数十年で劇的に変化してきたことを確かに捉えている。しかしガバナンス理論が時に、戦後福祉国家は権威が中心から末端へ流れ出る一つの巨大な官僚機構であったという印象を与え、国家が「完全」であった黄金時代であったかのように描くことには問題がある。そこでは、官僚主義的で中央集権的であったとしても同時に自由民主主義体制でもあったという事実——例えば社会保険、国民医療、経済的マネジメントのような政策からわかるように——が無視されている。つまり、介入主義的な福祉国家でさえも国家／社会および公共／民間の名目的境界を越えるアクターのネットワークを組み立てることで「間接的に」統治していた、言い換えれば福祉国家の時代はガバナンスの世界でもあったということだ。然るにその統治の様式を問うことを疎かにすることで現代のガバナンスの世界が現実より新奇なものに見せかけられているという点において、ガバナンス理論の唱える国家権力と主権の衰退というナラティヴの扱いには一定の注意が必要となるということである。

　そして第三は、私たちは単純な社会から複雑な社会へ移行しており、ガバナンスは社会の複雑性の増大に対する適切な対応であるとする、ガバナンス言説を支える「複雑性」というメタ・ナラティヴに関わる（Walters 2004：40–41）。例えば民営化プログラムについて、ガバナンス言説のほとんどは、そのメタ・ナラティヴに沿った観点からそれはいや増す複雑性への自然で不可避な対応だと見なすよう促すが、そこでは公的支出の抑制や新たな収入源の開拓そして大衆への資本主義の普及といった政治的動機に加えて数多の卑しく恥ずべき政治的野心が交差していることが見逃されている。つまり権力の問題として適切に理解しなければならない出来事を脱政治化することになってしまっているとするのである。

　このような分析を通じ、結論としてガバナンスはすべての政治構造に有効な一般的記述としてではなくある特定の支配と調整の一つの様式を示す語と

第Ⅲ部　政治を語り直す──オルタナティブを求めて

して用いるべきこと、ガバナンスに結びついている（メタ・）ナラティヴを反省的に考察しつつ、近年政治研究において中心性を付与されてきたガバナンスをいわば「脱中心化」することが提起されるのであるが（Walters 2004：42–43）、それではこのウォルターズの文献から、国家や政治の概念の問い直しにどのような示唆が得られるだろうか。

　ガバナンス理論は国家の概念的な中心性と有効性に懐疑的であり、前述のように政治学に「国家を取り戻す」ことを求めた人々とは対照的な国家観を示す有力な政治学説として発展している。また例えば川崎修（2010：72–73）などで指摘されてもいる、事実上非政治的とされてきた社会的諸制度に分散されている政治性を暴く見方でありながら方法論としては社会内の権力と政治制度内での意思決定への影響力の同一視に帰結してしまった従来の「多元主義」政治観の問題についても、「制度」から「プロセス」への分析焦点のシフトや、統治の「メカニクス」を扱う政治研究への方向転換などから新たな視座を示す可能性も見出せよう。ウォルターズが立脚するところの統治性研究からは少なからず問題含みとされるものの、その国家・政治観に通底するところのある議論が、ほぼ同時代にガバナンス理論として政治科学の内部から出てきたこと、そしてウォルターズが述べるように、ネットワークの術語を採用することで国家──およびその内部／外部、中枢／周辺のイメージ──が政治研究にかけている魔法を解き、新たな政治的権威の地勢図を垣間見せようとしていることは確かに注目できる点である（cf. Walters 2004：32）。

　なお統治性研究に依拠するガバナンスに関わる批判を含んだ有力な議論で、ウォルターズに近いアプローチをとる社会学者Ｔ・レムケについても、ここで付言しておこう。

　Lemke（2007）は、〈統治の分析学〉（analytics of government）──フーコーの規律と規範化の問題を中心とした「権力のミクロ物理学」と統治性研究の「マクロの権力のレベル」とを組み合わせたものとしてレムケはこのタームを用いる──には、第一に唯名論的な立場から、国家を国家の制度的構造と国家の知を同時に生み出す、諸関係と統合の動的アンサンブルとして

244

の概念化と捉えるものであること、第二に制度を出発点とするのではなく制度のなかで具体化され安定化する幅広い統治のテクノロジーに焦点をあて、構造的・組織的特徴に限定された国家の「制度中心主義」の説明を覆していること、第三に国家を公と私、国家と市民社会の間の外的境界を規定し、政治制度と国家機構の内部構造をも決定する政治戦略の道具であり効果としているという三つの分析的次元の特徴があると述べる。そしてそのような特徴を持つ〈統治の分析学〉は、国家機関による統治は所与の事実ではなく偶発的な政治プロセスであり特異な説明を必要とする歴史的出来事として、権力関係を国家に還元することなく、それがいかに歴史的に国家という様式に集約されてきたかを探究したものであり、その意味で国家の理論を回避する議論であるどころか、新たな方向性や研究領域を切り開くものであると論じられている（Lemke 2007：46、57–58）。

　レムケの文献はウォルターズに重なる主張を含む——前述の文献からの引用が少なからず見られ本章では項を設けては扱わなかった——が、上記の議論から加えられている観点がある。その一つとして、ガバナンス言説のほとんどが国家による階統的介入と脱中心型社会メカニズムを厳密に区別して二つの領域間の相互依存とネットワークを探究するが、それはつまるところ逆説的に国家と社会の二元性を受け入れることになっているとする側面の強調がある（Lemke 2007：56）。対照的に、国家は統治実践の道具であり効果であって、統治実践の基礎やカウンターパートではないとする〈統治の分析学〉では、国家と市民社会の対立は普遍的事実とみなされるのではなく、統治実践の偶発的で内部的な要素とされる（Lemke 2007：56）。つまりこのような観点からすれば、ガバナンス言説は「国家の問題の過大評価」を免れていないと指摘されるということである。

（2）　E・スインゲドーの議論
——「市場」と民主主義、統治のテクノロジーをめぐって

　次は主に都市研究の関心から、やはり統治性研究を参照しつつ〈国家を超えるガバナンス〉（Governance-beyond-the-State）について論じた政治地

第Ⅲ部　政治を語り直す——オルタナティブを求めて

理学者 E・スインゲドー（Swyngedouw 2005；2009）を取り上げよう。スインゲドーの論考は、〈国家を超えるガバナンス〉のアレンジメントには、ヤヌスの双貌、すなわち解放的、包摂的で民主化させていく可能性を示す一方で、民主的アカウンタビリティを侵食し新自由主義化プロセスを加速化させるものもあるとの両刃的性格があることを示唆し、とりわけそれがいかに後者の性格を持つに至っているのかに着目するものとなっている。その内容に立ち入ってみよう。

　スインゲドーは、〈国家を超えるガバナンス〉とは統治のための制度的アレンジメントの出現、拡散および（国家や EU や世界銀行のような国際機関による）積極的な奨励を指すとし、それは、最近まで国や地方政府によって提供されたり組織されたりしていたものを自主管理させる上で、一方では民間の経済主体に、他方では市民社会の一部に、政策決定、運営、実施においてはるかに大きな役割を与えるものであると位置づける（Swyngedouw 2005：1992）。そしてそのもとで民間（市場）・市民社会（通常は NGO）・国家というアクターによる水平的な連合ネットワークとして組織される、社会的な刷新的（準）制度的アレンジメントをガバナンスと捉えている（Swyngedouw 2005：1992）。別の言い方をするならば、近年の国家 – 市場 – 市民社会の再構築のなかで、国家の再編成は「グローカライゼーション」と呼びうる三つのプロセスをとっている——その第一は規制、統治や組織化における非国家的形態の関与を増大させる「民営化と規制緩和（および地方分権）による国家機能の外部化」であり、第二は（EU や IMF、WTO など）高いレベルへの「ガバナンスのアップ・スケール」、第三は統治アリーナにおける新たな社会的アクターの取り込みへの欲望と結びついた（地方自治体への分権を含む）地域的差別化としての「ガバナンスのダウン・スケール」である（Swyngedouw 2009：71）。そのプロセスのなかで〈国家を超えるガバナンス〉の新たな制度的様態としてのガバナンスのアレンジメントが統治システム、つまり「行為の操導」を組織するシステムとしてセットアップされ生み出されるというわけである（Swyngedouw 2009：71–72）。

　理想化された規範的モデルとしてこれを提示する論者からは、〈国家を超

246

えるガバナンス〉のシステムは水平的でネットワーク化されたもので、包括的な参加型の組織や団体の中で、内部対立や対立する議題にもかかわらず、高い信頼関係を共有する独立した相互依存的なアクター間の相互作用的な関係に基づいていると説明され、広範な問題や紛争に対処するための方法／メカニズムとしてのガバナンスのもとでアクターが互いに交渉し、決定事項の実施に協力することによって、相互に満足のいく拘束力のある決定事項に定期的に到達するのだと主張される（Swyngedouw 2005：1994–95）。しかしそのようなモデルにおいては、こうしたガバナンスの様式が内包する矛盾した緊張や民主主義的内容の諸問題が看過されているとスインゲドーは示唆する（Swyngedouw 2005：1995）。一方での新たな統治のテクノロジーの強化と、他方でのグループや個人の地位、包摂・排除、正統性、代表制、運営のスケール、内部・外部への説明責任といった政治的民主主義のパラメーターの大幅な再編成と結びついた「ガバメント」から「ガバナンス」へのシフトは、実質的な「民主主義の赤字（democratic deficit）」を引き起こしているというのである（Swyngedouw 2005：1993、1999）。スインゲドーはフーコーやレムケらの統治性研究の文献を参照しつつ、この問題について吟味されるべき論点として次の4点を挙げている（Swyngedouw 2005：1998、2002–3；2009：74–75）。

　第一は、国や州、そしてその政治的／制度的組織や社会との接合の様式が依然として重要であり、ガバナンスに関する新たな制度や規制の形成には国家が中心的な役割を実際に果たしている点である。さらに、その構造そしてそれに関連するテクノ–マネジメント的「装置（dispositifs）」は新自由主義的統治性の条件と要件に直接関係しており、結果として生まれたのは国家がそれまでの権限や介入領域の一部を非政府組織や準政府組織に外部化するという「複雑なガバメント／ガバナンスのハイブリッド型」（R・ベラミー／A・ウォーレイ）であったと指摘する。

　第二は、ガバナンスの様式は次のような矛盾した緊張関係を内包しているため手放しに支持することはできないということである。すなわち、1点目は参加型ガバナンスによる民主化促進の可能性・約束と、（ガバナンス・シス

第Ⅲ部　政治を語り直す──オルタナティブを求めて

テムのコレオグラフィ〈振付構成〉が経済的・社会文化的・政治的エリート連合によって主導されることに由来する）独裁的エリート・テクノクラシーの非代表的な実態との緊張関係、2点目はステークホルダーなど「保有者（holder)」の参加拡大の部分的実現と権力に基づく利益媒介の〈国家を超える〉アリーナの強化との緊張関係、3点目は水平的にネットワーク化された相互依存に関連づけられた透明性向上と、階統的に接合されフォーマル化されず正統化は手続き的なアソシエーションのグレーなアカウンタビリティとの緊張関係である。そしてこの緊張関係は、アップ・スケール、ダウン・スケール、外部化というガバナンスのレベルのリスケーリングの過程で特に顕著かつ深刻なかたちで生じているとされる。

　第三に、こうしたガバナンスの新たなコレオグラフィを構築するプロセスにおいて、新たな社会的アクターが台頭し、また別のアクターのプレゼンスが強化される一方、過去の統治形態に存在したグループの権力的地位は低下し、これまで包摂されることのなかった社会的アクターが引き続き排除されるという点が挙げられる。主要なエリート・ネットワークで設定されるルールを受け入れる組織にはより大きな発言力と権力が与えられるが、それは市場化推進に関わるグループの強化・増進と、社会民主主義または反民営化戦略に関わるグループの参加的地位の減殺をもたらしたと捉えられる。

　そして最後に最も重要なこととして、〈国家を超えるガバナンス〉は、責任化、個人化、計算、多元的細分化という総体的プログラムの中で、活動の形態を規律づける手段としてパフォーマンスとエージェンシーのテクノロジーを動員する、独裁的な統治モードに埋め込まれている点が指摘される。皮肉にも、これらのテクノロジーは力を失った人々や社会的に排除された人々を代弁するNGOやその他の民間団体によって提唱され、動員されることがある一方、しばしばそれは自己管理のリスク、思慮深さ、自己責任の美徳を讃える、押し付けがましく権威主義的な新自由主義の強化の不可欠な一部であることが理解されていない。つまりガバナンスは基軸的制度形態としての「市場」を拡散し強固にするトロイの木馬であることが危惧されるということである。

統治性とガバナンスに関わるスインゲドーの議論から、国家や政治の概念にどのような示唆が得られるだろうか。スインゲドーは主として A・グラムシにフーコーとレムケの議論を結び付け、国家と市場と市民社会を社会の内容と構造を規定する三つの構成要素としつつ、これら三者の相対的な境界線は時代や場所によって大きく変化するものとしている（Swyngedouw 2005：1996）。そしてそれを変化させるのは「社会の権力関係の動的な形態および歴史的安定化としての戦術」としての統治性であり、国家あるいは国家—市場—市民社会の接合のあり方を再定義しようとする新自由主義的な〈国家を超えるガバナンス〉も社会経済的な緊張の高まりのなかで1980／1990年代に出現した一つの統治性と考えられている（cf. Swyngedouw 2005：1996-97）。国家観としてはそのコロラリーとして、ガバナンスに関連する新たな制度や規制の形成において国家が中心的な役割を果たしていることが強調されつつも、その国家は市場や市民社会の上に屹立する実体としてではなく、統治性の概念から理解されるべきことが示唆されていると理解することができる。またガバナンスが市民社会に国家に対峙する力を与えるように見せながら、新自由主義的な統治のテクノロジーの動員により基軸的制度形態としての「市場」を拡散し強固にする結果に陥っているという指摘は、統治性研究ではたびたび指摘されてきているテーマではあるが（ex. ブラウン 2017）、改めて従来のフォーマルな政治を超える概念的拡張を要求するものとして受け止めることができるだろう。

（3）　O・ラーションの議論——メタ・ガバナンスの統治合理性をめぐって

〈国家を超えるガバナンス〉によるガバナンスの構築が実質的な「民主主義の赤字」をもたらし、またそこに胚胎する新自由主義が同時に「市場」を拡散し強固にしているとするといった批判の問題系は、ガバナンス理論家の間でも認識され、その克服を目指すものとしてガバナンスのガバナンスを意味するメタ・ガバナンス論が展開されていき、前述のように一部には統治性研究を結びつけようとする試みもある。しかし政治学者 O・ラーション（Larsson 2015）はメタ・ガバナンスを統治性の理論的アプローチと対比し

第Ⅲ部　政治を語り直す──オルタナティブを求めて

検討したうえで、結びつける云々以前に、そもそもメタ・ガバナンスは一種の自由主義統治性に位置づけられる政治合理性であると主張している。以下はその文献から、本章の関心の限りでラーションの議論を整理したものである。

　ネットワーク・ガバナンスとは何らかの公共的課題に共に取り組む官民のアクター間の自己制御的協働を指す特定のガバナンスの形態であり、ネットワークはしばしば主権的権力を退ける統治の方法を提供する、規範的に望ましいものと見なされている（Larsson 2015：32、50）。しかしネットワークは往々にして、透明性やアカウンタビリティを欠き、逸脱した意見を排除し、積極的成果や公共政策の実現を妨げる調整上の問題に悩まされることもある（Larsson 2015：63）。メタ・ガバナンスアプローチの主な関心は、このようなネットワークの失敗という潜在的瓦解とネットワークの民主的赤字を扱うことにある（Larsson 2015：51）。このアプローチの背景にある考え方は、ネットワークは、柔軟性と様々な利害関係者のより大きな参加を可能にする限りにおいて、従来の行政よりも優れた構造を構成する可能性がある一方で、市場や階統的な支配と同様に失敗しやすいため、コントロールされなければならないというものである（Larsson 2015：42）。

　ネットワーク理論の第二世代は、国家はネットワークをメタ・ガバナンスすることができ、またそうすべきであると示唆する（Larsson 2015：42）。国家はネットワークの存在と重要性を認識し、ネットワークの出現を促進し、それを通じて統治を行うべきである──言い換えれば、民主的な制度と選挙に裏付けられた中央政府のアクターがネットワーク構造の統治の仕方を習得し、それによって広く公衆に公共財を提供できるようにすることが必要である（Larsson 2015：42、51）。そうすれば国家は、ガバナンスの失敗や民主的正統性の欠如からネットワークを守りつつ、ネットワークの果実を収穫することができるようになる（Larsson 2015：42）。これがメタ・ガバナンスの基本的な考え方であり、その観点は規範的関心と管理的関心を兼ね備えた、ネットワーク化された治政全体へのコントロールを取り戻すことを目的とする新たなかたちの国政術を導入しようとするものと捉えられる（Larsson

250

2015：52）。

　現代国家がネットワーク・ガバナンスの否定的側面である民主主義や非効率や権力の非対称についての諸問題を克服するための方法として示されたメタ・ガバナンスは、統治性の視点から真剣に受け止める必要のある概念であるが、一部のネットワーク理論研究者が、統治性研究の本質とそれが提起する批判的基礎を誤解し、統治性をメタ・ガバナーが遠隔操作するために用いることのできる特定の政策手段として採用し編成しようとしていることには注意が必要である（Larsson 2015：42、48-49、173）。それは具体的には、市民社会全体にわたる権力と支配の拡散に注目して国家の脱凝集を取り扱うガバナンスと統治性は有望な同志であり、統治性はガバナンス改革においてより民主的で対話的なアプローチを促進する助けとなりうるという主張、あるいは統治性をメタ・ガバナンス遂行の特定の方法とみなし、ネットワーク上のアクター、エネルギー、資源、能力、知識を構築し動員してエンパワーされた自己制御的アクターが活動することを確保するもの、加えてメタ・ガバナンスを機能させるさまざまな相互に関連する形態の主体化＝従属化（subjectifications）を図るものと捉え、国家には自己制御的アクターや「行為の操導」の統治のための舞台設定において中心的役割を果たす可能性があるとする主張に現れている（Larsson 2015：48-49）。

　しかしメタ・ガバナンスは理論的に、たとえネットワークのある種の様相に対して批判的であったとしても、ネットワークが影響を受ける主体間に柔軟性と潜在的なつながりを提供し、それによって公共政策を改善する可能性を有する限り、ネットワークを必要かつ望ましいものであると考える観点に立つ（Larsson 2015：51）。メタ・ガバナンスはそれゆえ、たとえ主権を後景に追いやるのと同時にネットワークを民主主義諸制度に結束し直すための様々な手段を提起しているとしても、メタ・ガバナーがネットワークに参加する諸組織の行為をその形式上の自律的性格を損なうことなしに遠隔的にコントロールしていく観点と手法を提供して、そのことによってネットワーク・ガバナンスを存続させることを通じて統治しようとする（Larsson 2015：50、174）。これは統治性研究のレンズを通して見れば、ネットワー

第Ⅲ部　政治を語り直す──オルタナティブを求めて

クに参加する公的私的諸団体の「行為の操導」をもたらすことを目的とした、自律した諸団体の自由を通じた統治であるところの一つの自由主義的統治合理性に他ならないのである（Larsson 2015：173–74）。

　以上のラーションのメタ・ガバナンスと統治性についての議論から、どのような国家や政治についての観点を引き出せるだろうか。メタ・ガバナンスは、ガバナンスの台頭により国家のガバメントは空洞化しているということを是認する議論とは対照的に、国家あるいは政府がネットワークを通じた舵取りによってコントロールを取り戻せると主張するものである（cf. Larsson 2015：52）。とはいえメタ・ガバナンスの理論が主張するように、その含意は究極の権威としての絶対国家の遺物とも、あるいは他の全てのパートナーシップを従属させるような「メガ・パートナーシップ」（B・ジェソップ）の出現とも異なると受け止めるべきであろう（cf. Larsson 2015：52）。それは強制を背景とした規制と指図を伴う古典的な国家的手段、言い換えれば主権的な手段に依らない政治的秩序と統治のあり方を追求するものであって、これは従来の主権を究極の権威におく国家中心とは異なる政治権力のモデルを描きだす政治研究の内部からの試みとして評価することが可能と思われる。とはいえ同時に、メタ・ガバナンス理論には国家と市民社会を二元的に理解して市民社会のアクターの関与により国家の専制を防ぐことができると考える「国家恐怖症」が根底にあること、そしてメタ・ガバナンスは自由主義統治性の外部にあるのではなくその逆であって、その規範的訴求力に政治権力の消失ではなくその変化を読みとる必要があることを理解するには統治性研究に依らなければならないことは、ラーションが改めて Larsson（2019）において指摘するところの通りである。

　なおメタ・ガバナンス理論による統治性研究の位置づけに関するラーションの批判的議論に関連しては、政治学者 P・トリアンタフィロウ（Triantafillou 2022）にも言及しておきたい。トリアンタフィロウは、ガバナンス理論は中立的な学問的レンズと見做されがちだが、実際には政治権力の行使に知識を授けて実行可能にするものであり、政治現象を記述・説明するだけではなく政治・行政改革に直接的に影響を与えるものだとする（Triantafillou

252

2022：384）。そして看過されがちなその側面を扱うことができるのは、統治の実践に埋め込まれた知の計算と形態に焦点をあてる「統治性」という分析用語の重要な貢献の一つであり、それは学者に、彼らが分析の出発点としている理論が、実際には彼らが研究している政治現象の本質的な部分であることを反省するよう促すものであると述べる（Triantafillou 2022：384）。この示唆は、統治性はメタ・ガバナンスの有望な同志でもそれを遂行する手段でもないとするラーションの主張を支持するものと受け止めてよいだろう。

　ただしトリアンタフィロウは同時に、ガバナンスに関して統治性という概念がこのような「強み」を持つと同時に、「弱み」や「今後の研究の必要性」を抱えていると述べている（Triantafillou 2022：384–85）。その第一は、統治性研究は分析の目的が明確でないことが多く、ガバナンスに関する既存の政治的・社会的な諸分析に対して、その分析の潜在的なメリットをより明確にする必要があるということ。第二は、権力の強制的な形態を把握する分析が不十分で、「ガバナンス」と呼ばれるソフトな権力形態が多かれ少なかれ首尾一貫した権力の集合体のなかで非自由主義的な権力形態と戦略的に結び付いている方法の解明に注意が払われていないこと。第三は、統治の専ら言説レベルの分析に焦点をあてるに満足して、現実の実践に対する注意が不十分であることである。本章ではこの問題提起に立ち入ることはできないが、これらの指摘は双方向からの架橋的研究を進展させていくうえでの糸口となるかもしれない。

　そして本節の最後に本章の主要なテーマではないが、それに常につきまとうガバナンスと新自由主義との関係について、ごく簡単にラーションとトリアンタフィロウの文献の記述をもとに補足しておこう。Larsson（2015）においては統治性研究の伝統に則って、メタ・ガバナンスとは新自由主義に特有のタイプの統治性であると主張すると述べられている。しかし後年のLarsson（2019）では、ネットワーク・ガバナンスが市場での解決や競争ではなく参加、協力、信頼を促進するという点に注目して、新自由主義統治性とは対立するが、それでも自由主義統治性の特定のタイプである協調的統治性（collaborative governmentality）として定義され分析されるべきと主張

第Ⅲ部　政治を語り直す──オルタナティブを求めて

するようになっている。他方、トリアンタフィロウは、ネットワーク・ガバナンスがニュー・パブリック・マネジメントのような市場メカニズムを重視する改革とは異なることを認めつつ、新自由主義統治性という言葉が競争性と市場を確保するための国家の介入を中心に展開する統治性のみを指すのであればそれは新自由主義の一種ではないが、より広義に広範な公共の利益を追求する観点から市民や組織の自由とガバナンスの実践を刺激しようとする国家の介入を指すのであればその一種に含まれると解釈する（Triantafillou 2022：381）。つまり新自由主義を狭義の意味で捉えるのか、様々な個人やグループ、組織そして国家に至る領域の統治に及ぶ、N・ローズ（cf. Rose 1999）などのいう先進的自由主義（advanced liberalism）を含めた広義の意味で捉えるのかが論点となるが、トリアンタフィロウは後者と仮定するとして、多様な分野や国家における夥しい権力行使を「新自由主義」というひとつの見出しの下にまとめることにどのような意味があるか統治性研究のなかではあまり明確にされていないと付言している（Triantafillou 2022：381）。これも統治性研究にとっての研究課題の一つと言えよう。

　ただそれ以上に本章で注目したいトリアンタフィロウの強調点は、新自由主義統治性は様々で全く異なる政治改革をもたらす可能性がある上に、多くのその他の統治性──社会福祉主義的、国家主義的、そして台頭する宗教的合理性──とともに作動しているということ、そして現代の自由民主主義国家において間接的な統治（行為の操導）が決して唯一の重要な権力形態ではないという論点である（Triantafillou 2022：381-82）。この問題は次に触れる、新自由主義（先進的自由主義）あるいはガバナンスとも乖離のある近年の権威的な国家中心的政治の台頭について考えるうえでも重要となる。

おわりに──権威的な国家中心的政治の台頭に触れながら

　本章では、主権を最終的権威とする国家中心的な国家像を問い直す代表的な理論的思潮として統治性研究とガバナンス理論を挙げ、両者間で展開されている架橋的研究のうち、主に統治性研究からガバナンス理論を洞察した研

究群のいくつかの文献を取り上げ、本章の関心に沿って内容を整理しつつ、そこでいかに国家と政治の概念が問い直されているのかを考察した。

　先に述べたように統治性研究とガバナンス理論ともに議論は斉一というわけではないということが前提であるが、同研究群の文献は両者の相違点を浮き彫りにしている。例えば統治性研究においては主権や国家と非国家領域の区別は実体的なものではなく効果であるとするが、ガバナンス理論は一般にそれらは絶対的なものではなくなっているとしても実体のないものとまで見做すものではないということ、また政治における敵対性の考え方、ガバナンスと「民主主義の赤字」や統治のテクノロジーへの関心にも乖離が認められること等々が挙げられよう。とはいえ同時に、その検討を通じて共通点が浮かび上がっていることも確かである。例えば国家と非国家領域の構造に関する動的把握、権力や政治の分析の焦点を制度からプロセスに移していること、そして繰り返しとなるが主権を最終的権威におくのとは異なる国家と政治のモデルを描きだそうとしていることである。このような相違点と共通点を含む両者に関する同研究群の洞察から得られる、フォーマルな政治の見方の再検討につながる示唆は少なくないと思われる。

　ウォルターズは「政治学が近年統治〔ガバナンスの意：引用者〕に大きな関心を示していること、国家中心の分析方法に限界を感じていることは、権力の新しい地勢図を理解しうるような政治思考がはじまっている可能性を示唆している」とも、またこれは「統治性研究と政治学とのあいだに実りある対話が生じうる」領域の一つであるとも述べている（ウォルターズ 2016：121、138）。そうすると本章で扱った研究動向は、フォーマルな政治中心の政治研究という「殻」をめぐる、内と外からの「啐啄同時」の一端を示すものと捉えられるのではないか。ただしもちろん、このような見立ては本章冒頭に述べた制約を踏まえた筆者の「一断章」にとどまり、まして「孵化」のその先を論じるに至るものではないことは言い添えなければならない。

　そして最後に、近年の権威的な国家中心的政治の台頭と受け止められる事態をどのように捉えうるかについて若干の補足をして、本章を締めたい。主権国家が再び獣の姿を取り戻し、市場的自由にも市民的自由にも国家的支配

が強い影響を及ぼしているように映る、具体的には自由民主主義体制とされる西側諸国においてさえも極右政党・勢力が伸長してしばしば政権を獲得しているようなこの10年余の政治的動向を、国家中心主義をとらないアプローチはどのように把握するのか。これは管見の限り、統治性研究とガバナンス理論のいずれも、少なからぬ努力が払われているとしても確からしい説明を提示できてはいないと思われる。例えば2022年に第二版が刊行されたガバナンス理論のハンドブックの序文では、2016年の初版以降の権威主義的なポピュリズムの台頭を含む世界を揺るがす変化について、それがガバナンス理論に与える示唆が何かは大きくて手に負えない質問であり、ガバナンス理論の発展が将来どのように生産的な方法で対応できるかを考える機会と捉えているとの実情が吐露されている（Ansell and Torfing 2022：viii）。統治性研究の状況も大きくは変わらないと思われるが、その中では少なくとも二つの研究の方向性に注目できるかもしれない。

　その一つは、トリアンタフィロウを扱った箇所で触れた、統治性の複数性に焦点をあてるものである。つまりガバナンスと称される実践の増殖に結びついた自由主義統治性でさえも他の統治性とともに作動していたのであり、その競合関係のなかで統治性の変容をみたと解釈するものだ。それにより「いかに温和で自由を基盤とする権力であっても、ある時点で変化し、より温和でなく、より強制的な介入様式と連動する可能性がある」（Triantafillou 2022：385）。最近の文献では1990年代以降の知的・政治的文脈の変化を踏まえながら、自由主義統治性と対比される権威主義統治性（authoritarian governmentality）について論じたDean（2024）が挙げられるであろう。逆に、古くは国家理性から自由主義的統治へという変容が見られたように、権威主義体制の文脈のもとで自由主義統治性が胚胎していくこともある。より近い時代では「毛沢東以後の中国を支える政治的合理性は、共産党が市場経済を最も効果的に指揮し、人口の富を向上させるにはどうすればよいかという問題を中心に展開されている」という例も指摘される（Triantafillou 2022：382）。つまり近年の権威的な国家中心的政治の台頭も、統治性は多様であってその作動の仕方や帰結も様々な可能性に開かれているということ

の一局面と想定しうるということである。

　もう一つは、レムケを扱った箇所で触れた、国家の理論について積極的に新たな方向性や研究領域を切り開こうとするものである。このテーマはとりわけ多くの論争を引き起こしているが（ex. Dean and Villadsen 2016）、ここでは簡潔に、国家の中心性について論究しているジェッセン・エッガース（Jessen and Eggers 2020）のみを参照しよう。

　　フーコーは、「国家の普遍性」から出発したり、それを当然視したりすることなく、国家レベルの統治と権力を探査するために、統治性という概念を開発したとはいえ、彼の思考は、国家がいかにして、そしてなぜ、多様な統治の実践を結び合わせ、それらを所与の存在として見せる想像的、虚構的あるいは言説的な事物として中心的な役割を果たし続けるのかを分析するために開かれているのである（Jessen and Eggers 2020：55）。

　ジェッセンらは、国家が中心的で構成的な役割を果たし続けるのは、国家から発せられると思われることによってのみ統治の実践は正統性を獲得して具体的な効果を発揮するからであるとし、したがって国家は、統治実践の多様性が単なる多様性と見なされるのではなく、国家という中心点と接続し、そこからそれらの権力を引き出すところのプリズムあるいは原理として理解することができると主張する（Jessen and Eggers 2020：55、68）。ここからは、ガバナンスという脱中心的な統治実践が機能不全に陥り、効果や正統性が脆弱になったことに対する揺り戻しとして、今日の国家中心的政治の台頭を解釈できるかもしれない。改めて、国家から本質を奪うのみならず、そのように国家を理解できることが国家に対するフーコーのアプローチの潜在的な分析的強みであるだろう（Jessen and Eggers 2020：55）。本章ではこれ以上立ち入ることはできないが、統治性研究に限っても上記二つの方向性を考慮に入れるならば、近年の政治状況を説明するために、必ずしも所与として国家や主権を本質化させるような国家中心的政治観に立ち戻らなければ

ならないわけではないと思われる。

参考文献

ウォルターズ、ウィリアム（2016）『統治性――フーコーをめぐる批判的な出会い』阿
　部潔／清水知子／成実弘至／小笠原博毅訳、月曜社。

重田（米谷）園江（1996）「自由主義の統治能力」鬼塚雄丞／丸山真人／森政稔編『自
　由な社会の条件』新世社、196–222。

重田園江（2018）『統治の抗争史』勁草書房。

川崎修（2010）『「政治的なるもの」の行方』岩波書店。

杉田敦（2015）『権力論』岩波書店。

フーコー、ミシェル（2007）『安全・領土・人口――コレージュ・ド・フランス講義
　1977-1978 年度』高桑和巳訳、筑摩書房。

フーコー、ミシェル（2008）『生政治の誕生――コレージュ・ド・フランス講義 1978-
　1979 年度』慎改康之訳、筑摩書房。

ブラウン、ウェンディ（2017）『いかにして民主主義は失われていくのか――新自由主
　義の見えざる攻撃』中井亜佐子訳、みすず書房。

堀雅晴（2017）『現代行政学とガバナンス研究』東信堂。

Ansell, Christopher and Torfing, Jacob (eds.) (2022) *Handbook on Theories of
　Governance (Second edition)*. Edward Elgar Publishing.

Bevir, Mark (ed.) (2011a) *The SAGE handbook of governance*. SAGE Publica-
　tions.

Bevir, Mark (2011b) 'Governance and governmentality after neoliberalism'.
　Policy & Politics 39 (4): 457–71.

Burchell, Graham., Gordon, Colin and Miller, Peter (eds.) (1991) *The Foucault
　effect: Studies in governmentality*. University of Chicago Press.

Dean, Mitchell (2010) *Governmentality: power and rule in modern society (second
　edition)*. SAGE Publications.

Dean, Mitchell (2024) 'The Concept of Authoritarian Governmentality Today'.
　Global Society: 1–20. https://doi.org/10.1080/13600826.2024.2362739.

Dean, Mitchell and Villadsen, Kasper (2016) *State Phobia and Civil Society: The
　Political Legacy of Michel Foucault*. Stanford University Press.

Enroth, Henrik (2013) 'Governance: The art of governing after governmentali-
　ty'. *European Journal of Social Theory* 17 (1): 60–76.

Jessen, Mathias Hein and Eggers, Nicolai von (2020) 'Governmentality and
　Statification: Towards a Foucauldian Theory of the State'. *Theory, Culture &
　Society* 37 (1): 53–72.

Larsson, Oscar (2015) *The Governmentality of Meta-governance: Identifying Theoretical and Empirical Challenges of Network Governance in the Political Field of Security and Beyond.* Acta Universitatis Upsaliensis.

Larsson, Oscar L (2019) 'The governmentality of network governance: Collaboration as a new facet of the liberal art of governing'. *Constellations* 27 (1): 111–26.

Lemke, Thomas (2007) 'An indigestible meal?: Foucault, governmentality and state theory'. *Distinktion: Journal of Social Theory* 8 (2):43–64.

Levi-Faur, David (ed.) (2012) *The Oxford Handbook of Governance.* Oxford University Press.

Rose, Nikolas (1999) *Powers of Freedom: Reframing Political Thought.* Cambridge University Press.

Sørensen, Eva and Torfing, Jacob (2009) 'Making Governance Networks Effective and Democratic Through Metagovernance'. *Public Administration* 87 (2): 234–58.

Swyngedouw, Erik (2005) 'Governance Innovation and the Citizen: The Janus Face of Governance-beyond-the-State'. *Urban Studies* 42 (11): 1991–2006.

Swyngedouw, Erik (2009) 'Civil Society, Governmentality and the Contradictions of Governance-beyond-the-State: The Janus-face of Social Innovation'. in MacCallum, Diana., Moulaert, Frank., Hillier, Jean and Haddock, Serena Vicari (eds.) *Social Innovation and Territorial Development.* Ashgate Publishing: 63–78.

Triantafillou, Peter (2022) 'Governmentality'. in Ansell, Christopher and Torfing, Jacob (eds.) *Handbook on Theories of Governance (Second Edition).* Edward Elgar Publishing: 378–88.

Walters, William (2004) 'Some Critical Notes on "Governance"'. *Studies in Political Economy* 73 (1): 27–46.

Walters, William and Tazzioli, Martina (eds.) (2023) *Handbook on Governmentality.* Edward Elgar Publishing.

＊本章で引用したインターネット上の資料の最終閲覧日は、2024 年 11 月 30 日である。

第10章

アクターって誰？

西山真司

はじめに

（1） 本章の目的と構成

　悪魔に騙されて荒波を漂うことになった聖者マエールは、たどり着いた島で誤ってペンギンに洗礼を施してしまった。しかし、人ならざるペンギンに施した洗礼はそもそも洗礼として有効なのか、という問いは天上の聖人たちや神すらも悩ますことになる。いずれにしても、ペンギン人たちの歴史はこのようなかたちで始まったのであった――。

　1908年に出版されたA・フランスの小説『ペンギンの島』は、洗礼を受けてペンギン人となったペンギンたちの歴史資料の断片を史家が拾い集めたもの、という設定で書かれている。このペンギン人の歴史はフランスの歴史を戯画化したものであり、さらにそこにカトリシズムや当時の論壇への皮肉およびあてこすりがふんだんに混ぜ込まれている。よって、コミカルなタイトルから想像するのとは異なり、ペンギン人の歴史が浮き彫りにするのは、権力や権威の（しばしば卑俗な）源泉、権謀術数によりゆがめられる正義、文明の栄枯盛衰といった、政治の生臭い物語である。そうした理由もあって、かつてC・メリアムはエッセイ的な性格のある『政治権力』（1934）の冒頭でフランスの『ペンギンの島』を参考文献に挙げ（Merriam 1934：6 note.3 ＝1973：18 註3）、また、丸山眞男も同書について、「政治権力の発生やその腐敗の諸条件について」「貴重な暗示を与えて」くれるものと評している

（丸山 1995［1949］：254、傍点は原文ママ）。

　ところで、『ペンギンの島』において、政治的な喜劇を演じているのはペンギン人たちである。そして喜劇が（人間にではなく）ペンギン人によって演じられるからこそ、私たちは一歩引いたかたちで、そこに人間の世界の政治についてなにがしかを読み取ることができる。つまり、ペンギン人が"アクター"となることで、そこで繰り広げられる政治劇のプロット、すなわち政治現象の本質のほうにより集中できるようになっている。

　さて、本章では、政治学の文献や教科書や教育においてしばしば登場する「アクター」という概念が何を含意しているのかについて考えていきたい。より詳しく言えば、アクター概念が表現しているものは何か、そのアクター概念の影に隠れて見えにくくなっているものは何か、そしてその陰影をバランスよく調和させるにはどうすべきかについて順序だてて論じていくことにする。ただし、ここで急いで付け加えておこう。本章は、アクター概念（ないし合理的選択理論）を批判したいわけではないし、それに代わる別の概念を提唱しようとしているわけでもない。「アクターといった無味乾燥した概念ではなく、生き生きとした現実の世界を生きる人間から政治を捉えなすべきだ！」というクリシェを繰り返すつもりもない。私が行おうとしているのは政治学的な考え方のオルタナティブを提示することではあるが、それはアクター概念の否定とかならずしもイコールではないからだ。本章の目的は、①アクター概念は制度（ルール）の概念と論理的に対になっていること、そして②アクター／制度の対関係を重視するのであれば、政治現象を構成するゲームないし実践が分析・記述上の優先権を得ること、以上の２点を示すことである。こうした方針は同時に、心的なものやそこに紐づく規範が政治現象の記述・分析において不当に占めていた地位を見直すものとなる。

（2）　本書全体のテーマとの関係

　ここで、本章と本書全体のテーマとの関係性についてもあきらかにしておこう。インフォーマルな政治学が既存の政治学との違いを際立たせるのであれば、従来あまり注目されてこなかった多様なアクターが発揮する政治的な

行為能力（political agency）を問題にすることが多くなる。たとえば、主権国家ではなく多国籍企業、政府ではなくNPOや民間団体、エリートではなくマス、国会議員ではなく政党支部組織の幹部、社会組織ではなく家庭、人間ではなくノンヒューマンなもの、といったように。そして実際、「誰をアクターとするかということは、「現実世界」によって端的にあたえられるものでもなければ概念的に些末な問題でもなく、社会科学において概念をあつかう際に決定的に重要な形式であって、そのことに気付いていることは政治研究がうまくいくための必要条件なのである」（Frey 1985：136-137）。こうした意味で、あらたなアクターを"発見"することは、あらたな政治学を提示することになると言えるかもしれない。

　けれども、従来の政治学とは異なるアクターを追加することだけで、あらたな政治学を名乗ることができるわけではない。それは従来の記述や分析のキャストを増やすことには貢献するが、記述や分析のやり方それ自体を変えるわけではないからである。同様に、アクターに読み込む性質を変えたとしても、アクターが行為する舞台装置の想定を変えないのであれば、やはり政治学は従来のものからさして変わらないだろう。場合によっては、アクター概念が複雑になるだけで、分析上得られるメリットよりもデメリットばかり目立つ結果になるかもしれない。

　そもそも、もしいままでのやり方でうまくいっているのであれば、別にあたらしい政治学を無理に打ち立てる必要はない。だが、本書の各テーマが論じるとおり、もう少し政治学の守備範囲を広げるべきだと感じられる事象が世の中にはたくさんある。そうした場合に、ただアクター概念を拡張するだけではなく、記述や分析におけるアクターと呼ばれるものの地位を理論的に見直しておくことも必要になるのではないだろうか。本章はそうした理論的な検討作業を行うものとなっている。

（3）　本章の構成

　本章は以下のように進んでいく。第1節では、アクター概念の来歴と現在の使われ方の例を概観しておく。第2節では、アクター概念が普及する背

第Ⅲ部　政治を語り直す──オルタナティブを求めて

景にあった合理的選択モデルやゲーム理論においてアクターがどういう役割を果たしているのかを検討する。それによって、アクターという概念はゲームにおける「選択の契機」を表現しているということが示される。第3節では、制度論におけるアクターの位置づけを確認する。ここではアクター概念がルールとしての制度概念と論理的に対であることをあきらかにする。第4節では、アクターと制度の対関係から、私たちは政治現象を構成している実践としてのゲームを記述・分析すべきであると主張する。

1　アクター概念の普及と使用

（1）　分析概念としてのアクターの登場

　政治学における記述や分析における主要な要素として、アクターという概念がいつから使われているのかを確定することは難しい。たとえば、1906年に発刊された『アメリカ政治学評論（*American Political Science Review*；APSR）』のアーカイブを見ても、単語としての「アクター」という言葉は発刊とほぼ同時期には登場しているようである[1]。ただし、アクターという概念が記述や分析のコア要素として意識されるようになるには、それなりの背景があった。現在では国家や組織などさまざまなものを指す「アクター」であっても、当初は主として行為者としての人間が意味されていた。つまり、人間と人間のおこなう行為が政治学の記述・分析の対象として自覚的に選び取られることによって、アクターという概念に主要な役割が割り振られるようになったのである。

　こうした背景を端的に表現すれば、歴史学からの分離と行動論への移行ということになろう。特に20世紀初頭のアメリカ的な文脈においては、歴史学から分岐した政治学にとって、国家以外に記述・分析の参照点を持つことが重要であった（cf. Farr 2007）。よって、個人の行為を中心に、それを取

1）APSR を刊行しているケンブリッジ大学出版サイトにある検索を使用。ただし、初期の頃には特に「俳優」という意味でアクターという言葉が使われている場合もある。https://www.cambridge.org/core/journals/american-political-science-review

第10章　アクターって誰？（西山真司）

り巻く要素・状況を分析することが、ドイツ的な国家学に回収されないあたらしい政治学のやり方として注目を集めることになる。たとえば、メリアムらとならんで行動論政治学の端緒となった G・カトリンも、政治学の対象は国家ではなく個人の行為であるとしたうえで、つぎのように論じている。「個人の行為を研究することが政治学の原理（*principia*）だという主張が正しいとしても、その個人の行為というものはありとあらゆる意志のあり方に対して頑なに抵抗する高度に組織化されたシステムに阻まれているのである。個人が生きている世界は願望（wish）が自動的に行為を生成するような場所ではなく、願望を充足するのにもつねに行為のエネルギーが必要で、しかもしばしば社会的な抵抗に対する戦いが必要になる場所なのである」（Catlin 1930：85、傍点は原文でイタリック）。つまり、行為をおこなう人間（アクター）と、行為に影響をあたえる心理的・社会的要素の複合パターンから政治現象が理解されるべきだとカトリンは論じたのだった。

　その後、行動論政治学が一定の広まりを見せるなかで、「国家ではなくアクター」という機運は高まる。たとえば H・ラスウェルと A・カプランは、政治学の概念体系を確立することを試みた『権力と社会（*Power and Society*）』（1950 年）において、人間（persons）についての章から書き起こしている。「出発点としてこうした用語を選んだのは、政治学は人間の行動に関する研究の一部であると考えているからである。一貫してその中心にあるのは、人間とその行為であって、「政府」や「国家」ではない」（Lasswell and Kaplan 1950：3＝2013：29）。そして、「「行為」および「行為者（アクター）」という用語は、そのもっとも広い意味において、すなわち、すべてのおこない（deeds）とそれをおこなう人（doer）を含むものとしてとりあつかわれることになる」（Lasswell and Kaplan 1950：4＝2013：29）。このように見てみると、「アクター」を中心とするものの見方は、歴史的な総体としての国家を中心としたものの見方への否定とセットとして導入されたことがわかる。もっとも、行動論政治学は人間の行動をさらに下位の要素に分解して考えるものであったため、実際の記述や分析においてアクターが基本的な単位になるということはなかった。つまり、この時点における「アクタ

265

第Ⅲ部　政治を語り直す——オルタナティブを求めて

ー」とは、旧来の政治学に対するアンチテーゼを表現するある種の標語に留まったと言えるかもしれない。

（2）　アクター概念の普及

　政治学において個人としてのアクターを起点とした分析が本格的に普及するのは、むしろ行動論政治学が退潮した後である。それには大きく分けて二つの動向が関係している。すなわち、①合理的選択理論を用いたモデル、および②新制度論、である。

　まずは①から見ていこう。行動論政治学が学際的な研究動向を摂取しつつ複雑な概念体系を前提としていたのに対して、行動論政治学以降に台頭してきたのは、倹約的でシンプルなモデルを用いた分析であった。典型的には合理的選択理論や後年のゲーム理論などがそれに当たる。これらの理論やモデルでは、アクターは分析の最小単位として考えられ、事象はアクターの選択の原因ないし結果として位置づけられることになる。

　政治学におけるモデルの典型例をひとつ挙げるとすれば、おそらく A・ダウンズの『民主主義の経済理論（*An Economic Theory of Democracy*）』（Downs 1957＝1980）になるであろう。ダウンズは、経済学において消費者と企業の行動を予測することができるように、政治学においてもある種の検証可能なモデルを設計できるのではないかと考えた。政治空間における支持の獲得競争を市場における消費者と企業の取引に置き換えた場合、個人（有権者）と政府の行動は一定のモデルに収斂するはずだというのがそのアイディアである。もちろん、この場合のモデルとは、かならずしも現実をそのまま写し取ったものを意味しない。けれども、有権者および政党（政府）の政治行動の予測を導くモデルからは、実証分析によって検証可能な命題が演繹されるところに価値がある。ダウンズはアクターという表現は用いていないけれども、有権者（消費者）と政府ないし政党の合理的な行動は、他の何かに還元されることのない単位としてモデルのなかに位置づけられることになる。そして何より、こうしたモデルにおいては、個人としての有権者も政府や政党も、政治空間における同等の“アクター”として位置づけられ、それ

266

らの行動はおなじ合理的選択のロジックで分析される。つまり、個人と政府の存在論的な差異は棚上げされ、アクターを起点としたシンプルなモデルを構築できるということだ。実際に、ダウンズ以降、アクターの合理的選択をベースに事象を記述・分析する合理的選択理論は、政治学の主流としての地位を確立することになる。

　他方で、②1980年代以降の新制度論の登場は、制度とアクターの相互作用から政治現象を読み解くあらたな潮流を生み出した。すでに論じたとおり、政治学をアクターに定位させようとする当初の動きは、旧来の歴史学および国家学との差異化にあった。20世紀初頭までの政治学が、国家や制度についての歴史記述を行うことが多かったのに対して、それ以降の行動論政治学は非制度的な存在としてのアクターの行為に注目するようになったのである。その意味で、新制度論の登場は、旧制度論への否定として登場した行動論への否定という側面がある[2]。いずれにしても新制度論とは、周辺の社会科学の知見を摂取しつつ、社会学的（規範論的）制度論、合理的選択制度論、歴史的制度論、経験的制度論、言説的（アイディア的）制度論といったかたちで分類されるあらたな潮流を生み出した。そのコアにある発想が、アクターと制度との相互作用のなかから、構造の安定性と変化やアクターの行動の規則性といった問題に取り組むというものである（Peters and Pierre 2020）。つまり、制度が重視されるからこそ、非制度的な存在としてのアクターが重視されるわけだし、その逆もまた然りである。

　旧制度論と異なる新制度論の特徴は、制度の生成・変化・発展といったプロセスを重視することである。制度は歴史の必然としてそこにあるわけでもないし、不変の存在でもない。制度は誰かによる意図的・非意図的な行動の結果としてつくられ、漸進的に変化し、そしてそれがまた誰かの行動を制約するというサイクルのなかにある（Pierson 2004＝2010）。もし制度がすべ

2）もちろんそこに至るまでの事態はそう単純ではない。たとえば、T・スコチポルらの「国家を取り戻す（Bringing the State Back In）」という標語で表現される国家論は、国家が自律的なアクターとして分析されるべきであることを論じつつ、それを歴史記述と組み合わせようとした点で、旧来の政治学と歴史的新制度論との橋渡しをしようとした例として挙げることができる（cf. Evans, Rueschemeyer and Skocpol eds. 1985）。

第Ⅲ部　政治を語り直す──オルタナティブを求めて

てを規定しているのだという運命論とも、アクターが自らの意志にしたがっ
て物事を自由に創造できるのだという主意主義とも袂を分かつのであれば、
アクターと制度の相互構成を考えなければならない。制度とアクターがルー
プ状に相互構成しているというある種のパラドキシカルな規定の仕方は、む
しろ分析者にそのパラドックスをどのように展開するかという点についての
自由度をあたえ、それがかえって政治研究を推進する力になった（制度論の
バリエーションの多さを見よ！）。言い方を変えれば、アクター概念は"一般
的に解かれるべき問題の定義"の一部に含まれるからこそ、政治学にとって
使い勝手の良い概念として広まっているのである。

（3）　近年のアクター概念の広がり──アクターネットワーク理論

　以上、①合理的選択のモデルと②新制度論という二つの動向が、政治学に
おけるアクター概念の定着に大きく寄与したことを見てきた。だが、近年の
社会科学において「アクター」を論じる際に見過ごすことのできない理論が
急速に台頭している。B・ラトゥールを中心としたアクターネットワーク理
論（ANT）である。いままでのところ、アクターネットワーク理論が政治学
のメインストリームに大きなインパクトをあたえているという状況にはない
ものの[3]、「アクター」を拡張していく動きがこの理論と出会う可能性は十
分にある。

　まず、アクターネットワーク理論についてのあり得る誤解を解いておきた
い。アクターネットワーク理論とは、人間だけではなく動物などのノンヒュ
ーマンなものも"アクター"として認定し、それらの"アクター"がネット
ワーク状に社会を形成していることを表現する理論なのではない。すくなく
ともラトゥールはそう主張してはいない。たしかにアクターネットワーク理
論は、既存の社会学が人間の意図や行為およびそこから派生する「社会的な

3）政治についてのラトゥールおよびアクターネットワーク理論の立場についての解説として
　は、栗原（2018）および栗原（2022）を参照のこと。その基本的な主張としては、従来の人
　間を中心とした政治概念を解体して、「モノたちの議会」においてあらゆる存在体が代表／表
　象されるようにデザインし直すというものである。

もの」を特別視し、「社会的なもの」によって何でも説明しようとする傾向を批判する。しかしその批判は、ミクロなアクターのネットワークによってマクロな社会が作られ、そのマクロな社会がミクロなアクターたちを拘束しているのだというよくあるタイプの折衷案を導くものではない（cf. Latour 2005：169-170＝2019：326-329）。むしろ、アクターネットワーク理論は、人間もノンヒューマンなモノも含め、いったいどのような連関（結びつき）が行為を可能にしているのかをフラットな目線で記述することを求めるものである[4]。よってネットワークという語も、社会が網目状に形成されていることを表現するものと言うより、記述が特権的なある地点に還元されずになされるべきことを表現している（cf. Latour 2005：129＝2019：243-244）。

　以上のことからもわかるように、アクターネットワーク理論は、（とりわけ政治学にとって）使い勝手の良い理論というわけではまったくない。そして、人間を意味する「アクター」をノンヒューマンなものにも拡張しようとする動きとも同一視できない。よってここでは、アクターネットワーク理論にもとづく研究がどの程度政治学全体の問題構成にマッチするかは保留とする。ただ、ラトゥールからは、既存の社会科学が陥りがちな罠を考えることができる。すなわち、アクター＝人間を社会の記述の起点とし、アクターの相互作用によって「社会的なもの」（秩序、規範、文化など）が自動的に担保されるとする思考法がそれである。アクターが人間（もしくは人間の集合）であるという前提から、人間性のどのような要素を構成概念としてのアクターに設定するか——アクターは短期的な合理性を追求するのか、規範にしたがうのか、利他性があるのかなど——によって、アクターがどのような社会を作るのかを容易に変化させることができてしまう。その意味で、アクターネットワーク理論は、「アクターって誰？」という問いを反省的に表現して

4）その意味で、ラトゥールは——アクターネットワーク理論の名称にもかかわらず——「アクター」という語自体が不適切であると考えている。その理由は、アクターが必然的に人間を指してしまうからということに留まらず、アクターが例外なくベクトルの起点として位置づけられてしまうからである（Latour 2005：216-217＝2019：414-415）。ラトゥールにとって重要なのは、すべての物事の起点となるような特権的な地点（「社会的なもの」や人間の行為など）を措定することなく、社会を描くことである。

第Ⅲ部　政治を語り直す──オルタナティブを求めて

いるとも言えるだろう。この点については後ほど振り返ることにしたい。

2　合理的選択モデルとゲーム

　第1節では、政治学においてアクター概念が一般化した背景に、合理的選択理論を用いたモデルの普及と制度論の刷新があったことを指摘した。本節では、このうちの合理的選択モデルやゲーム理論におけるアクター概念がどのような前提をもっているのかを考えてみたい。そして、モデルやゲーム理論において、アクター概念は「選択の契機」を表現するものであること、および、アクター概念の価値は心の問題を切り離してゲームの構造に注目させるところにあることを示そうと思う。

（1）　合理的選択のモデルと人間の合理性

　そもそもモデルとは何だろうか。モデルとは、ある種の「地図」と言えるかもしれない（Clarke and Primo 2012）。地図が現実をそのまま写し取っているのではないように（地図はそれがカバーする実際の地理的な面積よりも当然に小さく、抽象化されている）、モデルも政治の世界をそのまま写し取っているわけではない。そして地図が役に立つのは、それが現実よりも小さくて単純化されているからである。私たちは地図の上に住むことはできないし、地図を観光することもない。地図を使うのは、ある場所に向かうなどのなんらかの目的があるからで、地図を現実と混同しているからではない。したがって、モデルに登場するアクターという概念が役に立つのは、それが実際の人間などよりも抽象的に単純化されているからである。また、私たちはアクター概念を理解や記述や分析といった特定の目的のために用いているのであって、モデルに登場するアクターを現実の人間と混同しているわけではない。

　以上の点は、合理的選択理論（およびそれを政治の領域に応用した公共選択論）にもあてはまる。「合理的選択の原理を自然法として受け入れることは、すべての合理的選択モデルが人間の行動に光を当てているということを意味しない。なぜなら、モデルは実際の選択状況にある多数の詳細から抽象化さ

270

第 10 章　アクターって誰？（西山真司）

れたものだからである」（Congleton 2019：9）。かつて、合理的選択モデルにおけるアクターは現実の人間から理不尽に抽象化されているため、そうしたモデルから導かれる洞察は机上の空論に過ぎないか、よくて既知の事柄を言い換えただけである、という批判も多くみられた。けれども、そうした批判が見落としているのは、合理性とは人間の心の性質のことではないし、また人間が本来的に利己主義者であることを仮定するものでもない、という点である。これはべつに、合理的選択理論の論者も人間には利他的な傾向もあることを認めているという話なのではなく――そのことはさしあたりいまはどちらでもよい――、合理的選択理論における合理性の仮定は、心の問題とは関係しないということである。S・ピンカーが論じるように、「合理的選択理論は人がどのように選択するかという心理学理論ではなく、人は何を選択すべきかという規範理論でもなく、何が意志決定者の選択に一貫性をもたせているか、また選択を価値観と一致させているかについての理論である。その点で目的と一貫した選択をするという合理性の概念と深く結びついている」（Pinker 2021：175＝2022 下：15-16、傍点は原文でイタリック）。だから、合理的選択理論におけるアクターの合理性の仮定は、クッキーよりもマシュマロを欲しがっているならばクッキーではなくてマシュマロを買うとか、食事を粗末にしたら怒られることはわかっていて、なおかつ怒られるのは嫌だと思っているならば食事を粗末にすべきではない、といった常識に関係する話である[5]。

　もちろん、ほとんどの行動の選択が未来に関係するものである以上、不確実性の問題に合理的に対処することが困難なことが多々ある。また私たちは、期待効用計算以前の突発的な衝動で、どう考えても合理的ではない行動をとってしまう（そしてしばらくしてそのことを後悔する）こともある。そもそも、私たちは選択肢をうまく比較できないこともあるし、自分の選好について明確に理解しているわけでもないこともある。その意味で、現実の人間は合理

　5）ピンカーはこれを、合理的であるための一般的な要件として「共約可能性」「推移性」「閉包」「連結」「独立性」「一貫性」「交換可能性」という七つの公理にまとめて紹介している（Pinker 2021：176-179＝2022 下：16-22）。

271

第Ⅲ部　政治を語り直す──オルタナティブを求めて

的アクターの仮定を完璧に満たせるほど合理的ではない。だが、H・サイモンが論じるように、だからと言って人間が非合理的であるということではない（Simon 1985）。人間は多くの場面で合理的であるが、ただその合理性が限定的なのである。

　ただし、人間がどの程度合理的であるかという問題と、合理的なアクターを想定するモデルの価値の問題は、別個に考えなければならない。人間の認知能力の傾向や限界、潜在意識下での非合理的な意志決定については、行動経済学などでしばしば取り上げられる。他方で、合理的選択のモデルは、アクターたちがみずから設定した目的を合理的に達成しようと選択を行う場合に、どのような帰結が予想されるか、そして現実にそのような帰結が生じていないのであれば、どのような要因が作用しているのかを探索する手がかりをあたえてくれる。つまり、合理的選択のモデルにおいては、アクターの思考や行動に癖や限界があること自体が大切なのではなく、複数の選択肢があるなかでアクターそれぞれによって選択がなされることのほうが大切なのである。言い換えれば、合理的選択モデルを駆動する要素は人間の心ではなく、あくまでもアクターたちによる選択である。そうした意味において、アクター概念が表現しているのは人間の類型ではなく、「選択の契機」だと言える。

（2）　ゲーム理論と心

　しかしながら、アクター概念から心の問題を切り離すという以上の話から、合理的選択モデルにおけるアクターは客観的に合理的だと想定しなければならないということにはならない。とりわけ、自分の選択が相手の選択に依存しており、同時に相手の選択も自分の選択に依存している二重に偶発的（contingent）な状況、すなわちゲーム的な状況においてはそうである。もしアクター（あるいは「プレイヤー」）が外部の視点から見て客観的に合理的であれば、ゲーム理論からあきらかにできる興味深いことなどほとんどないであろう。それはつねに社会的な均衡解を示すに留まるからだ。サイモンが述べるように、「おそらく政治学に対するゲーム理論の最大の貢献は、ゲームが客観的な合理的選択の原理と一致する安定的な均衡解をもつ状況が、い

272

第 10 章　アクターって誰？（西山真司）

かに珍しく一般的でないかを示したことである。そうであるならば、ゲーム的な特徴をもつ状況で人びとが実際にどう行動するかという仕事は、経験的な研究にゆだねられなければならない」（Simon 1985：300）。

　アクターはゲームにおいて主観的に合理的な選択を行うが、そうした主観的な合理的判断をもたらすものがそのゲーム状況には含まれている。よって、なぜある結果——とりわけアクターの選好にそぐわない結果——が生じたのかを考察する際には、そのゲームに内在する文脈や状況を考察しなければならないということである。反対に、これを個々のアクターの心の問題としてあつかおうとすると、主意主義の世界に立ち戻ってしまう[6]。ゲームは社会的なものであり、社会的であるためには複数のアクターのやり取りこそが重要なのである。

　たとえば感染症の拡大防止の観点から、政府によって外出規制措置が行われたとしよう。しかし人びとは警告を無視して外出し、結果的にこの措置は効力をもたなかったとする。このとき、人びとは感染症が拡大して社会的な不都合が継続することよりも、自分が外出することを選好していたと考えるべきだろうか。おそらくそうではない。自分だけ外出規制を守っていたとしても、どうせ他の人びとが外出して感染症の拡大が食い止められないならば、自分だけが損をすることを好まなかっただけかもしれない。もしみんなが外出規制を守るのであれば、自分もすすんで外出規制に協力したにちがいない。ここからすくなくとも三つの教訓が得られる。①アクターは他のアクターの選択への予想にもとづいて選択を行うということ、したがって、②問題になっているのはアクターたちの選択行動をつくりあげたゲームの構造であって、アクターの心の問題ではないこと、③こうしたゲームの構造を規定する制度、文脈、取り決め、その他のシグナリングが重要であること、である。

　この教訓①と②は、アクターの規定の仕方にも関係してくる。T・シェリングはゲーム理論を用いてさまざまな現象——駄々をこねる子どもをなだめ

──────────

6）すでに論じたとおり、政治学においては、アクター概念が導入されることで運命論的・静態的な旧来型の政治学（歴史学の一部門としての政治学）からの脱却が試みられたという経緯も思い出しておきたい。

273

第Ⅲ部　政治を語り直す――オルタナティブを求めて

る親から、国家間の紛争まで――が非ゼロサムゲームとして、つまり、一方が損をすれば他方が得をするものの利益の総和は一定でない状態として、理解できることを示してきた。シェリングが言うように、多くの社会現象（非ゼロサムゲーム）を解明しようとするゲーム理論は、しばしばアクターを抽象化し過ぎるがために失敗してしまうことがある。「コミュニケーションや強制のシステムを無視し、プレイヤー間の対称性を特別なものではなく一般的なケースとしてあつかうことで、ゲームはそれがもっとも有効であるレベルを飛び越えてしまい、典型的な非ゼロサムゲームの本質的要素を見失ってきた」（Schelling 1960：119＝2008：123）。たしかにアクターたちがすべて対称的なものであり、しかもアクターが相互に選択する手番（move）も存在しないと仮定すれば、ゲームの数学的な解を導けるかもしれない。しかし、それは現実への示唆をほとんどもたないだろう。ゲーム理論のモデルにおいてアクターはたしかに抽象的なものではあるが、ゲームにおけるアクターが対称的で手番をもたないものだと想定する理由はない。実際にアクターたちは対称的でなく、しかもどのアクターがどの手番を取るかに応じてゲームの経過と帰結は大きく異なるのだから（子どもが親にお願いごとをする場合や、小国と大国のあいだでの外交的な駆け引きを想像してもらいたい）。

　③についても、内容としては別に目新しいことを言っていない。つまり、機会費用や手番やサンクションも含め、ゲームの構造を規定する制度や文脈というものがあり、それに応じてアクターの選択は変化する。シェリングが言うように、「私たちが社会と呼んでいるものによる調整や誘導の多くは、個人が考える利益とより大きな全体の利益との不一致を解決するための、さまざまな制度的なしくみから成り立っている」（Schelling 2006：127＝2016：145）のである。もしゲームにおける調整メカニズムを心的なものに還元しないのであれば、制度やより非公式的な文脈といった、なじみある概念に注目する必要がある。つまり、ゲーム理論におけるアクター概念は、心的なものではなく制度的なものとのカップリングによって成り立っている。

3 制度

アクター概念が政治学で一般化した背景にあったのは、合理的選択モデルの普及だけでなく新制度論の登場でもあった。本節では、制度に着目することで、アクター概念がルールとしての制度概念と論理的に対であることを示したい。論理的に対であることは、選択の契機としてのアクターとルールとしての制度を文字通り切り離して理解することができない、ということである。制度の真空地帯においてアクターとその選択が生じる余地はないし、アクター（選択の契機）が介在しない"制度（ルール）そのもの"を想像することもできない。そしてその両者を媒介するのがゲームという発想である。政治学における新制度論が一般的に設定した問題の定義、すなわち、制度とアクターの相互作用を哲学的に整理することで、私たちは政治現象の記述・分析という仕事を別の角度から捉えることができるかもしれない。

(1) 制度とゲーム

選択の契機としてのアクター概念の普及は、かつての政治学にはなかった制度についての理論的な関心も喚起することになる。制度がアクターたちの選択を構造化するものでありつつ、同時に選択の結果としてあたえられるものであれば、制度はもはや記述や分析の与件ではなくなる。新制度論においては、制度とはいったいどのようなもので、どのように成立し、どのように人びとの行動を統制するのかについての理論的なスタンスが求められるようになった。しかし、制度についての洗練された理論は、おもに哲学と経済学（ゲーム理論や比較制度分析）の分野で発達することになる。

F・グァラによる整理では、制度論には大きく分けて「ルールとしての制度」と「均衡としての制度」という二つの考え方がある（Guala 2016＝2018）。前者を代表するのがD・ノースの制度論であり、後者の端緒となったのはD・ルイスのコンヴェンション論だろう。これら二つの考え方は、制度をアクター（プレイヤー）の選択を統制するもの（「ルールとしての制度」）として考えるか、アクターたちの選択の結果として生じたもの（「均衡として

第Ⅲ部　政治を語り直す──オルタナティブを求めて

の制度」）として考えるという差異に対応している。もちろん、グァラ自身が制度を「均衡したルール・アプローチ」によって捉えようとしていることからもわかるとおり、この両者の考え方は相互に排他的ではない。そしてさらに、以上の二つの考え方いずれとも関係する制度論として、J・サールのように制度が言語行為によって成り立っているというアプローチを挙げることができる[7]。これらの立場に共通する発想は、制度をゲームとの関係においてとらえるところである。前節でも述べたとおり、アクター概念はゲームを介して制度概念とつながっている。それぞれの制度論について見ていく前に、ここでの“ゲーム”についてより明確にしておきたい。

　ゲームは、しばしば合理的選択モデルと密接にかかわるが、しかしかならずしも経済学的な合理的選択モデルを前提にする必要はない。たとえば生態学における進化ゲーム理論のように、そもそも合理的なプレイヤー自体を想定しないゲームもある。進化ゲーム理論では、ゲームに言語はおろかプレイヤーの合理性もその選択も必要なく、ただ戦略の組み合わせが存在すればよい[8]。動植物の個体の生存戦略が全体の生態分布にどのような均衡をもたらすかといった問いは、多くの場合、個体がなぜ・どのように選択するかがわからなくても解けるからである（生存戦略が遺伝的アルゴリズムによって支配されているからでもある）。その意味で、進化ゲーム理論はそれ自体で制度を説明することはできない（志田 2003）。制度は戦略の分布によって代用できるものではないうえに、ゲームのアクター（プレイヤー）を前提としなければ社会的な意味での“戦略”の出所がわからないからである。グァラが論じ

　7）グァラの「均衡したルール・アプローチ」は、一方の「ルールとしての制度」が効果的なルールとそうでないルールを区別できず、他方の「均衡としての制度」は相関均衡のうちのすべてが制度ではない（動物には制度がない）という問題を引き起こす、という理由によって提唱されている。つまり「制度は、端的に言えば、人びとがそれにしたがうように動機づけられたルールである」（Guala 2016：xxv＝2018：12）。なお、グァラはサールのように制度の根源に言語行為があり、それが制度のリアリティを創出するという主張は、「ルールとしての制度」の一変種としてあつかうことができるという立場をとっている。
　8）コンピューター・シミュレーションによってこうした進化ゲーム理論を社会科学の分野に応用し、興味深い知見を導いたものとして Axelrod（1984＝1998）を参照のこと。R・アクセルロッドは、くり返しゲームによってある戦略が支配的になることを論じ、それがどのようにして協力行動を導くかを示している。

第 10 章　アクターって誰？（西山真司）

るように、「人間は、たがいの指し手（move）を予測することが決定的に不可欠である。コーディネーションが成功するには、全員がおなじ行動ルールにしたがうことだけでなく、全員がそれぞれの役割を果たすことを私たちが信じ、さらにかれらもおなじことを信じていることも必要とされる」（Guala 2016：89＝2018：134）。結果的に、すくなくとも人間は、たがいに相手の指し手（move）への期待を自分の指し手に織り込みつつゲームを展開する。つまり、制度論におけるゲームには、グァラが「心を読む（mindreading）」と呼ぶ事態、すなわち他者に自分と同様の「心」があることを前提とする（このことを前節では、二重に偶発的な状況であると表現した）。これが、制度とアクターがゲームを介して論理的に対であることの中身である。選択の契機としてのアクターは心的なものに還元されるべきではないが、ゲームのアクターに心的なものを前提としなければ社会的な意味での制度については語れない。

　以上の点が、制度論の各アプローチに共有されていることを確認しよう。

（2）　ルールとしての制度

　制度はアクターたちにとってゲームのルールとして機能する。この「ルールとしての制度」という考えは、そのシンプルさゆえに経済学者のみならず政治学者たちにも愛好されてきた。有名な箇所においてノースが論じるように、「制度は社会におけるゲームのルールである。あるいはより形式的に言えば、それは人間の相互作用をかたちづくるものとして人間によって考案された制約である。したがって、制度は、政治的・社会的・経済的いずれであれ、人びとの交換におけるインセンティブを構造化する。制度変化は社会の時間的変化の様式をかたちづくり、それゆえ歴史変化を理解する鍵となる」（North 1990：3＝1994：3）。

　制度に関するノースの主張は、以下の3点にまとめることができる。①制度がゲームのルールであること、②ルールとアクター（プレイヤー）の戦略は区別されなければならないこと、③アクター（プレイヤー）は状況を主観的に認知された文脈に沿って解釈すること、である。②については、進化

277

ゲーム理論が制度について語ることができないと述べたこととおなじである。アクターによる選択の契機があってはじめてゲームは制度と関係する。③については、制度の変化について理解するためには、「フォーマルな制度的構造の文脈におけるアクターたちの主観的認知という文脈」（North 1990：44＝1994：59）が重要になるということである。フォーマルな制度とインフォーマルな制度という区別をどこまで維持できるかは別としても、制度がゲームのルールであり、アクターたちがそのルール的制約のなかで主観的に認知された文脈に沿ってゲームをプレイし、そして次第に制度も変化する、という発想は制度論の基本として考えることができる。

（3）　均衡としての制度

　ルイスの『コンヴェンション』は、シェリングの複数均衡解をもつコーディネーション・ゲームに大きな着想を得つつ、D・ヒュームの議論を洗練させるものである。「ルールとしての制度」論においては、なぜアクターたちがそのルールにしたがうのかという理由について直接の検討対象にならない。他方で、「均衡としての制度」という発想は、アクターたちがなぜある種の制度にしたがうようになるのかについて、ゲーム理論的に定式化を試みる。そうして導かれるのが「コンヴェンション」である。コンヴェンションとは、きわめて簡潔に言えば、人びとのあいだで合意のある慣習であり、それゆえに共通利益への一般的な感覚とも言い換えられる。コンヴェンションは、ほとんど全員の人が近似的な選好をもっている状況において、ほとんどの人びとが同調していることをほとんどの人びとが期待しているような慣習ないし規則性である[9]。ある慣習や規則性は必然的に同調をもたらすものではなく、別の慣習や規則性であっても、ほとんどの人びとがそれに同調するのであれば、それはコンヴェンションとして成立する。つまり均衡解は複数存在する。そして、以上の議論を通じてルイスは、言語はコンヴェンションであるというテーゼも立証しようとした。

　9）ルイスによるコンヴェンションの正確な定義については、Lewis（2002：78＝2021：102）を参照のこと。

第 10 章　アクターって誰？（西山真司）

　ルイスは、コンヴェンションは規範としても成立すると論じる。なぜなら、コンヴェンションはそれが同調されることによってその蓋然性を強化し、自分がそれに同調すべきであるという推定上の理由も強化するからである（Lewis 2002：97-100＝2021：126-131）。その意味で、コンヴェンションの多くはルールと呼ばれるが、しかしルールのすべてがコンヴェンションになるわけではない（強制力によって執行されるルールなどはコンヴェンションの定義からは外れる）。以上のように、「均衡としての制度」は、制度が所与のものとして勝手にあたえられるという発想を退ける。制度は、他者の選択への期待を前提としたアクターたちによる期待の水準で成立するゲームの均衡であり、それは一種の規範的なルールとしても機能する。ただし、この期待はゲームの構造に帰属するのであって、アクターの心に帰属するわけではない。

（4）　言語行為としての制度

　ルイスは言語をコンヴェンションとして理解しようとしたが、サールはむしろ制度の存立根拠は人間の言語行為における単一の論理操作（「地位機能宣言」）にあると主張する（Searle 2010：13＝2018：16-17）。たとえば裁判官による「○○を命じる」という遂行的発話は、そう宣言することによって実際に命令を成立させる機能を有する。そして制度は、（明示的な発話というかたちをとらない場合も含め）こうした遂行的発話とおなじ論理操作を繰り返すことによって成立する。これはかなり強い主張である。なぜなら、制度はすべて言語行為に依存し、言語が存在しなければ制度も存在しないということになるからである（実際にサールは、だからこそ言語はこうした制度的リアリティの例外だとしている）。

　サールの立場からすれば、制度が成立するためには人間の言語能力が不可欠であり、反対に言語が存在しないならば制度を成立させる根拠を失うことになる。言い換えれば、人びとは言語を通じたやり取りによって現実をつくり出すことができるが、こうした言語行為とは別のところに制度が存立することはできない。その意味で、人間の社会においては、言語はアクターたちのプレイするゲームの構造そのものに属しており、言語がなければ当然にゲ

第Ⅲ部　政治を語り直す——オルタナティブを求めて

ームもゲームのルールも成り立たない（もちろん言語以前のゲームが行われる可能性もあるが、それは文明社会をもたらさないということになる）。

　以上、制度論のパターンとして、「ルールとしての制度」「均衡としての制度」「言語行為としての制度」の三つの立場を見てきた。それぞれの論者による主張は重なる部分も相容れない部分もあるものの、つぎのような前提は維持されていることがわかる。すなわち、制度はある種のゲームのルールとして機能するものであり、なおかつゲームにおけるアクターたちの選択によって成立し、ゲームにおけるアクターたちの選択に作用する。その意味で、アクター概念と制度の概念はゲームを介して相互に依存している。だから、抽象化されたアクターという概念はその場におけるゲームが同定されてはじめて意味をもつ。また、制度（ルール）はゲームのなかに存在するのであって、最初からルールブックのように存在している制度がゲームを規定しているわけではない。ゲームからルールを取り出して、ルールがどのようなものであるかを述べることはできない。

4　実践としてのゲーム

　以上の議論において示してきたのは、概念としての「アクター」と「制度」が論理的に対になっていることである。本章の残りの部分では、こうした見立てが政治学の研究にどのような教訓をあたえるかを見ておきたい。すなわち、アクターと制度の対関係を重視するのであれば、政治現象を構成しているゲーム（実践）をそのまま記述することが求められるということである。それは、政治のように人間的な営みとされるものの研究をしばしば蝕むアポリア、つまり「心」の問題から政治学者を解放する効果をもつはずである。

（1）　ゲームをどのように記述・分析するか

　アクターと制度が論理的に対であるということは、「政治現象の研究にお

いてアクターと制度の両方をしっかりと見るようにするべきだ」というよくある類の無害な忠告に還元されるべきではない。そうではなくて、ゲームの選択の契機としてのアクターとそのゲームのルールが切り離せないのであれば、「選択とルールの複合」は別のひとつの概念でも呼ばれるべきだということだ（左足用の靴と右足用の靴は、ふたつ合わさって「靴」である）。それを、ここではエスノメソドロジーにならって「実践（practice；Praxis）」と呼ぼう。アクターと制度（ルール）を媒介するゲームは、こうした実践にもとづいて記述・分析すべきであるというのが本章の立場である。あらゆるゲームがそうであるように、政治というゲームでも、そのゲームの実際のプレイ（選択）を抜きにしてルールだけを取り出すことはできないし、同時にルールが存在しないところでプレイが生じることもない（正確に言えばそれがゲームのプレイだと知覚できない）。実践とは、ゲームの実際のプレイを表現する概念であり、政治を構成するやり取りのことである。

　すでに論じたように、ゲームをプレイするアクターは動員できる資源その他において非対称的であり、そして他者の出方によって自分の手を決める（そして他者も同様である）という意味で二重に偶発的な状況にあって、文脈やその他のシグナリングを手掛かりにしながらゲームを展開していく。つまり、アクターは事前に決められたプログラムによって駆動する機械ではない。そして重要なのは、ゲームの展開や成り行き、アクターたちの指し手を気にしているのは、研究者だけでなくアクターたち自身でもあるということだ。実践を「実際のプレイ」だと強調するのは、以上の点を明確にしておくためでもある。

　では、ゲームの実際のプレイを記述・分析するとして、問題はそれをどのように行うか、である。しかし、これについては――残念ながら――その研究がどのような素材・テーマからどのような問いを立てているかに即して個別に考えざるをえないだろう。本章ができることは、アクターという概念の陰に隠れた罠、そしてしばしば政治学が陥りがちな罠の在りかに旗を立てておくことに限定されている。よって、ここでは実践の記述・分析という課題にとってネックになる「ルールに従ったゲームのプレイ」と「心の帰属先」

第Ⅲ部　政治を語り直す──オルタナティブを求めて

について簡潔な教訓を示して終わることにしたい。

　まず、ルールに従ったゲームのプレイについてである。これのどこに罠があるのかと言えば、「ルールに従う」という箇所である。よく知られているように、「ルールに従う」とはいかなることなのかについて、L・ウィトゲンシュタイン以来、哲学上の問題として幅広く議論されてきた。その内容としては、原理的にどのような行動であってもルールに合致させることができる（し、おなじ意味でルールに矛盾させることもできる）以上、ルールはルールに従った行動をいかようにも決定できない、というものだ（cf. Wittgenstein 2009：§201-202＝2020：201-202節)[10]。これは原理的なパラドックスとして提示されているけれど、では実際にルールはルールに従った行動を生み出せないのかというと、そんなことはない。私たちはふつうルールに従って行動できるし、もしルールへの違反があった場合はそれを違反として認識し共有することができる。これはルールをルールたらしめる根源的で超越的ななにかのおかげではなく、ただ私たちの「生活形式」が一致していることによる（Wittgenstein 2009：§241＝2020：241節）。つまり、言語が公的なものであるのと同様、ルールはあくまでも公的なものであり、人びとがそのルールをルールとしてあてにする公的な（＝そのゲームをプレイしているアクター自身にも理解される）実践に定位されなければならない。ルールはその本質がどこかイデア界のようなところに存在しているわけではなく、私たちがそれをルールとして使うゲームを展開することによって、ルールでありうる（野矢 2022：110-111）。

---

　10)『哲学探究』におけるウィトゲンシュタインが用いるのは数列の例である（Wittgenstein 2009：chap.7＝2020：第7章）。教師が生徒に「2, 4, 6, 8, 10, 12…」と数字を続けることを指示したとして、ある生徒がその数列を「…996, 998, 1000, 1004, 1008, 1012…」と続けたとする。それを見ていた教師は「1000から後の計算が間違っている。4ではなくて2を足すように」と言うだろう。しかし、生徒は教師が示した数列のルールを「1000までは2を足し続け、1000からは4を足す」として解釈していたのかもしれない。この生徒の理解は、教師の指示したルールに矛盾していると言えるだろうか。教師の示したルールには「1000以降も2を足し続ける」という文言は含まれていなかったはずだ（同様に「3409876以降も2を足し続ける」も含まれていない）。こうした事例を耳にすると「常識的に考えてわかるだろう」と多くの人は苛立つであろう。ウィトゲンシュタインは、まさにこの「常識的に理解する」ことがルールに従うことの根幹にあると示そうとしたのだった。

282

第 10 章　アクターって誰？（西山真司）

　以上の点は、制度（ゲームのルール）を主要な問題構成とする政治学にとっても、無視できない問題となる。政治現象はもちろん制度や規範のもとで理解されるべきではあるが、そうしたルールが実際の選択とは独立に存在しているわけではない。言い換えれば、ルールの意味のようなものがルールの本質なのではなく、あくまでもルールとして使われることがルールの本質である。制度や規範をそれが使われる文脈から取り出して定義づけすることはできない。これは、制度や規範が重要ではないという話なのではなく、制度や規範はそのようなものとして重要である、という話である。「ルールと選択の複合」としての実践を記述や分析の対象とすることは、制度や規範に（不当にも）実践を超える優位性をあたえていた発想からの脱却を促すことになる。

（2）　心の帰属先──機械と幽霊
　他方で、心の帰属先についての問題もある。アクターは、ゲームにおける心的な要素ではなく「選択の契機」を表現するものであるが、同時に他者の指し手への期待から自分の指し手を選択する（＝おたがいに心を読みあう）という意味で、心的なものから遮断された存在であってはならない。こうした意味で、心的なものをゲームのどこに位置づけるのかというのはアポリアとなる。もし、アクターの背後にあるブラックボックスとしての心がゲームを背後から支配しているのであれば、研究者は実践ではなくて心というブラックボックスを見なければいけないことになる。その場合、生じるのはつぎのふたつの立場である。①ブラックボックスとしての心を直接見ることはできないのだから、心的なものは重要ではなく、視認できるアクターの実際の行動以上のものはゲームにおいて生じていない。②アクターの選択という行動には、その背後で選択を決定する心的な過程が存在していたはずであり、アクターの選択の意味はその心的な過程が担っているはずである。①はアクターを一種の機械に仮託し、②はアクターを幽霊の乗った機械に仮託する。だが、G・ライルは、どちらも心身二元論を元にした「機械のなかの幽霊のド

283

第Ⅲ部　政治を語り直す──オルタナティブを求めて

グマ」（Ryle 1949：17＝1987：11）というおなじ罠に躓いていると断じる[11]。

このドグマが罠であるのは、実際にはありもしない難問を作り出してしまうからである。①と②のどちらの立場においても、心が私秘的なもので、本人にとっては明確であっても他人が外から窺い知ることはできない何かであり、それが機械としてのアクターの中に棲む幽霊として「意味」や「意図」をつかさどっている、という前提がある。すると、ふつう私たちにとって明白であったはずの「意味」や「意図」といったものが、途端に神秘のヴェールに包まれて見えなくなってしまう。だが、ゲームにおけるアクターたちの選択を、内面に隠された心に係留して考えるべきではない。すでに本節（1）でも論じたとおり、ゲームのプレイはアクターたちにとって公的なものであり、アクターの選択の「意味」や「意図」を理解することは、アクターの選択を観察することで（他のアクターにとっても）理解される。そして、他のアクターがどのようにその選択の「意味」や「意図」を理解したかということも、公的なゲームのなかで選択として示される[12]。こうした選択の積み重ねが参照されるべき文脈を作り出すのであり、むしろこうした公的な文脈と無関係に私的になにかを意味したり意図したりすることはできない。

アクターという概念は、人間であれ組織その他であれ、抽象化したものであるがゆえに心に由来する複雑性を持たないかのように考えられていることがある。しかし、そのように考えられているがゆえに、ゲームの均衡解に収まらないブレや揺らぎを、心的なものに帰属してしまいたくなる誘惑が生じる。本章第1節（3）で概観したラトゥールは、こうした誘惑に堕して心的な人間らしさから「社会的なもの」を密輸入しようとする態度を戒めたのだろう。記述や分析の手にあまる事態には、ブラックボックスとしての心が持ち出され、それが不透明なまま現実のゲームを支配しているというイメージが立ち現れやすい。つまり、理論的にはかなり無防備で素朴なかたちで心へ

───────────────

11) ライルは別の著書においても、行為の理解に関する還元論的な傾向（「それは体の動きに過ぎない」＝行動主義）と二重論的な傾向（「それはただの体の動きなのではない。そこにはプラスして内面での活動があるはずだ」＝デカルト主義）の両者が、結果的におなじ過ちを犯していると表現している（cf. Ryle 1979＝1997）。

12) この点については、Coulter（1979＝1998）も参照のこと。

284

第 10 章　アクターって誰？（西山真司）

の誘惑が生じるのだ。だからこそ、アクターの心の帰属先を取り違えないようにしなければならない。心的なものはゲームの内側に存在する。ゲームの構造となるアクターたちの相互期待も、アクターの心のなかにではなく、公的なものとしてゲームの内側に示されていなければならない。ただし、アクターたちの心を一致させる超越的な規範が存在すると言いたいわけではない。心的なものもあくまでも実践のなかで示され、理解されるということである[13]。

おわりに

　本章の要点を書き出しておこう。①政治学におけるアクター概念は、歴史決定論や運命論への対抗として出てきたこと、②アクターは一種のモデルにおいて使われること、③アクターと制度には「選択とルール」というかたちで論理的なつながりがあること、④この論理的なつながりを重視するならば記述・分析すべきはゲームの実践であること、⑤それによって心への無防備な誘惑に対抗すべきこと、である。

　以上の点を踏まえつつ「アクターって誰？」という問いに答えるならば、こうなるだろう。アクターは人間だけでなく、組織、集団、場合によってはノンヒューマンなものなども指すことがある。その意味でアクターという概念自体の理論的な負荷は多くない。しかし、すくなくとも政治分析におけるアクターとは、制度的なゲームにおける選択の契機を指すものであり、制度（ゲームのルール）と独立にあたえられるものではない。よって、アクターは実践（選択とルールの複合）よりも先に確定しているものではないということになる。その意味で、「アクターって誰？」への回答は「まず実践を見よ」である。

　政治はきわめて人間的な現象であるかもしれない。だが、政治学は人間的に構築される必要はない。アリやヒヒやチンパンジーやペンギン人からでも、

---

13) 以上の発想は、N・ルーマンによる社会システムと心的システムの構造的カップリングという発想に接続できると考えられるが、この点は別稿に譲りたい。

政治のことを理解できるかもしれないのだから。政治は人間的な現象であるがゆえに、しばしば人間らしさの根幹である「心」というブラックボックスに遡ることによって肝心なことが説明されるかのように考えられがちである。アクターという概念は、素朴なかたちで生じるそうした誘惑に抗するポテンシャルを秘めている。しかし、だからこそ、アクター概念がなにを意味しているのかは明確にしておかなければならない。

参考文献

栗原亘（2018）「政治とモノ―― B・Latour のアクター・ネットワーク理論とコスモポリティクスについて」『年報　科学・技術・社会』27：89-112。

栗原亘（2022）「ANT と政治／近代――「政治」を脱・人間中心的に組み直すための思考法」栗原亘編著『アクターネットワーク理論入門――「モノ」であふれる世界の記述法』ナカニシヤ出版。

志田基与師（2003）「進化ゲーム理論は数理社会学に応用可能か？」『理論と方法』18（2）：197-209。

野矢茂樹（2022）『ウィトゲンシュタイン『哲学探究』という戦い』岩波書店。

フランス、アナトール（2018 [1908]）『ペンギンの島』近藤矩子訳、白水社。

丸山眞男（1995 [1949]）「政治学入門（第一版）」『丸山眞男集　第四巻』岩波書店。

Axelrod, Robert（1984）*The Evolution of Cooperation*, Basic Books. ［松田裕之訳（1998）『つきあい方の科学――バクテリアから国際関係まで』ミネルヴァ書房］

Catlin, George E. G.（1930）*A Study of the Principles of Politics*, Russell & Russell.

Clarke, Kevin A. and Primo, David M.（2012）*A Model Discipline; Political Science and the Logic of Representations*, Oxford University Press.

Congleton, Roger D.（2019）Rational Choice and Politics; An Introduction to the Research Program and Methodology of Public Choice, in Congleton, Roger D., Grofman, Bernard and Vogit, Stefan eds. *The Oxford Handbook of Public Choice*, Oxford University Press, 3-24.

Coulter, Jeff（1979）*The Social Construction of Mind: Studies in Ethnomethodology and Linguistic Philosophy*, The Macmillan Press. ［西阪仰訳（1998）『心の社会的構成――ヴィトゲンシュタイン派エスノメソドロジーの視点（抄訳）』新曜社］

Downs, Anthony（1957）*An Economic Theory of Democracy*, Harper & Row Publishers. ［古田精司監訳（1980）『民主主義の経済理論』成文堂］

Evans, Peter B., Rueschemeyer, Dietrich and Skocpol, Theda eds.（1985）

Bringing the State Back In, Cambridge University Press.

Farr, James (2007) The Historical Science (s) of Politics; The Principles, Association, and Fate of an American Discipline, in Adcock, Robert, Bevir, Mark and Stimson, Shannon C. (eds.) *Modern Political Science: Anglo-American Exchanges Since 1880*, Princeton University Press, 66–96.

Frey, Frederick W. (1985) The Problem of Actor Designation in Political Analysis, in *Comparative Politics*, 17 (2)：127–152.

Guala, Francesco (2016) *Understanding Institutions*, Princeton University Press. [瀧澤弘和監訳 (2018)『制度とは何か――社会科学のための制度論』慶応義塾大学出版会]

Lasswell, Harold D. and Kaplan, Abraham (1950) *Power and Society; A Framework for Political Inquiry*, Yale University Press. [堀江湛／加藤秀治郎／永山博之訳 (2013)『権力と社会――政治研究の枠組み』蘆書房]

Latour, Bruno (2005) *Reassembling the Social: An Introduction to Actor-Network-Theory*, Oxford University Press. [伊藤嘉高訳 (2019)『社会的なものを組み直す――アクターネットワーク理論入門』法政大学出版局]

Lewis, David (2002) *Convention: A Philosophical Study*, John Wiley and Sons Limited. [瀧澤弘和訳 (2021)『コンヴェンション――哲学的探究』慶応義塾大学出版会]

Merriam, Charles E. (1934) *Political Power: Its Composition and Incidence*, Whittlesey House. [斎藤真／有賀弘訳 (1973)『政治権力――その構造と技術（上）（下）』東京大学出版会]

North, Douglass C. (1990) *Institutions, Institutional Change and Economic Performance*, Cambridge University Press. [竹下公視訳 (1994)『制度・制度変化・経済成果』晃洋書房]

Peters, Guy B. and Pierre, Jon (2020) The New Institutionalism in Political Science, in Berg-Schlosser, Dirk, Badie, Bertrand and Morlino, Leonardo eds. *The Sage Handbook of Political Science Vol.1*, Sage Reference, 133–152.

Pierson, Paul (2004) *Politics in Time: History, Institutions, and Social Analysis*, Princeton University Press. [粕谷祐子監訳 (2010)『ポリティクス・イン・タイム――歴史・制度・社会分析』勁草書房]

Pinker, Steven (2021) *Rationality: What It Is, Why It Seems Scarce, Why It Matters*, Allen Lane. [橘明美訳 (2022)『人はどこまで合理的か（上）（下）』草思社]

Ryle, Gilbert (1949) *The Concept of Mind*, Penguin Books. [坂本百大／井上治子／服部裕幸訳 (1987)『心の概念』みすず書房]

Ryle, Gilbert (Kolenda, Konstantin ed.) (1979) *On Thinking*, Basil Blackwell. [坂本百大／井上治子／服部裕幸／信原幸弘訳 (1997)『思考について』みすず書房]

Schelling, Thomas C. (1960) *The Strategy of Conflict*, Harvard University Press. [河野勝監訳 (2008)『紛争の戦略――ゲーム理論のエッセンス』勁草書房]

第Ⅲ部　政治を語り直す——オルタナティブを求めて

Schelling, Thomas C.（2006）*Micromotives and Macrobehavior*, W. W. Norton and Company, Inc.［村井章子訳（2016）『ミクロ動機とマクロ行動』勁草書房］

Searle, John S.（2010）*Making the Social World: The Structure of Human Civilization*, Oxford University Press.［三谷武司訳（2018）『社会的世界の制作——人間文明の構造』勁草書房］

Simon, Herbert A.（1985）Human Nature in Politics: The Dialogue of Psychology with Political Science, in *The American Political Science Review*, 79（2）：293-304.

Wittgenstein, Ludwig（Hacker, P. M. S and Schulte, Joachim eds.）（2009）*Philosophical Investigations*, Revised 4th edition, Wiley-Blackwell.［鬼界彰夫訳（2020）『哲学探究』講談社］

＊本章で引用したインターネット上の資料・記事等の最終閲覧日は、いずれも 2024 年 8 月 30 日である。

第11章

市民の価値観の生態学的アプローチ
——実験的アプローチの「狭さ」を越えて

佐藤圭一

はじめに——量的研究＝「実験的アプローチ」か？

　本章は、量的データを扱う政治学をふくむ社会科学的分析を行ううえで、今日多くの研究が用いる「実験的アプローチ」に対置させる形で「生態学的アプローチ」と呼べるものが存在することを主張する。実験的アプローチがサンプルの同質性を前提とし、介入効果の大きさをもとに因果推論を行うことを指向するのに対して、生態学的アプローチを用いた研究は、データを構成するアクターの異質性に目を向け、その規模や行動の違いを記述することに焦点をおく。

　これまで、量的研究と質的研究の研究ロジックの違いはしばしば取り上げられてきた（Goertz and Mahoney 2012＝2015）。これに対して本章は量的研究のなかにも、その内部で異なるロジックがあることを提起する。このような主張は一見奇妙なものにも聞こえるかもしれないが、それ自体は穏当なものだと考えられる。というのは、実験的アプローチとは異なるデータ分析のあり方は、これまでも標準的な量的データ分析の手法として行われてきたものであり、本章の問題提起はそこに生態学的アプローチとラベルをつけることによってスポットライトを当てている（だけ）ということだからだ。本章の主張に新規性があるとすれば、そこに生態学的アプローチとして大まかなロジックのまとまりを指摘する点、そして本書全体が提起するインフォーマルな政治を探究する研究との相性の良さを指摘する点にある。インフォー

マルな政治は、その「政治」が行われる場所、扱うトピック、関わるアクターが、国家を中心としたフォーマルな政治よりもはるかに多様である。生態学的アプローチは、観察対象とするフィールド内の要素の構成や分布に目を向けさせる。

　このような議論を展開するうえで、筆者の研究上の背景を簡単に紹介しておくことは、読者の理解を助けるかもしれない。筆者が学問上の研鑽を積んだ大学は偶然、国内でも留学先でもともに学科間の垣根が低いところばかりで、筆者自身も社会学を中心としつつ、政治学に関するゼミや講義に多く参加してきた。あくまで個人的な観点ではあるが、接点の多い両学問とはいえ、例えば二つのゼミで同じペーパーを出しても、展開される議論にはある種の傾向があることを、大学院生時代から肌感覚として感じてきた。すなわち社会学では対象の実態をどれだけうまく描けているのかに関してコメントが多く寄せられるのだが、政治学では説明の妥当性をめぐって議論が展開されることが多かった。しかしこれを「政治学」と「社会学」の違いとして描くことは、実態を捉えていないように思われる。例えば社会学の分析を「説明がない」とは言えないはずだ。肌感覚として感じる傾向の違いを、学問名によって還元することなく、描き出すことはできないだろうか。そんなことを長年考えてきた中で、本書の趣旨は、このような個人的にとどめていた感覚を、学術的に昇華した形で言語化する試みにつながっていった。すなわち、それは異なるアプローチの違いであり、傾向として社会学・政治学それぞれに議論の多寡はあれど、いずれにも併存しているものである。

　生態学的アプローチに関する本章の主張を、具体例を踏まえながら順を追って展開するために、本章は次のような構成をとる。はじめに、日本における量的データを用いた政治学研究の長期的な動向を振り返り（第1節）、そこにおいて実験的アプローチと生態学的アプローチという異なるロジックをもつ研究が併存することを確認する（第2節）。そのうえで、生態学的アプローチを用いた研究の具体例として、筆者自身の研究を紹介する。ここで扱うのは、市民の政治的価値観である。日本の現代市民社会においては、異な

る価値の組み合わせをもつグループが併存しており、それぞれ規模と行動パターンが異なる。ここではグループを価値クラスターとよび、その世代・ジェンダーごとの分布を確認したうえで、投票行動との関連を分析する（第3節・第4節）。

　なお本章は、実験的アプローチと生態学的アプローチいずれかの優位性を主張するものではない。そもそも、筆者自身、通常は実験的アプローチに基づいた分析を行っており、生態学的アプローチと呼べる分析視角をもった研究はどちらかというと少数である。しかし、生態学的アプローチは、本書が主張する政治学の「狭さ」を越えていくうえで、重要な研究上のロジックであると考えられる。研究は方法に拘束されるものであるがゆえに、多様な方法論の意識化は、研究の多様化に通じるものだからだ。本章を通じて、そのロジックを析出し具体例とともに提示したい。

1　回帰分析を用いた研究の増加

（1）『年報政治学』における動向

　はじめに日本の政治学研究における量的研究の動向をみるために、『年報政治学』において発表された論文の動向を見てみよう。『年報政治学』は、日本政治学会が刊行し、1950年から発行されている日本の政治学を代表する学術雑誌である。2004年までは年10本、年2回発行となったそれ以降は年20～30本程度の論文が掲載されている。

　図1は1990年以降に刊行された論文のうち量的分析に基づくものの割合を示している。ここでは、その論文の中核的な主張が量的データに基づいて行われているか否かをもとにコーディングした。つまり、質的分析に基づく主張を補完するために量的データが用いられているものは含まれていない。これを見てみると、1990～2000年にかけては、量的分析論文がまったく掲載されていない年も少なくないことがわかる。一方2000年以降、量的論文の割合は常におよそ3割程度となり、最近になるほど増加傾向である。この技術的な背景としては、パーソナル・コンピューターと統計分析ソフト

第Ⅲ部　政治を語り直す——オルタナティブを求めて

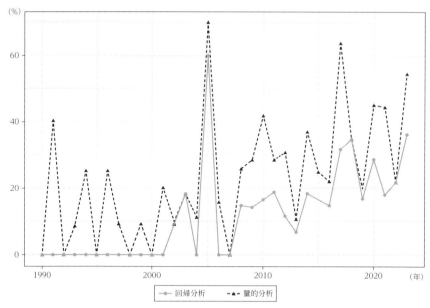

図1　『年報政治学』における量的研究の割合の推移

の普及によって、量的分析が以前よりも容易になったことがあるだろう。しかし、より根本的には、「政治学においてある種の「(自然)科学性」がより重視される」(境家 2014：82)ようになっていることが背景にあると考えられる。

　この自然科学性重視の流れとともに増加しているのが、回帰分析ないし傾向スコアマッチングなどそれを発展させた分析手法を用いたものであり、量的分析のうちおおよそ半数かそれ以上を占めるようになっている。けれども、このような回帰分析ブームと呼べる状況は、必ずしも量的分析の増加と完全に並行する現象ではない。1990年代においても、特集の内容によっては量的論文が多く掲載されている年もあったが、回帰分析を用いた研究は筆者の確認した限りなかった。最も代表的なものは、予算や各政党の議席数、あるいはなんらかの政府統計を経時的に示し、それを定性的に読み込むタイプの研究である。そのほか、相関分析や単純な平均値の差の検定を行ったもの、

第 11 章　市民の価値観の生態学的アプローチ（佐藤圭一）

そしてパス解析が少数あった。90 年代に見られたパス解析を回帰分析に含めるかは迷うところであるが、当時の用い方は 3 変数以上の変数間の相関を示すことに主眼が置かれ、後述する回帰分析のロジックとは明らかに異なっていたことから、ここでは回帰分析としてはカウントしなかった[1]。

（2）　回帰分析のロジックの特性とその陥穽

なぜ回帰分析が近年になるほど多く使われるようになっているのだろうか。考えられるのは、先ほど触れた「自然科学性」と回帰分析の想定するロジックの相性の良さである。1990 年代以降、社会科学の中でも特に政治学は、G・キング、R・コヘイン、S・ヴァーバらによる『社会科学のリサーチ・デザイン』（1994＝2004）を端緒とする実証研究のあり方をめぐる議論（井頭編 2023；Brady and Collier 2010 ［2004］＝2008）の影響を強く受けた[2]。同書においてキングらは、社会科学的研究は、データをもとにした因果推論を研究の目標とすべきと主張した。この因果推論を行ううえで、キングらが特に重視したのが、説明変数がある値を取った場合と別の値を取った場合に被説明変数に与える値の差（「因果効果」）である[3]。これは、他の変数の影響を統制したうえで、独立変数の一単位分の変動が従属変数の変動に与える効果を分析する（重）回帰分析のロジックそのものであり、その意味で回帰分析は、キングらの主張する因果推論を行うための有効な手段となる。

しかし回帰分析型の分析の長所は、別の角度から見れば、研究の「狭さ」にもつながる。以下簡潔に三点にまとめよう。

1)Why の重視と How の軽視：回帰分析は独立変数（X）一単位分の変化

---

1 ）なお、これとは別に、2010 年代以降は実験手法を用いた論文が急速に増えており、これらのなかには回帰分析を用いていないものもごく少数あったが、ランダム化により回帰分析のロジックを共有するものとしてこちらは「回帰分析」に含めている。

2 ）またこれに加えて、日本の政治学特有の文脈として実証主義的な政治学研究を看板に掲げた政治学術誌『レヴァイアサン』（1987–2018）の存在も重要である。同雑誌は、因果推論を重視した政治学研究を普及させるうえで大きな役割を果たしたとされている（田口 2001；猪口ほか 2023）。

3 ）なお因果推論をこのような形で概念化する代表的な論者は D・B・ルービンであり、詳細は Imbens and Rubin（2015＝2023）も参照。

が、従属変数（Y）の変化に、平均的に、どの程度の効果をもつのかを検証する分析手法である。この独立変数がもたらす変化量（β）の大きさをもって、なぜ（why）という問いに対して、独立変数をもとに「説明する」という論法となる。この場合、説明される対象である従属変数は既知であることが前提となるが、政治現象には、従属変数そのものがどうなっているのかよくわかっていないものも多い。why という問いが成立する以前の、「どのような」（how）という問いは軽視されがちである。

2) <u>モデルの重視とケースの軽視</u>：回帰分析のモデルはあくまで反実仮想的なものであり、実際の事例とは常にずれが生まれる。

3) <u>変化量の重視と規模の軽視</u>：モデルから導かれる従属変数に与える効果の量は、本来、変化量（回帰係数 β）と独立変数（X）の掛け算であるが、回帰分析を用いた研究ではもっぱら変化量に注目する一方、独立変数の規模は、回帰分析の手法の性質上、議論の表面には上がりにくい。

なお本章は、回帰分析を用いている研究がすべて上述の傾向をもっていると主張するつもりは毛頭ない。例えば第二の点に関しては、まさにこの問題があるために事例分析と組み合わせた研究もあるし、第三の点に関しては記述統計の精緻な読み取りで補完することができる。そもそも、これらの回帰分析の特性が長所となるか欠点となるかは研究上の問い次第である。本章が主張したいのは、回帰分析型の分析手法はあくまで、その特性を生かせる場合に用いられる一手法であり、量的分析のすべてではないということだ。

2　生態学的アプローチ

それでは、量的データを扱いながら、回帰分析的ではない研究にはどのようなものがあるだろうか。すでに述べたように最も多いのは指標を時系列に並べたり、さまざまな記述統計を並べたりするタイプのものだ。伝統的に用いられていた政府統計や選挙結果だけではなく、2000 年代以降には、テキストデータをコーディングした言説分析（ソジエ内田 2018；前田 2013）など、

量的データの対象も広がっている。記述統計の他、特に90年代には相関を分析するものも多かった。

これらの比較的素朴な手法のほか、より発展的な分析であり、かつ回帰分析と異なる代表的なものとして質的分析比較法（qualitative comparative analysis：QCA）がある（新川 2021；稗田 2015）。QCAは、集合論に基づいており、説明変数の組み合わせに着目すること、モデルと事例が一致すること、といった特徴がある（Rihoux and Ragin 2009＝2016）。このほかには、例として、エージェント・ベースド・モデリング（武居 2017）を用いたものも存在する。これらは、説明変数と被説明変数の因果関係について明らかにする志向をもっているという点では、実験的アプローチと呼べるものに包含されると考えられるだろう。

しかし、これとは異なるロジックをもつ研究がいくつか存在する。例えば、谷口とウィンクラー（2020）は、政党の選挙公約を主成分得点を用いて指標化したものをプロットし、その時系列的な変化や海外の政党の位置との比較を行っている。竹中と遠藤（2020）は、官僚・労働団体・財界などのエリートの保革イデオロギーの平均値の2018年の分布を、1980年のそれと比較している。濱本（2012）は、2009年の自民党から（旧）民主党への政権交代の前後で、各種利益団体ごとに、政党や官僚組織への接触のあり方がどのように変化したのかを、クロス表を用いながら比較している。砂原（2011）は、衆議院議員を経験した政治家が、地方自治体の首長を務めるキャリアパスへの至り方が、所属政党および衆議院／参議院ごとに、1990年代の地方分権改革の前後でどのように変化したのかを分析している。

これらの一見雑多に見える研究群は、その背後に二つの共通点を見出すことができる。それは、（1）アクター（群）の異質性が暗黙の前提となっており（類似の指摘をするものとして筒井（2019）も参照）、（2）それぞれのアクター（群）の特徴量（イデオロギーや行動など）の分布の全体像を示すことに研究の中心的意義が見出されていることである。たしかに上記で取り上げられたものは、制度改革など何らかの契機の前後での比較を行ったものが多く、その意味で、この契機を「介入」とみなし、その結果の検証をしているもの

第Ⅲ部　政治を語り直す──オルタナティブを求めて

表1　実験的アプローチと生態学的アプローチの比較

	実験的アプローチ	生態学的アプローチ
統計手法上のモチーフ	回帰分析	クラスター分析
指向性	変数指向	事例指向
研究上の焦点	効果量の推定	規模と分布の記述
サンプル間の影響関係	独立性	相互性

とみなせなくもない。しかしそこではこの介入の効果量を推定するのではなく、観察対象のフィールドにおけるアクターの行動や分布状況の変化をみることのほうに主眼がおかれている。したがって、変数の因果効果を推定する実験的アプローチとはやはり異なる指向性をもつ。本章ではこのような研究群を生態学的アプローチと呼んでみたい。

　表1は、実験的アプローチと生態学的アプローチの研究上のロジックの違いを理念的に、敢えて違いを強調してまとめたものである。理想的状態において、実験的アプローチは、サンプルが同質であり、特定の介入効果が与えられることによって結果に違いがもたらされるかどうかを検証する。またこの介入効果の検証を行ううえで、他のケースからの影響が排除されているか統制されていることも重要な前提である。これを統計手法を用いて疑似的に行っているのが回帰分析である。この場合、データで特に着目されているのは各変数の効果量であり、いわばアクターを行、変数を列にならべたデータを、「縦」に眺めていることになる。

　これに対して、生態学的アプローチではサンプルがそもそも異質であるという前提を共有しているように思われる。この場合、他の変数を統制して特定の変数の「介入効果」を眺めるというロジックが究極的には成り立たない。ある変数 X1 の値の違いは、そのまま変数 X2、X3…の値の違いと分かちがたく結びついているからだ。したがって注目する結果変数の違いはグループごとの違いということになり、データを「横」に眺めることになる。このようなデータの扱い方は、統計学上の手法でいえばクラスター分析が当てはまる（なお、言うまでもないが、生態学的アプローチがクラスター分析をかならず用いているわけではない）。結果変数の違いをもたらすのはグループの違いに

あたるので、それぞれのグループの規模や分布が特に焦点となる。さらに、ここでは相互性が暗黙裡に想定されている。これはより詳細には二つの側面がある。一つは影響関係であり、例えばあるグループの規模の増加や行動の変化は、他のグループに影響することが考えられる。もう一つは、相対的な位置の問題で、あるグループの規模が大きいことは、他のグループが小さいこととセットになって初めて実質的な意味をもつ。

　ここまで論じた実験的アプローチと生態学的アプローチの違いは、一見、キングら（1994＝2004）の言う「因果的推論」と「記述的推論」の違いに代替できるようにも思われる。キングらは、観察された対象のうちランダム性を排し、体系的な要素に着目した記述を記述的推論と呼び（いわゆる統計学でいう記述統計に相当する）、因果的推論に先行する説明としてその意義を認めている。生態学的アプローチで行われている分析作業が記述的推論のカテゴリーに入るという理解は、そこで行われているデータ分析のあり方そのものに限定した場合には正しいが、それでは範囲が広すぎ、この議論の焦点を捉えそこなってしまうことに注意が必要だ。第一に、記述的推論の範囲には、ある変数の要約も含まれるが、そこではここで重視されるアクターの異質性という要素が落ちてしまう。一方、生態学的アプローチは、異なる属性を持ったアクターの分布や相互作用によって観察対象のフィールドが特徴づけられているという了解に支えられている。生態学的アプローチは、この異なるアクターたちが置かれたフィールドのいわば「地図」を作る作業である。第二に、生態学的アプローチに基づいた解釈行為において因果的推論が行われる可能性は開かれている。あるフィールドの特徴に基づいて、当該のフィールドを「説明する」ことは、先に挙げたいずれの研究にも含まれている。その意味で生態学的アプローチに基づいた研究が、リサーチ・プログラムとして「因果的推論」という営為を排しているという理解はミスリーディングになる。

　なお生態学的アプローチという用語は、生態学＝生態学的アプローチという関係にあるものとして誤解を生みやすいという欠点があることは否めない。生態学においても実験的アプローチをとっている研究は、無数にありこの用

語を本質主義的に解釈することは本章の意図するところではない。本章が意図するのは、いわゆる実験的アプローチとは異なるロジックをもつの量的研究の存在と意義を可視化することである。

このような生態学的アプローチと呼べるような視角をもつ研究が存在することは、政治学に限らず、例えば社会学においてもいえる。橋本健二（2018）は、日本の階級構造と分布を分析している。樋口直人ら（2008）はドイツのミリュー分析（資本と生活スタイルを共有するグループ）を応用して、日本の左派リバタリアン・ミリューと社会運動への参加の関係について述べている。このように、おなじ量的分析を用いていても、その分析のアプローチの仕方は、実験的アプローチに限定されるものではない。

3　3G 論と社会価値

（1）　生態学的アプローチの分析フロー

ここまで本章は『年報政治学』に見られる量的データを用いた論文を中心に、それが実際には、実験的アプローチと生態学的アプローチという異なるロジックをもつ研究群に区別できるということ論じてきた。ただし、後者については、あくまで見出されたものであり、そのようなアプローチが当初から意識されて、論文が書かれているわけではないことには注意が必要だ。これらの論文はそれぞれのリサーチ・クエッションに取り組む中で、結果的にそのようなアプローチをとっている。それでは、もしも当初から生態学アプローチを意識化して量的データを扱う場合、どのような分析が可能になるだろうか。この節以降では、このことを、筆者自身のデータを用いて試みてみたい。

ここで取り上げるのは市民のもつ価値観と投票行動との関係である。どのような政党がどのような価値観ないしイデオロギーをもつ市民によって支持され、選挙で投票の対象となっているのかは、政治学における中心的なテーマであり、量的データを用いた分析が特に多い分野でもある（谷口 2020；松谷 2022；遠藤／ジョウ 2019）。このように研究蓄積が多い分野ではあるが、

誰の価値観がどの政党によってより代表されているのかを扱うことは、社会の統治のあり方を問うことであり、本書の扱う「インフォーマルな政治」の重要な一側面であると考えられる。

このような課題を扱う場合、最も標準的な分析は、特定の政党への支持や投票を従属変数、市民の価値観やイデオロギー、社会的属性といったものを独立変数としたうえで回帰分析をかけるというものである。この場合、例えばある価値観をもっている市民は、そうでない市民よりも、特定の政党に投票する確率がどの程度高いのかが議論される。これは実験的アプローチ的な視角の分析である。すなわち、特定の価値観をもつ市民とそうでない市民の投票行動の平均的な違いが反実仮想的に議論されることになる。

これに対して、生態学的アプローチをとる場合には次のような手順を取ることになるだろう。

1)「種」の特定
2)「種」の全体的な分布の可視化
3)「種」の発生や行動の分析

はじめに、生態系を構成する疑似的な「種」を何らかの手法を通じて特定する必要がある。これは研究者のもつ事例に関する知識を用いてトップダウン式に分類してもよいし、統計的な手法を用いてデータからボトムアップ式に見出してもよい。そのうえで、それぞれの「種」の分布や行動が論じられる。なお「種」の分布を論じることに意義があるかどうかは、先行研究の蓄積状況に左右されるだろう。「種」の分布がまだわかっていなければ、この分布状況を明らかにすることに学術的な意義が生まれるし、そうでなければ、行動の違い、さらには、それぞれの「種」の行動の違いが重なり合うことで、全体としてどのような効果がもたらされるのかが分析の中核となるだろう。

以上のようなフローを念頭に分析を進めていくが、その前に、市民のもつ多様な価値観のうちどこに着目するのかをあらかじめ決める必要がある。次項ではこれについて、簡潔に説明したい。

299

第Ⅲ部　政治を語り直す──オルタナティブを求めて

（2）　キッチェルトとレームの 3G 論

　日本において政治的価値を扱ううえで、しばしば用いられてきたのは、保守対革新というイデオロギーである。しかし、近年、この保革イデオロギーに乗り切らない争点対立や、世代ごとの認識の差の存在が指摘されるようになってきている（竹中 2014；遠藤／ジョウ 2019）。他方で、この事態に対処するために個別の政策争点のみに着目すると、当該争点を越えた価値観の全体的な分布を見失ってしまう。過度な単純化と個別化の双方を避けるための有効な枠組みとして、ここでは、キッチェルトとレーム（Kitschelt and Rehm 2015）による価値観の三つの G 論を援用する。キッチェルトらによれば、先進資本社会における主要な価値観は以下の三つの軸で整理することができる。

- ●物質的資源の配分（Greed）：市場自由主義と税による再分配のどちらを志向するのか。いわゆる再分配をめぐる「経済左派」対「経済右派」の対立軸。
- ●社会秩序のあり方（Grid）：伝統的な階層秩序と、自己表現や自己決定のどちらを志向するか。なお、キッチェルト（1994）はもともとこの軸の両極を「リバタリアン」対「権威主義」と命名していたが、田中（2020）は、標準的な政治学用語では、通常これは「文化的リベラル」と「文化的保守」と呼ばれると主張する。本章では田中の用語を採用する。
- ●社会の構成員の境界（Group）：誰が社会の構成員であり、その福利を享受する権利をもつのかをめぐって、地球市民性を志向する「グローバリスト」か、より狭く自国の国民に限定することを志向する「ナショナリスト」かをめぐる対立軸。

　キッチェルトとその共著者たち（Beramendi et al. 2015）はさらに、これらの 3G 問題の重要性は、先進資本主義社会における社会経済的変容に起因すると分析している。フォーディズム経済の時代には、政治闘争の主要な断層は、労働者と資本家の間の物質的分配（すなわち Greed 軸）を中心に引かれていた。しかし、男性優位の産業社会とその帰結に疑問を投げかけるフェ

ミニズムや環境主義といった新たな社会運動とともに起こった 1970 年代以降のポスト工業化の時代には、Grid の次元が政治的議論の前景に登場するようになった。さらに、1990 年代以降のグローバリゼーションと労働市場の不安定化は、集団の境界の問題（Group 軸）を意識化させた。このような社会経済的な変容を経て、市民の選好はもはやひとつの軸だけではとらえきれなくなり、3G の次元の相互作用の視点が必要とされるようになったという。キッチェルトとレームはこれら三つの次元をまとめて「3G」問題と呼んでいる。

　なおこの 3G の枠組みの射程には日本も含まれているが（Beramendi et al. 2015）、実証研究は欧米の先進資本主義社会に当てはめられたものが多く、日本に関して主要に扱ったのは、管見の限り、Tanaka（2023）に限られている。ただしこの場合も、特定の階層が三つの軸上のどこに当てはまるのかを簡易的に分析したものであり、大規模調査データに基づいた分析はこれまでなかった。

4　日本の市民社会と価値観の生態学

（1）　データと方法

　本章で使用したデータは、2017 年 12 月に首都圏（東京、埼玉、千葉、神奈川）に住む 20 ～ 79 歳（＝ 1938 ～ 1997 年生まれ）の 7 万 7084 人を対象に実施したインターネット調査によるものである。この調査は、筆者も所属する研究プロジェクトチーム「ポスト 3.11 プロテスト」（代表：樋口直人・早稲田大学）によって実施された（樋口／松谷編 2020）。回答者は、首都圏の年齢・性別を考慮し、日本の主要な商品モニタープールである楽天リサーチポータルの商品モニター登録者の中から無作為に抽出した。なお首都圏のみを対象としているため全国規模の標本にそのまま拡大することはできないことには注意が必要である。

　結果を示す前に、データ収集時の社会政治的背景を簡単に振り返ろう。2009 年の衆議院選挙で政権を取った民主党だったが、2012 年 12 月の衆議

院選挙で民主党は敗北し、安倍晋三自民党総裁率いる自民党・公明党連立政権が政権を奪還した。民主党は分裂や他の小政党との合併を繰り返し、データ収集時点で後継政党として、左派の立憲民主党と右派の希望の党の二つが存在していたが、いずれも 2017 年 10 月に行われた衆議院選挙で自民党を破ることはできなかった。一方、2010 年に設立された地方政党「大阪維新の会」から発展した国政政党「日本維新の会」が人気を集め、同選挙では第6 党となった。

　分析では、はじめに市場自由主義（Greed）、権威主義（Grid1）、ジェンダーと家族規範（Grid2）、直接民主主義（Grid3）、環境主義（Grid4）、ナショナリズム（Group1）、外国人嫌悪（Group2）に関して、5 段階もしくは 4 段階の尺度で聞いた計18設問[4]の回答を用いて、それぞれの意識を第一階層、さらに Greed、Grid、Group を第二階層（すなわち Greed・Grid・Group それぞれを上位概念とする各意識をさらにまとめあげる）とした二次因子分析を

4）これらの設問は次のとおりである。「所得をもっと平等にすべきか、それとも個人の努力を促すため、所得格差をもっとつけるべきか」（市場自由主義 1）、「生活に困っている人たちに手厚い福祉を提供する社会か、それとも自分のことは自分で面倒をみるよう、個人が責任を持つ社会か」（市場自由主義 2）、「権威ある人々にはつねに敬意を払わなければならない」（権威主義 1）、「伝統や慣習にしたがったやり方に疑問を持つ人は、結局は問題をひきおこすことになる」（権威主義 2）、「この複雑な世の中で何をなすべきか知る一番よい方法は、指導者や専門家に頼ることである」（権威主義 3）、「結婚しても、必ずしも子どもを持つ必要はない」（ジェンダーと家族規範 1）、「同性どうしが、愛し合ってもよい」（ジェンダーと家族規範 2）、「男女が結婚しても、名字をどちらかに合わせる必要はなく、別々の名字のままでよい」（ジェンダーと家族規範 3）、「国の重要な政策は、できるだけ国民投票によって決めるべきである」（直接民主主義 1）、「国の重要な政策は、できるだけふつうの市民が自由に意見を述べ、じっくり話し合ったうえで決めるべきである」（直接民主主義 2）、「一般市民の意見は、エリートや政治家の意見よりも正しいことが多い」（直接民主主義 3）、「日本社会は、環境問題に対して神経質になりすぎか、それとも環境問題について、もっと敏感になる必要があるか」（環境主義 1）、「経済成長より環境保護の方が大事か、それとも環境保護より経済成長の方が大事か」（環境主義 2）、「日本人であることに誇りを感じる」（ナショナリズム 1）、「国旗・国歌を教育の場で教えるのは、当然である」（ナショナリズム 2）、「子どもたちにもっと愛国心や国民の責務について教えるよう、戦後おこなわれてきた教育を見直さなければならない」（ナショナリズム 3）、「日本に居住する外国人は、もっと増えたほうがよいか、それとも日本に居住する外国人は、もっと減ったほうがよいか」（外国人嫌悪 1）、「日本政府は、日本に居住する外国人の援助に金を使いすぎているか、それとも日本政府は、日本に居住する外国人の援助を十分に行っていないか」（外国人嫌悪 2）。

第 11 章　市民の価値観の生態学的アプローチ（佐藤圭一）

表 2　9 つの価値クラスターの割合

ラベル	価値クラスター名	%
LLG	経済左派・文化的リベラル・グローバリスト	24.6
RLG	経済右派・文化的リベラル・グローバリスト	7.9
LLN	経済左派・文化的リベラル・ナショナリスト	7.5
RLN	経済右派・文化的リベラル・ナショナリスト	4.2
LCG	経済左派・文化的保守・グローバリスト	9.1
RCG	経済右派・文化的保守・グローバリスト	7.3
LCN	経済左派・文化的保守・ナショナリスト	10.0
RCN	経済右派・文化的保守・ナショナリスト	23.1
MMM	中間派	6.4

n = 77,084

　行い[5]、その因子得点を計算した。そのうえで、各回答者が 3G の因子得点
で平均以上か未満かをもとに分類した[6]。すなわち、Greed の因子得点が平
均以上であれば右（Right）、未満ならば左（Left）、同様に Grid は文化的保
守（Conservative）かリベラル（Liberal）か、Group はナショナリスト
（Nationalist）かグローバリスト（Globalist）かである。以下の図表ではそ
れぞれの回答者グループをそれぞれの大文字で示す。例えば、RLN は
Right-Liberal-Nationalist（経済右派・文化的リベラル・ナショナリスト）で
ある。ただし、すべての 3G 項目のスコアが平均から半分の標準偏差の範囲
内にある回答者はこれとは区別されるべきものとして、MMM（中間派）と
して独自のグループとみなす。この作業により、9 つの異なる価値クラスタ
ー（2 × 2 × 2 + 1）が得られる。これらのクラスターをここでは「種」と
して扱う。

---

　5 ）なおモデルの当てはまりの良さを示す各指標はまずまずの値を取っており（CFI = .904、
　　　TLI = .883、RMSEA = .053、SRMR = .056）十分に分析に耐えうるものと判断した。な
　　　お分析は統計ソフトウェア R と lavaan パッケージ（Rosseel 2012）を用いた。
　6 ）ここで平均点をもとに分離をするべきかどうかは意見の分かれるところだろう。もとの回
　　　答をもとに選択肢の中間点（例えば 5 段階尺度の 3）をもとに分類するということも考えられ
　　　る。ただしこの場合各設問間の潜在変数への重みをすべて同一視することになるという欠点が
　　　ある。

303

第Ⅲ部　政治を語り直す──オルタナティブを求めて

（2）　9つの価値クラスター

　各価値クラスターに属する回答者の割合を表2に示す。経済左派・文化的リベラル・グローバリスト（LLG）と経済右派・文化的保守・ナショナリスト（RCN）が2大クラスターである。なおLLG対RCNという二つの大きな価値クラスターに代表される断層線は、西欧社会でも観察されていることから（Beramendi et al. 2015）、先進資本主義社会に広くみられるものとして考えることができる。

　なおGridとGroup因子の間には0.7程度の強めの相関、GreedとGridには0.3程度の弱めの相関がある。この状況を踏まえると、Greedに関する「経済右派」と「経済左派」が入れ替わった回答者が一定数いることは、さほど無理がない。逆にこの全体の相関からみて、Grid次元とGroup次元で、「文化的リベラル・グローバル」「文化的保守・ナショナル」以外の組み合わせをもっているクラスターはやや特徴のある価値を組み合わせたクラスターといえるだろう。特に「経済左派・文化的保守・グローバリスト」（9.1%）は、さほど無理のない組み合わせのはずの「経済右派・文化的リベラル・グローバリスト」（7.9%）よりも多いことは興味深い。

　それぞれのクラスターに属する回答者の割合は、年齢や性別によってかなり異なっている（図2）。一般的に、日本では男性よりも女性のほうが文化的リベラルであり、また、高齢者よりも若い世代のほうがグローバリストの傾向が強い。

　この全体的な傾向を反映して、「経済左派・文化的リベラル・グローバリスト」（LLG）と「経済右派・文化的保守・ナショナリスト」（RCN）という二つの大きな価値クラスターの相対的な規模は、性別と年齢ごとに異なるパターンをたどる。RCNは、1940年代生まれの男性の40%が所属する大きなものだったが、1960年代生まれでは約15%減少、しかし1980年代生まれではまた5%増加し、1990年代生まれでは再び減少した。このようなコーホート比率の上昇と下降は、日本経済の成長と衰退の時期とほぼ一致しているように見える。1940年代生まれのコーホートは青年期に高度経済成長（1955-1973年）を経験し、1980年代生まれのコーホートは青年期にバブル

304

第11章 市民の価値観の生態学的アプローチ（佐藤圭一）

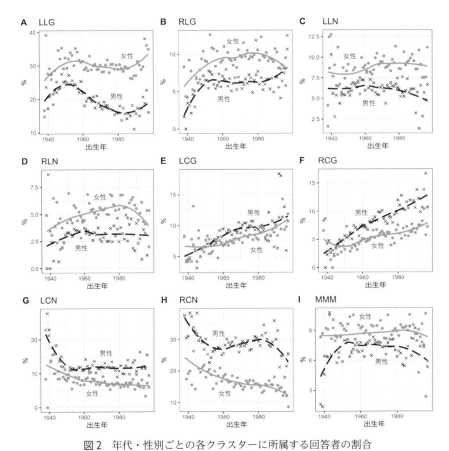

図2 年代・性別ごとの各クラスターに所属する回答者の割合
注：点は、同じ性別・年齢における当該クラスターの割合を示す。線は ggplot2 の geom_smoothgeom_smooth 関数で描かれた移動平均。男性（×・黒点線）、女性（●・灰色実線）。各クラスターのラベルは、表2に対応。

好景気（1986–1991 年）を経験している。

　一方、1950 年代生まれと 1990 年代生まれでは、特に LLG の男性の割合が大きい。1950 年代生まれは、青年期に経済成長の鈍化と環境汚染などの成長の弊害を経験し、同様に 1990 年代生まれは、1990 年代後半のバブル崩壊後の「失われた数十年」の中で青年期を過ごした。しかし、注目すべきことに、女性においては RCN と LLG のトレンドは、男性ほどはっきりと景気の上昇と下降のタイミングと一致していない。女性のうち、RCN の比率は高齢層から若年層へと着実に減少し、1940 年代生まれでは 25% 前後であったものが、1990 年代生まれでは 10% 前後に過ぎないものとなった。

　他の価値観クラスターは、LLG や RCN とは異なる傾向をたどっている。全般的に言えば、グローバリストは若い世代でより頻繁に見られる。特に、特異な価値の組み合わせであるはずの経済右派・文化的保守・グローバリスト（RCG）と経済左派・文化的保守・グローバリスト（LCG）は男女ともに最近になるほど回答者に占める割合が上がっている。

　このような価値クラスターごとの世代や性別ごとのトレンドの分析は生態学的アプローチならではのものであるといえるだろう。

（3）　価値クラスターと政治参加

　生態学的アプローチを用いれば、投票行動に関しても通常の分析とは異なる視点からの分析を行うことができる。図 3 は 2017 年の衆議院議員選挙（比例区）において、それぞれの価値クラスターがどこに投票したのかをコレスポンデンス分析を用いて図示したものである。

　コレスポンデンス分析はクロス表における行項目と列項目の類似性、および行項目と列項目間の関連性を可視化する手法である（Greenacre 2016＝2020）。例えばグループ G1 は政党 P1 を主に支持する一方 G2 は P2 を支持、G3 は P1 と P3 の両方を支持しているとする。この場合、G1 と P1、G2 と P2 はそれぞれより近くにプロットされる。そして G3 はその中間にプロッ

第 11 章　市民の価値観の生態学的アプローチ（佐藤圭一）

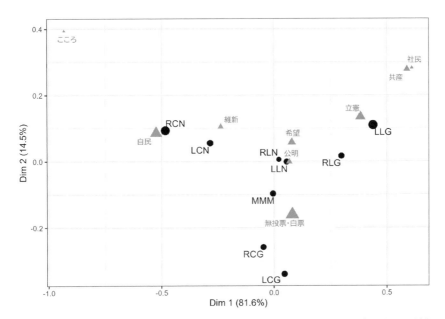

図 3　価値クラスターと 2017 年衆議院選挙（比例区）の投票先のコレスポンデンス分析
　注：クラスターの大きさは、そのクラスターに属する回答者の割合を表し、政党の大きさは、各政党が回答
　者から得た票の割合を表す。●：価値クラスター、▲：政党。

第Ⅲ部　政治を語り直す──オルタナティブを求めて

トされる[7]。

　2017年の衆議院選挙の比例議席では、回答者の24％が与党の自民党に投票した。野党では左派の立憲民主党（19％）、右派の希望（8％）、日本共産党（5％）が続いた。自民党の連立パートナーである公明党は3％だった。いわゆる第三勢力（与党にも野党にも属さない）である日本維新の会の得票は3％だった。なお、希望の党の政治的立場もこの第三勢力に近いとされている。右派のこころと社会民主党は1％未満だった。40％の回答者はそもそも投票しなかった。

　投票先は価値観クラスターによって大きく異なる（章末の付録Aも参照）。全体として、投票先は、Greed軸ではなく、GridやGroupに関する価値と主に対応していることがわかる。例えば、経済右派・文化的保守ナショナリスト（RCN）と経済左派・文化的保守・ナショナリスト（LCN）は自民党への投票が多い（それぞれこのクラスターに所属するそれぞれ44％と36％の回答が投票）。同様に、経済左派・文化的リベラル・グローバリスト（LLG）と経済右派・文化的リベラル・グローバリスト（RLG）は左派野党、すなわち立憲民主党（LLGの25％、RLG24％）と日本共産党（LLGの11％、RLGの6％）に投票している。ただし、RLGは希望の党（10％）にも投票している。

　残りの経済左派・文化的リベラル・ナショナリスト（LLN）と経済右派・文化的リベラル・ナショナリスト（RLN）は、他のクラスターと比べた場合、希望の党（LLNの11％、RLNの11％）と日本維新の会（LLNの3％、RLNの4％）という「第三勢力」に投票する傾向がある。なお公明党は自民党との安定した連立関係から第三勢力とはみなされていないが、その政治的スタンスは自民党とは異なることが多い。LLNにとって公明党もまた重要な投票先（4％）である。中間派（MMM）はLLNやRLNとほぼ同様の投票傾向を示している（希望の党9％、公明党4％）。経済左派・文化的保守・グロー

7）なお実際の経験的データ集合は複雑であることが多く、項目間の関連は常に2次元プロットに正確にプロットすることができない。この問題を避けるために、以下の記述では、実際には残差分析を行い、統計的に有意であったセルを中心に解釈をしている。

308

バリスト（LCG）と経済右派・文化的保守・グローバリスト（RCG）は、自分たちの価値観に合う政党を見つけることができないようで、そのほとんど（LCG の 57％、RCG の 52％）が投票に行かない。以上をまとめると、次のような図式が明らかとなる。

- 文化的保守・ナショナリスト：自民党
- 文化的リベラル・グローバリスト：立憲などの左派野党勢力
- 文化的リベラル・ナショナリスト：日本維新の会などの第三勢力
- 文化的保守・グローバリスト：白票・投票せず

なお、ここで各価値クラスターの投票率についても注目してみよう（表3）。全体的に、投票率が高いのは左右の文化的保守・ナショナリストである（65％ 強）。これと対極的な価値観をもつ経済左派・文化的リベラル・グロ

表3　各価値クラスターの投票率（2017 年衆議院選挙）

ラベル	価値クラスター名	全体	世代別						性別	
			1940s	1950s	1960s	1970s	1980s	1990s	男性	女性
LLG	経済左派・文化的リベラル・グローバリスト	60.1	**85.0+**	75.2	**62.2+**	54.0 -	47.7 -	43.1	**71.0+**	**51.8+**
RLG	経済右派・文化的リベラル・グローバリスト	58.5 -	84.7	75.5	61.5	52.0 -	49.8	41.4	67.8	51.6
LLN	経済左派・文化的リベラル・ナショナリスト	60.3	78.7	74.2	59.3	56.8	**55.1+**	46.9	69.6	**53.2+**
RLN	経済右派・文化的リベラル・ナショナリスト	60.8	85.1	75.1	63.4	57.8	50.6	47.7	69.7	**54.8+**
LCG	経済左派・文化的保守・グローバリスト	43.2 -	67.4 -	60.1 -	43.9 -	40.6 -	33.5 -	28.8 -	52.8 -	31.5 -
RCG	経済右派・文化的保守・グローバリスト	47.8 -	69.5 -	67.7 -	49.2 -	43.5 -	41.4 -	31.9 -	54.7 -	36.5 -
LCN	経済左派・文化的保守・ナショナリスト	**65.2+**	84.5	75.4	62.6	**62.7+**	**57.1+**	**51.5+**	**71.8+**	**53.5+**
RCN	経済右派・文化的保守・ナショナリスト	**68.4+**	**85.5+**	**78.0+**	**68.6+**	**64.7+**	**60.8+**	**51.6+**	**74.1+**	**57.1+**
MMM	中間派	56.5 -	79.2	72.6	58.1	53.4	43.7 -	38.5	67.1	46.4 -

注：＋および－は残差分析の結果、当該割合が統計的に有意（p＜.05）に多い及び少ないことをそれぞれ示す。有意に多い割合の数値は太字で示した。

第Ⅲ部　政治を語り直す──オルタナティブを求めて

ーバリストの投票率は、1940年代生まれでこそ経済右派・文化的保守・ナショナリストと同水準だが、それ以降の世代においては及ばない。さらに1970年代生まれおよび1980年代生まれに関して言えば、むしろ同年代の他の価値クラスターよりも投票率が低い。また女性に経済左派・文化的リベラル・グローバリストが多いことはすでに見たが、男女で見た場合に投票率にはおよそ2割程度の差が存在する。価値クラスターの規模としては経済右派・文化的保守・ナショナリストと経済左派・文化的リベラル・グローバリストは二大勢力であるが（表2）、この投票率と照らし合わせてみた場合、投

表4　衆議院議員選挙（2017年・比例区）投票先に
　　　関する多項ロジスティック回帰分析の結果

（ref. = 無投票）	自民党	立憲民主党
切片	-0.35 ***	-0.06
	(0.05)	(0.05)
greed	-0.05 ***	-0.14 ***
	(0.01)	(0.02)
grid	0.21 ***	-0.95 **
	(0.02)	(0.03)
group	0.98 ***	0.00
	(0.02)	(0.03)
男性	0.59 ***	0.80 ***
（ref. = 女性）	(0.02)	(0.02)
1950年代生	-0.36 ***	-0.66 ***
（ref. = 1940年代生）	(0.05)	(0.05)
1960年代生	-0.73 ***	-1.32 ***
	(0.05)	(0.05)
1970年代生	-0.76 ***	-1.68 ***
	(0.05)	(0.05)
1980年代生	-0.69 ***	-2.14 ***
	(0.05)	(0.08)
1990年代生	-0.75 ***	-2.45 ***
	(0.06)	(0.08)

n = 77084.　***p <.001; **p <.01.
注：他の政党の結果は省略した。

票に行くか行かないかの時点で政治的な意見の反映のされやすさに大きな違いが生まれていることがわかる。

最後に、生態学的アプローチと実験的アプローチをとった場合の結果の見え方の違いを具体的に把握するため、敢えて最後の分析を回帰分析でも同様に行ってみよう。表4は投票先を従属変数、独立変数に3Gに関する各因子得点、統制変数に性別と世代を入れた多項ロジスティック回帰分析の結果である。なお簡便のため、自民党と立憲民主党以外の投票先の結果は省略している。各因子得点に関連した結果に注目してみると、greed次元で見た場合自民党は無投票の人々とほとんど変わらないのに対して、立憲はより「左」寄りの人々が投票してることが確認できる。また大きく異なるのはgrid次元であり、自民党と立憲民主党との間で値が逆になっている。興味深いことに立憲民主党のgroupに関する効果はgridの得点を統制すると消えてしまっている。すなわちgrid次元が同じような値だった場合、group次元では立憲民主党は無投票の人々とほとんど変わらない。一方自民党はgrid次元を統制してもなお、group次元の値がよりナショナリスト寄りの人が投票していることになる。

このように「実験的アプローチ」を取った場合には、各変数の効果をより厳密に検証することができる。他方で、ここで示されている効果はあくまで回答者全体でみた平均的なものであり、その背後にある異なるアクターの姿は見えてこない。例えば、自民党を主要投票先としているのは経済左派・経済右派の文化的リベラル・ナショナリストであったが、まさにこの左右が存在することによってgreed次元の効果は相殺されてしまっている（もちろん、これは回帰分析表の数字の出方としては正しい）。さらに、全体の政党や各種のアクターの配置構成は、生態学的アプローチだからこそ見えてくる側面であったことが確認できる。

おわりに──生態学的アプローチとインフォーマルな政治

ここまで、量的データを用いた政治学研究においては、実験的アプローチ

とは別に生態学的アプローチと呼べるものが存在することを論じてきた。実験的アプローチが、サンプルの同質性を前提とし、介入効果の大きさをもとに因果推論を行うことを目標とするのに対して、生態学的アプローチは、サンプルの異質性に目を向け、その規模や行動の違いを記述することに焦点が置かれる。実験的アプローチが、変数を焦点に個別の効果を分解していく指向性をもつのに対して、生態学的アプローチはグループを焦点に、サンプルの全体像を描くことを重視する。

　このようなアプローチの違いを念頭に置きながら、本章で具体的に分析を行ったのは日本の市民たちの価値観と投票行動との関連である。日本においては経済左派・文化的リベラル・グローバリスト（LLG）と経済右派・文化的保守・ナショナリスト（RCN）が二大価値クラスターを構成するが、経済左派・右派の文化的保守・グローバリスト（RCG と LCG）も世代を追うごとに増加傾向にある。また性別で見た場合、女性に LLG が多い一方、男性には RCN が多い。このように規模において LLG と RCN は均衡しているように見えるものの、その投票行動には差がみられる。RCN が全世代にわたって高い投票率を維持し、その支持政党である自民党に投票する一方、LLGの投票率は若い世代に行くほど低投票率が目立つようになる。さらに LLGが多い女性は男性と比べて全体として 2 割ほど投票率が低い。こうしてRCN に親和的な政党が政治的権力を維持する社会基盤が維持される。なお、日本においては、経済的な争点との関連が弱いことが指摘されてきた（大嶽1999）が、この指摘に沿いつつより追加した知見として、Grid-Group の組み合わせに対応した形で、投票先が定められる傾向を確認できた。

　本章の終わりに、このような生態学的アプローチの分析上の特徴を 4 点指摘したい。

　第一に、生態学的アプローチは、観察対象を量的に記述することそのものの意義に目を向けさせる。変数間の因果関係を見つけ出すことを重視する実験的アプローチにおいてこの側面は軽視されがちである。インフォーマルな政治のような観察対象の実態が分からない対象や事象を扱う場合には、データを集めて調べてみることそのものに多大な労力と時間がかかることは避け

られない（本書第2章の第3節（3）も参照）。まずは実態を調べてみるということに、学術的意義が見出されて、そのような労力を割く研究が生まれる環境がはぐくまれる。例えば本章ではジェンダーによってその所属する価値クラスターの間に大きな違いがあることを紹介した。このような知見は「因果効果」のロジックとは馴染まない。

　第二に、対象の異質性に目を向けるさせる。インフォーマルな政治を構成するアクターは、属性・認識や信念・利益・行動パターンが異なることが少なくない。生態学的アプローチはこれらの異なる主体を種とみなし、分析の前景に押し出す。このことは同時に、マイノリティの存在に目を向けさせることでもある。実験的アプローチでまとめられる平均的効果は、まさに平均であるが故にマジョリティの影響をより強く受け、マイノリティの異質性を覆い隠してしまう。本章では、このことの実例としてコレスポンデンス分析と回帰分析を用いた結果の見え方の違いを扱った。

　第三に、インフォーマルな政治において、どこに「奇妙な連合」関係（strange bedfellows）があり、どこに見えていなかった対立軸があるのかを明らかにできる。この点はQCAと近いが、QCAが変数の組み合わせに着目するのに対して、生態学的アプローチはアクターの組み合わせに着目させる。本章では右と左という本来経済的利益が異なる価値クラスターどうしが、投票行動上は連合関係にあることが見出された。

　第四に、全体の構成と相互作用に目を向けさせる。あるアクターの影響力の大きさは、それ単体で存在するのではなく、他のアクターの弱さや従属関係があって初めて意味をもつ。本章はこのことを、投票率の違いということで例証した。

　なお本章の意図するところを改めて述べたい。本章は実験的アプローチを用いる個々の研究の分析視角が狭いと主張するのでは断じてない。しかし政治学研究が実験的アプローチを用いるものに駆逐されてしまうのならば、それは研究の射程の狭さにつながってしまうだろう。もっとも、これに類似した主張自体はさほど珍しいものではない。問題はそれがしばしば量的・質的アプローチの違いにそのまま並行移動されて理解されがちなことだ。奇妙な

ことに、質的アプローチをとっていても、因果推論に近いことを行う可能性は議論されるのに（King et al. 1994＝2004）、その逆に量的データを用いた分析でいわゆる質的分析と相性が良いと思われているようなアプローチをとることのほうは、等閑視されがちである。それは量的データを用いた分析そのものの可能性を狭めてしまうことにつながってしまう。本章を通じて、量的データ分析の多様な形に、改めてスポットライトが当たることになれば幸いである。そのことはまた、本書が全体として扱う「インフォーマルな政治」の探究の可能性を方法論の側面から広げるものとなる。なぜなら、インフォーマルな政治とは、異質なアクターたちの合従連衡や相互作用の結果を描き出すことで、より豊かに分析することができるようになるからだ。

　最後に、本章の後半で生態学的アプローチの事例として紹介した価値クラスターの分析は、紙幅の関係で本格的に展開できなかった。こちらについて

付録A：価値クラスターごとの投票先（2017年衆議院議員選挙・比例区）

(%)		自民党	公明党	日本維新の会	日本のこころ	立憲民主党	希望の党	共産党	社民党	無投票・白票
	全体	24.1	3.4	2.7	0.2	15.8	8.0	5.1	0.5	40.2
LLG	経済左派・文化的リベラル・グローバリスト	9.9 -	**3.7+**	1.7 -	0.0 -	**24.8+**	8.3	**10.6+**	**1.0+**	39.9
RLG	経済右派・文化的リベラル・グローバリスト	12.6 -	2.8 -	2.8	0.0 -	**24.0+**	**9.6+**	**6.1+**	0.6	**41.5+**
LLN	経済左派・文化的リベラル・ナショナリスト	20.9 -	**4.3+**	**3.3+**	0.1 -	15.3	**10.6+**	5.5	0.4	39.7
RLN	経済右派・文化的リベラル・ナショナリスト	21.6 -	2.8	**4.0+**	0.2	16.4	**11.1+**	4.4	0.2 -	39.2
LCG	経済左派・文化的保守・グローバリスト	17.9 -	3.6	1.6 -	0.1 -	11.0 -	6.0 -	2.7 -	0.4	**56.8+**
RCG	経済右派・文化的保守・グローバリスト	22.7 -	2.6 -	2.1 -	0.1 -	11.5 -	6.2 -	2.5 -	0.1 -	**52.2+**
LCN	経済左派・文化的保守・ナショナリスト	**35.5+**	**4.0+**	**3.3+**	**0.4+**	11.3 -	7.2 -	3.3 -	0.3 -	34.8 -
RCN	経済右派・文化的保守・ナショナリスト	**43.7+**	2.7 -	**3.6+**	**0.6+**	8.7 -	7.0 -	1.9 -	0.2 -	31.6 -
MMM	中間派	22.2 -	**4.0+**	2.8	0.1 -	14.7 -	**9.2+**	3.3 -	0.2 -	**43.5+**

注：＋および－は残差分析の結果、当該割合が統計的に有意（p < .05）に多い及び少ないことをそれぞれ示す。有意に多い割合の数値は太字で示した。

は、別稿にて改めて詳細に議論する予定である。

参考文献

井頭昌彦編（2023）『質的研究アプローチの再検討——人文・社会科学から EBPs まで』勁草書房。

猪口孝／大嶽秀夫／蒲島郁夫／村松岐夫（2023）「回顧『レヴァイアサン』」『書斎の窓』688。

遠藤晶久／ジョウ・ウィリー（2019）『イデオロギーと日本政治——世代で異なる「保守」と「革新」』新泉社。

大嶽秀夫（1999）『日本政治の対立軸—— 93 年以降の政界再編の中で』中央公論新社。

栗崎周平（2017）「集団的自衛権と安全保障のジレンマ」『年報政治学』68 (2)。

境家史郎（2014）「政治学における「科学的アプローチ」観と実験的手法」『選挙研究』30 (1)。

砂原庸介（2011）「地方への道」『年報政治学』62 (2)。

ソジエ内田恵美（2018）「戦後日本首相による所信表明演説の研究」『年報政治学』69 (2)。

田口富久治（2001）『戦後日本政治学史』東京大学出版会。

武居寛史（2017）「エージェント・ベース・モデルによる討議と合意形成に関する分析」『年報政治学』68 (2)。

竹中佳彦（2014）「保革イデオロギーの影響力低下と年齢」『選挙研究』30 (2)。

竹中佳彦／遠藤晶久（2020）「エリートのイデオロギーと平等観」『年報政治学』71 (1)。

田中拓道（2020）『リベラルとは何か—— 17 世紀の自由主義から現代日本まで』中央公論新社。

田辺国昭（1991）「一九五〇年代における地方財政調整制度の構造と変容」『年報政治学』42。

谷口尚子／クリス・ウィンクラー（2020）「世界の中の日本の政党位置」『年報政治学』71 (1)。

谷口将紀（2020）『現代日本の代表制民主政治——有権者と政治家』東京大学出版会。

筒井淳也（2019）「計量社会学と因果推論——観察データに基づいた社会の理解に向けて」『理論と方法』34 (1)。

新川匠郎（2021）「欧州における政権発足へ至る困難な道のり」『年報政治学』72 (1)。

橋本健二（2018）『新・日本の階級社会』講談社。

濱本真輔（2012）「政権交代の団体——政党関係への影響」『年報政治学』63 (2)。

稗田健志（2015）「政治理論と実証研究をつなぐ環」『年報政治学』66 (1)。

樋口直人／伊藤美登里／田辺俊介／松谷満（2008）「アクティビズムの遺産はなぜ相続されないのか——日本における新しい社会運動の担い手をめぐって」『アジア太平洋

レビュー』5。

樋口直人／松谷満（2020）『3・11後の社会運動――8万人のデータから分かったこと』筑摩書房。

前田幸男（2013）「世論調査と政治過程」『年報政治学』64（1）。

松田憲忠（2005）「イシュー・セイリアンスと政策変化」『年報政治学』56（2）。

松谷満（2022）『ポピュリズムの政治社会学――有権者の支持と投票行動』東京大学出版会。

Beramendi, Pablo, Silja Häusermann, Herbert Kitschelt, and Hanspeter Kriesi (2015) "Introduction: The Politics of Advanced Capitalism." In *The Politics of Advanced Capitalism*, edited by Pablo Beramendi, Silja Häusermann, Herbert Kitschelt, and Hanspeter Kriesi, 1–64. Cambridge University Press.

Brady, Henry E., and David Collier, eds. (2010 [2004]) *Rethinking Social Inquiry: Diverse Tools, Shared Standards*. 2nd ed. Rowman & Littlefield Publishers. [宮泉泰博／宮下明聡訳（2008）『社会科学の方法論争――多様な分析道具と共通の基準』勁草書房]

Goertz, Gary, and James Mahoney (2012) *A Tale of Two Cultures: Qualitative and Quantitative Research in the Social Sciences*. Princeton University Press. [西川賢／今井真士訳（2015）『社会科学のパラダイム論争――二つの文化の物語』勁草書房]

Greenacre, Michael (2016) *Correspondence Analysis in Practice*. 3rd ed. Chapman and Hall/CRC.[藤本一男訳（2020）『対応分析の理論と実践――基礎・応用・展開』オーム社]

Imbens, G. W. and D. B. Rubin (2015) *Causal Inference for Statistics, Social, and Biomedical Sciences: An Introduction*. Cambridge University Press. [星野崇宏／繁枡算男監訳（2023）『インベンス・ルービン　統計的因果推論（上）・（下）』朝倉書店]

King, Gary, Robert O. Keohane, and Sidney Verba (1994) *Designing Social Inquiry: Scientific Inference in Qualitative Research*. Princeton University Press. [真渕勝監訳（2004）『社会科学のリサーチ・デザイン――定性的研究における科学的推論』勁草書房]

Kitschelt, Herbert (1994) *The Transformation of European Social Democracy*. Cambridge Studies in Comparative Politics. Cambridge University Press.

Kitschelt, Herbert, and Philipp Rehm (2015) "Party Alignments: Change and Continuity." In *The Politics of Advanced Capitalism*, edited by Pablo Beramendi, Silja Häusermann, Herbert Kitschelt, and Hanspeter Kriesi, 179–201. Cambridge University Press.

Rihoux, Benoît, and Charles C. Ragin, eds. (2009) *Configurational Comparative Methods: Qualitative Comparative Analysis (QCA) and Related Techniques*. Applied Social Research Methods Series 51. Sage. [石田淳／齋藤圭介監訳（2016）

『質的比較分析（QCA）と関連手法入門』晃洋書房]

Rosseel, Yves（2012）"Lavaan: An R Package for Structural Equation Modeling." *Journal of Statistical Software* 48: 1–36.

Tanaka, Takuji（2023）"Labor Market Dualization or Cultural Divide?: A Comparative Analysis of the Declining Support for Center-Left Parties in Western Europe and Japan." *Asian Journal of Comparative Politics*, 9（4）, 543–557.

終 章

政治学の豊かなポテンシャル
──インフォーマルな政治の探究を振り返って*

源島 穣／大和田悠太／井上 睦

はじめに

　本書では、ここまで「インフォーマルな政治」を探究することで、現在の政治学に見出せる「狭さ」を乗り越えようとしてきた。果たしてそれは達成できたのだろうか。終章では、各部（第Ⅰ部・第Ⅱ部・第Ⅲ部）ごとの成果を振り返ることで、本書の到達点と今後の展望を述べることにしたい。

1　第Ⅰ部について

　第Ⅰ部では、「社会に遍在する政治をどのように語りうるか」をテーマに、政治学が社会のなかにある多様な政治を取り扱う可能性を示す3本の論文（第1章：石神論文、第2章：大和田論文、第3章：松尾論文）を収録した。3本の論文の特徴を端的に表すならば、石神論文、大和田論文は組織「内」の政治を示す一方、松尾論文は組織「間」の政治を示している。

　各論文の結論を簡潔に述べる。組織「内」の政治について、石神論文は、信仰ベースのコミュニティ・オーガナイジング（FBCO）によるコミュニティ改良活動は、「エリート」集団がマイノリティの組織化を通じて、非対称関係を構築することで実践されることを示した。大和田論文は、NPO法が

---

　*　本章は、はじめに・第1節を源島、第2節を大和田、第3節・おわりにを井上が執筆担当した。

非営利団体の意思決定に対して高い自由度を認めることは、同時に非営利団体の組織内デモクラシーを必ずしも保障するわけではないことを論じた。組織「外」の政治について、松尾論文はルノーが日産と「提携」したことは「買収」よりも合理的であった事例から、企業間の「提携」は国家間が協調関係を構築することで国益を確保する国際関係の世界と同様であることを論じた。

　以上の各論文が示した結論から、各論文は何を「政治」と捉えているのだろうか。石神論文は権力の行使側の視点から「権力の非対称性」、大和田論文は市民社会組織の「集合的意思決定」、松尾論文は企業間の「同盟」を「政治」と捉えている。「権力の非対称性」、「集合的意思決定」、「同盟」いずれも「政治」の標準的な理解として違和感はないだろう。これらは序章で述べられたとおり、本書が既存の政治学から生み出された研究の意義を肯定し、その延長線上に位置づけられることを意味する。

　ただし、各論文によって見出された「政治」が、これまで提示されてきた「政治」と何ら変わらない、ということを意味するわけではない。インフォーマルな「政治」は、コンティンジェントな状況で生じるし、その「政治」による帰結もまたコンティンジェントである。それは、因果推論を通じて示される「政治」とは真逆である。因果推論を通じて示される「政治」は、独立変数を想定的に変化させれば、従属変数も想定的に変化する。しかし、インフォーマルな政治は独立変数も従属変数もコンティンジェントであるため、独立変数が別の変数に置き換われば従属変数も未知の帰結へ置き換わるだろう。因果推論を積み重ねれば社会が記述可能になるわけではないのである（筒井 2021：65-67）。この意味で、「政治」はある種の偶然の帰結であり、それは対象をつぶさに観察し、ありのままに記述することで、はじめて提示されるのである。もちろん、対象の個別性を過度に重視したり、モデル化を否定したいのではない。インフォーマルであろうとフォーマルであろうと、「政治」を見出す作業には、対象をつぶさに観察し、ありのままに記述する重要性と有効性を、各論文は（改めて）知らしめてくれたことを強調したい。

　くわえて、各論文で見出された「政治」の繰り広げられる舞台は、地域コ

ミュニティ（石神論文）、市民社会組織（大和田論文）、企業間（松尾論文）である。いずれも従来の政治学が十分に注目してこなかった非国家的領域である。各論文は非国家的領域においても「政治」は遍在していることを示している。この点は、まさしく本書のねらいである、従来の政治学における研究対象の「狭さ」を克服する試みであり、社会内の現象を観察することで政治学が語れる政治の範囲を広げ、語り方の多様性に寄与するものである。

　同時に、各論文は非国家的領域を対象に、アクターの「行為」を十分に理解する必要も示している。アクターの行為は本来、「内的あるいは主観的な、しかし同時に他者にも理解可能な意味を持ってい」る（岸 2016：30）。各論文はインタビュー調査や一次資料等を駆使することでアクターの行為を理解しようとした。アクターの行為には何らかの合理性が備わっているが、その合理性は必ずしも自明ではない（岸 2016：29）。アクターは自らの合理性を最大化するために何らかの行為を起こし、それらの交差点に「政治」が生じる。ただし、自らの合理性を最大化するための行為は、政治家の「再選・昇進・政策実現」（Mayhew 1975＝2013）といったような、理解が容易な行為だけではないのである。理解が容易な行為のみに着目した研究が席巻すれば、政治学の「狭さ」に結びついてしまう。各論文で取り組まれたような、非国家的領域を対象に、アクターの行為を十分に理解することで「政治」を見出す試みは、政治学の研究方法に重要な視点を投げかけるだろう。

　以上より、第Ⅰ部の成果は、対象をつぶさに観察してありのままに記述すること、非国家領域で「政治」が遍在していること、アクターの「行為」も十分に理解する必要を示したことである。対象になった地域コミュニティ、市民社会組織、企業は、いずれも日常的に接していたり、所属している場合も多い。少なくとも、政府、政党、官僚といった国家的な「政治」の主要アクターよりも身近だろう。身近な社会的アリーナにおいても「政治」はごく当たり前に存在する。逆に言えば社会に遍在する「政治」は日常生活を送るうえで国家的な「政治」よりも直接的に影響を与える可能性も示唆される。これより、今後の課題というよりも展望は、今回では対象にされなかった他の社会的アリーナにおける「政治」を発見していくことである。

2　第Ⅱ部について

　政治は遍在するという認識に基づき社会の様々な領域にある政治を論じた第Ⅰ部に対して、第Ⅱ部を一読して目に止まるのは、多くの論文において政府、とくに国家の政策を対象とした分析が行われていることである。その点では一見、「フォーマルな政治」の研究にみえるかもしれない。しかし各論文の探究が、従来のオーソドックスな政治学において一般に見られるようなものであるかといえば、そうではない。なぜだろうか。ここで思い起こすべきは、序章において「不可視化された政治」を問い直すという小題のもと論じられていたことである。そこでは、ルークスの三次元権力概念などにも触れられていた。

　たとえば、源島論文（第4章）、大嶋論文（第5章）、井上論文（第6章）、安藤論文（第8章）は、扱うテーマが多様である一方、目に見えにくい次元において人間、社会に浸透する国家の権力を対象としている点に共通性を見出すことができる。源島論文は、技能実習制度が持続した理由について、政策を受容する側の論理を地域社会に見出すが、さらにその構造的背景として戦後の地域開発、国土政策が作り出してきた不平等な社会構造に目を向ける。大嶋論文は、ことばへの国家の介入に注目し、現代フランスの言語政策をめぐるジェンダーと政治を解明した。井上論文は、不妊治療に関する政策の変遷を追い、女性個人の身体・医療のレベルに焦点化した言説に主導された政策変化が、不妊に悩む個人の背景にある社会経済的構造を不可視化させるものでもあったと主張した。安藤論文は、暴動をめぐる公的調査が、出来事の正統化（脱正統化）を伴うものであり、ゆえに政治的争いの対象となることをイギリスの事例から明らかにした。

　このように、各論文を読み解くならば、これらは権力の受け手となる「被治者」の視点から国家を読み解く新しい政治学のスタイルを打ち出す羅・前田（2023）との親和性も指摘できる。同書は、政治は遍在するとの認識に立つダールに触れつつも、なお国家に焦点をあてる。ただしその際には、三次元権力やそれを超える権力論など、ダール以降の多様な議論を視角として

終　章　政治学の豊かなポテンシャル（源島　穣／大和田悠太／井上　睦）

採用している。

　もちろん、本書第Ⅱ部と羅／前田（2023）とでは、共有しない部分も多くあるだろうが、そのことには、むしろ以上のような政治学が広がりをもって発展していく可能性を見出しておきたい。たとえば、国民番号制度の歴史を扱った羅（2019）は羅／前田（2023）につながる研究であるが、これと本書の安藤論文とを読み比べるとき、そこには暴力、管理、登録といったキーワードを同じくしつつも、異なる色彩をもった二つの政治研究をみることができよう。

　源島論文、井上論文はじめ第Ⅱ部の複数の論文が、政策を議論の中心に置いていることも注目に値する。この文脈では、政治学が政策を扱うことの難しさと面白さを述べた曽我（2024）を引いておきたい。曽我は、「政治学が政治固有の領域を掘り下げようとするほど、政治の帰結としての政策とは切り離されたところに目をやるようになる」と述べる。政策を深く理解するには、政策の対象となる社会や経済の理解が必要になるため、自己抑制も生まれがちである。だが、その結果、政治学はあまりにも政策から距離をとりすぎてしまったのではないかと、曽我は問題提起している。

　この指摘を踏まえるとき、「フォーマルな政治」を狭く深く分析するのとは異なるかたちの政治学研究を趣旨とした本書において、政策を対象とした論文が複数登場することの意味も見えてくる。それらは社会や経済に目を向けたものになってもいる。政策を扱う研究が、「フォーマルな政治」の内側で自己完結した議論としては展開されがたいことを、各論文は存分に物語っていよう。

　どのような政策を、なぜ扱うかも、政治の探究の性格と根本的なところで結びついている。もちろん、研究者が各々の理由で関心をもった政策を研究対象とすることを否定はしない。しかし政策の研究は、しばしば政治学の大きな問いを考える鍵としての位置づけが与えられてきた。代表的には大嶽（1984；1996）であろうが、政治体制論的問いへのイシュー・アプローチ以外の政治学的関心による研究の方向性もある。その選択が政治とは何かの理解にもかかわること、それにより焦点があたる政策の傾向も変わってくるこ

323

とは、古くは飯尾（1993：5-9）などが指摘している。

　本書の場合は全体として、国家中心的政治像の再検討を掲げた田村編（2019）を、関心を共有する研究として意識しつつ、そのような研究のフロンティアを、さらに押し広げようというねらいを有しているといえる（序章も参照）。こういった性格をもつ本書の所収論文が政策を論じる場合に、これまで政治学者の手による研究が多いとはいえない政策分野を扱ったり、従来と異なるスタイルで政策を論じているといった特徴がみられるとすれば、そのことは、政治像の違いが異なる政策への視座を生むという上述の指摘の一つの例証として捉えることができるかもしれない。

　以上の議論からは、国家、政策に関する議論との接点ばかりが印象づけられるかもしれない。しかし、ここで確認しておくべきは、言語の政治学にせよ生殖の政治学にせよ、これまで狭義の政治学の外部にて、「フォーマルな政治」とは異なる意味での「政治」に焦点をあてた研究のほうが、むしろ多く蓄積されてきたということである。だからこそ、いわば、インフォーマルな政治をめぐる問題意識を引き受けたうえで、あえてなされるフォーマルな政治の分析に、政治学者の貢献の余地があったともいえる。

　たとえば大嶋論文は、社会言語学やジェンダー研究などの蓄積を十分に引き受けるかたちで、ことばの政治性を、まず確認する。そのうえで注目するのは、この問題に関する政策（政府政策）、それをめぐるアクターの対立である。そのアプローチは、あえていえば「フォーマルな政治」の過程分析である。ことばをめぐる権力構造を見抜くことは、まず重要である。ただし、そのような権力の所在が一般に認識されるならば、これを働きかけの対象とした主体的な作為も生まれる。そこに焦点を合わせることによる重要な貢献を、大嶋論文は行っているように思われる。序章では川崎修の指摘を引きながら、政治学の外部でなされる「〜のポリティクス」をめぐる議論と政治学が、うまく接続してこなかったと述べているが、ここには、その接続の仕方の一つをみることができるのではないか。

　最後に、それぞれの論文は多面的であり、様々な読み方が可能であることを指摘しておきたい。本書の構成は一つの糸の通し方を示しているが、第Ⅱ

終　章　政治学の豊かなポテンシャル（源島穣／大和田悠太／井上睦）

部所収論文には、社会に遍在する政治の考察（第Ⅰ部）や、オルタナティブな政治の語り方（第Ⅲ部）という観点からみても、注目に値するものがある。この点で、まずもって取り上げるべきは西山渓論文（第7章）である。

　西山論文が対象とする FFF の運動が目指すのは、気候変動対策、環境・エネルギー政策の革新であり、それは「フォーマルな政治」の領域に属する。そのような運動の活性化が、運動内の人間関係（インフォーマルな政治）に依存しているという洞察は、重要である。とはいえ論文の焦点は、やはり運動内のミクロな社会関係を詳しく分析していくことにある。「ケアの倫理」の視点も交えて行われるそれは、社会に遍在する政治の考察として学ぶものが大きい。一方、論文の結論的主張として提示されるのは、「現れなくなることの政治」の理論である。これは「現れ」を政治の前提としてきた政治理論史の伝統を根源的に問い直すものであり、オルタナティブな政治の語り方を読者は強く印象付けられる。

　同様のことは、他の論文についても多少なり指摘できる。他方、第Ⅰ部や第Ⅲ部の論文におけるフォーマルな政治の登場の仕方も、注目に値しよう。このように考えると、社会に遍在する政治を分析すること、インフォーマルな政治とフォーマルな政治の連環をみること、そしてオルタナティブな政治の語り方を模索することは、分かちがたく結びついているところがあるのだろう。

　以上、第Ⅱ部を振り返ってきたが、これはあくまで一つの読み方に過ぎない。すでに政治学の内部でなされている議論に引き寄せた読みをしすぎているかもしれないが、序章でも各章の見取り図が明快に示されているがゆえ、あえて異なる読みを例示したまでである。

3　第Ⅲ部について

　第Ⅲ部は「政治を語り直す──オルタナティブを求めて」をテーマに、3本の論文（第9章：宮川論文、第10章：西山論文、第11章：佐藤論文）を収録した。第Ⅲ部は、それぞれ関心、対象、方法ともに大きく異なる論文を収録

しており、第Ⅰ部、第Ⅱ部のような共通性は少ない。また第Ⅲ部のテーマである、既存の政治学へのオルタナティブというには網羅的ではない。しかし、第Ⅲ部のいずれの章も、既存の国家中心的な政治学の理論的前提を問い直し、方法論的な多様化を推し進める重要性を提起する。既存の政治学が「自明」としてきた前提から距離を置き、異なる角度・方法からより豊かな「政治」を描き出すことで、「政治学」の地平を切り拓くものといえる。

　本節では、第Ⅲ部の論考を、従来の政治学の理論的・方法論的スタンスに対する問題提起という観点から大まかに整理する。ただし、章の順について第11章から第9章へと遡る形で論じること、また各論考の主張や位置づけ、他の論考との関係についてはあくまでも評者の理解に基づく整理であることをご了承願いたい。

　第11章の佐藤圭一論文「市民の価値観の生態学的アプローチ──実験的アプローチの「狭さ」を越えて」は、近年の政治学において主流となってきた「実験的アプローチ」に対して「生態学的アプローチ」を提示する。ここで「生態学的アプローチ」とは、観察対象を量的に記述しながら、異質なアクターたちの合従連衡や相互作用の結果を描き出すことで、「インフォーマルな政治」の探究の可能性を方法論の側面から広げようとするものである。重要な点は、このアプローチが「実験的アプローチ」における「因果的推論」や「説明」を排するものでなく、それと補完的な関係にあるということである。佐藤論文は、既存の政治学における方法論的前提、すなわち「自然科学性」やそれに則った手続きを積極的に評価し、その意義を共有したうえで、より多様な「観察対象の実態」を描き出そうとする。

　「実験的アプローチ」とされる主流の方法論では、対象の見え方はその方法に規定される。むろんどのような方法であっても、研究者は特定の立場から、なんらかのレンズを通して現象を把握するのであり、その意味で観察・分析という行為はそれ自体原理的なアポリアを伴う。佐藤論文は、こうしたアポリアを伴う観察行為を否定するのではなく、複合的にレンズを用いることの重要性を提起するものといえ、それを通じて「実態」を多角的に捉える方法を提示する。政治学が歴史的な議論の蓄積を踏まえて反省的であろうと

終　章　政治学の豊かなポテンシャル（源島 穣／大和田悠太／井上 睦）

するならば、「実験的アプローチ」一辺倒では、本来多様でありうる政治現象の理解が一面的なものへと矮小化される懸念に自覚的であるべきだろう。佐藤論文の提起は――従来的なアプローチの意義を認めつつも――これまで周縁化されてきたアプローチを、政治学のより中核的なアプローチへと位置づけることで、こうした懸念に真摯に応答しようとするものといえる。

　佐藤論文の「実態」をめぐる記述は、第10章の西山真司論文「アクターって誰？」における問題提起、「まずは実践を見よ」にもかかわってくる。西山論文は、政治学において国家以外の新たな記述・分析の参照点として導入されてきたアクター概念に着目し、それを実体的なものとして記述・分析の起点とすることに警鐘を鳴らす。というのも、アクターは実践よりも先に確定しているものではなく、またそれを取り巻く関係性や環境から独立したものではなく、その行為を内的に規定する制度（ルール）との相互関係のなかで捉えられるべきものだからだ。

　政治学がその分析において特定のアクターを自明視することは、ラトゥールが批判してきたように、現象をある特権的な地点に還元して記述することを意味する。西山論文は、そうした分析方法が有効な事例・状況・局面があることを認めつつ、「選択の契機」としてのアクターを、それを取り巻く制度との関係から捉え直そうとする。つまり、「ゲームの選択の契機としてのアクターとそのゲームのルールが切り離せない」以上、必要となるのは「「ルールと選択の複合」としての実践を記述や分析の対象とする」ことである。西山論文が述べるように、現象の適切な理解のあり方は「その研究がどのような素材・テーマからどのような問いを立てているかに即して個別に考えざるをえない」。ここでも、佐藤論文と同様に、政治的現象をより適切に認識するための具体的な方法論的視点が提案され、政治学の方法を拡張するべきことが提起される。とくに西山論文では、従来支配的となってきたアプローチの理論的前提とその背後に隠れた罠を明るみに出すことで、政治学的認識にさらなる深化と精緻化を促す必要性が示されているといえよう。

　このように考えると、佐藤・西山論文は、既存の政治学の何を問題とし、どのような方法を提起するかに違いがあるものの――非常に雑駁にまとめれ

327

ば——いずれも政治学における記述的なアプローチの重要性を提起するものといえる。こうした整理にしたがえば、第9章の宮川裕二論文「統治性研究・ガバナンス理論と国家・政治の概念に関する一断章」は、記述的なアプローチの一つの具体的な方法として位置づけることができる。

　宮川論文では、従来の政治学において支配的であった「国家中心的な国家像」を問い直す理論的思潮として、ガバナンス理論および統治性研究が取り上げられる。前者は、支配の「制度」から「プロセス」へと分析的・理論的焦点を移動させることで、後者は、権力や政治の分析の出発点を私たちの日常の統治実践に置くことで、いずれも国家の主権を相対化させてきた。これらは社会・経済・政治的状況の歴史的な変化に応えるために提起された新たな視点ともいえるし、あるいは従来的な見方のもとで不可視化されてきた「もう一つの」現実を浮かび上がらせるような視点ともいえるかもしれない。いずれにしても、従来の「国家中心的」な視点からは十分に説明できない政治的現象を捉えようとするための視点である。

　宮川論文が主軸を置く統治性研究は周知のようにフーコーの権力理解に由来するが、1960年代以降の人文・社会科学におけるフーコーの圧倒的存在感に比して、日本の政治学におけるその受容は限定的であり、少なくとも現実政治の分析という文脈では周縁化されてきたといっても過言ではないように思われる。だが、宮川論文で示されるように、統治性研究は「ある特定の支配と調整の一つの様式」に関する適切な説明を提供するという点で、優れた政治分析の手法である。それは、日常生活に埋めこまれた権力が、個々の主体を通じて作動し、結果としてある種の政治的合理性が実現されるという政治的状況を捉えることを可能とする。

　ネットワークに依拠して政治を捉える視点、およびそれを統治の観点から対象化する視点を提示するものとして、宮川論文は、西山論文の問題意識に連なるひとつの具体的な議論として理解できるかもしれない。あるいは、量的研究における記述的アプローチの重要性を提起した佐藤論文に対して、理論的研究における記述的アプローチの重要性を提起したものという整理の仕方もありえるだろう。第Ⅲ部で提示されるのは、従来的な政治学「とは区別

されるもの」としてのオルタナティブではなく、政治学（的方法）の「拡張」ないし「再定義」を求める議論である。こうした視点・方法が政治学のディシプリンのなかで正当に評価され、適切な位置を占めてこそ、政治的現象に関する多様な学問的・実践的関心を育み、既存の支配的な枠組みにとらわれない思考の展開を促していくことが可能となるのではないだろうか。

おわりに

　本章では、「インフォーマルな政治の探究」という趣旨に照らして、各部の議論と成果を振り返った。いずれも、政治学における「自明」の前提や対象・方法に一定の距離を取りつつ、多様な角度から新たな政治学の可能性を切り拓こうと試みてきたといえる。他方で、本書では、なにを「政治」と捉え、またなぜそれを他の学問領域ではなく「政治学」において語ることが必要なのか、という問いに対する共通の見解は示してこなかった。これは本書の課題でもあるが、同時に、今後の「政治学」がより開かれたものとなるための土台として、「政治学」の可能性を展望するための余白として残したい。

参考文献

飯尾潤（1993）『民営化の政治過程——臨調型改革の成果と限界』東京大学出版会。
大嶽秀夫（1996）『増補新版　現代日本の政治権力経済権力』三一書房。
大嶽秀夫編（1984）『日本政治の争点』三一書房。
岸政彦（2016）「質的調査とはなにか」岸政彦／石岡丈昇／丸山里美『質的社会調査の方法——他者の合理性の理解社会学』有斐閣、1-36。
曽我謙悟（2024）「政策を政治学が扱うことの難しさと面白さ」『年報政治学』2024-Ⅰ：3-7。
田村哲樹編（2019）『日常生活と政治——国家中心的政治像の再検討』岩波書店。
筒井淳也（2021）『社会学——「非サイエンス」的な知の居場所』岩波書店。
羅芝賢（2019）『番号を創る権力——日本における番号制度の成立と展開』東京大学出版会。
羅芝賢／前田健太郎（2023）『権力を読み解く政治学』有斐閣。
Mayhew, David R.（1975）*Congress: The Electoral Connection*, Yale University

Press.［岡山裕訳（2013）『アメリカ連邦議会——選挙とのつながりで』勁草書房］

あ と が き

　政治学というラベルにこだわる本書の姿勢に疑問を抱き、各自がやりたい研究をやればよいし、重要な研究や面白い研究なら何学であっても構わない、と考える読者もいるだろう。一理あるが、事はそう単純でない。研究費を申請し、学会で発表し、論文を投稿する現実の研究者は、自身の研究がどのような学術的貢献をもたらすか、その点を周囲がどう値踏みするかを、頻繁に意識せざるをえない。特に地位が不安定で、評価にさらされる機会が多いアーリーキャリアの研究者にとって、学問的アイデンティティの所在や、評価基準を左右するディシプリンのあり方は、無視しにくい問題である。

　また、何を重要で面白いと感じるかは各人の関心に依存するため、結局は関心の差異を前提にして成り立つ学問分野の区分と、不可避的にかかわってくる。「重要な研究」や「面白い研究」を発展させていくには、それらの研究を導く関心を共有できる輪を広げていくこと、ひいては既存の学問分野が拠って立つ関心を問い直す作業が、ある程度まで求められる。本書の挑戦は、政治学にとって重要で面白い研究の範囲を一層広げようとする性格を持つと同時に、関心が重なり合う他分野との新たな協働につながるだろう。学際的研究の発展を促すためにも、まず政治学に何ができるかを改めて問う必要があったのである。

　本書の内容は、2021 年 3 月に発足した「非国家的政治研究会」（当初は仮称）での議論をベースにしている。同研究会は、松尾が源島と大和田を誘って準備に着手し、井上も加わって趣意を固めた上で、各々が「この人なら」と名前を挙げた研究者に参加してもらい組織された。研究内容に基づいて選定したため、4 人とも全く面識のない相手もいたが、驚くべきことに呼びかけた研究者全員に快諾してもらい、理想に近い布陣で研究会をスタートさせられた。そこから約 4 年で本書の刊行まで至ることができたのは、編者の思いに応えて優れた論文を寄せてくれたメンバー各位の尽力によるところが

331

大きく、感謝に堪えない。

　研究会の活動にあたっては、JSPS 科研費 20K22075 および 22K13335 のサポートを受けた。また 2022 年 8 月から 2023 年 7 月にかけては、研究会メンバーによる「政治学はインフォーマルな政治を扱うことができるか」と題する共同研究が、サントリー文化財団の研究助成「学問の未来を拓く」に採択された。本書はこの成果である。新型コロナウイルス感染症の流行という時勢や、メンバーが全国に点在している事情もあり、研究会はオンラインまたはハイブリッドで開催することが多かったものの、2022 年には京都、2023 年には東京で、日本政治学会の公募分科会を実施することができた（それぞれの企画名は、「不可視化された政治を問い直す：ことば・暴力・バックステージ」、「政治学の死角を問う——心・市民社会・組織」）。

　研究会活動と本書刊行に関して、次の方々に深く御礼を申し上げたい。ゲストスピーカーとしてお招きした坂本治也先生には、国家中心的でない政治学の可能性について、貴重なご知見をお示し頂いた。富永京子先生には、同じ場で議論に加わって頂いた。杉谷和哉先生と鈴木宗徳先生には、研究会メンバーの著書の合評会でそれぞれ評者をお引き受け頂き、議論の深化を助けて頂いた。サントリー文化財団の中間報告会では、ご出席の先生方から多くの示唆を頂いた。日本政治学会の各分科会では、フロアの参加者からさまざまな質問やコメントを頂いた。

　さらに、初期からの研究会メンバーである鈴木知花さんは、直接の参加はかなわなかったものの、ケアの倫理を専門とする立場から、本書にとって重要な視座を提供してくれた。研究会が走り出した後に加入した清水麻友美さんは、各章の草稿を検討する場で有益なコメントを与えてくれた。このほか、研究会に多くのインスピレーションをもたらし、示唆に富む論文を準備して下さった方々もいるが、諸般の事情により今回は収録できなかった。最後に、本書の編集と出版を担って頂いた吉田真也さんには、終始寛大な御心で、多大な貢献を賜った。いずれも得がたい縁である。

　序章でも触れたように、研究者の諸活動は各種の政治と容易に切り離せない。本書もまた、特定社会の権力構造の下で生み出されるバイアスやバリア

あとがき

と結びつく限界を有するだろう。本書の執筆者は、出身大学、所属機関、居住地などは比較的多様である一方、ほとんどが若手・中堅と呼ばれるキャリアの研究者であり、ジェンダーバランスは均等から程遠く、専門分野や研究手法にも若干の偏りがある。それゆえ十分に反映できていないパースペクティヴはありうるが、こうした点への批判や問題提起に本書は開かれているし、多様で包摂的な政治学の発展を志向する対話の機会を、むしろ編者は歓迎する。また、読書バリアフリーの観点では本書が取りうる選択肢は限られており、ユニバーサルデザイン（UD）のフォントを採用するにとどまった。さらなる合理的配慮の余地については、読者からのご助言を乞いたい。

　私たちの研究会は「インフォーマル政治研究会」と改称し、体制を変えながら続いていく。本書の試みに共感する方や、あるいは異論を抱く方も、さらなる議論の広がりに加わって頂ければ、何よりの喜びである。

　2025 年 2 月

編者一同

編者・執筆者紹介

松尾 隆佑（まつお・りゅうすけ）　　［編者、序章、第 3 章］
1983 年生まれ
法政大学大学院政治学研究科政治学専攻博士後期課程修了、博士（政治学）
宮崎大学教育学部准教授
専門：政治理論
主要業績：『ポスト政治の政治理論──ステークホルダー・デモクラシーを編む』（法政大学出版局、2019 年）、『3・11 の政治理論──原発避難者支援と汚染廃棄物処理をめぐって』（明石書店、2022 年）

源島 穣（げんじま・ゆたか）　　［編者、第 4 章、終章］
1988 年生まれ
筑波大学大学院人文社会科学研究科国際公共政策専攻博士後期課程修了、博士（政治学）
東北学院大学法学部准教授
専門：福祉国家論、現代イギリス政治
主要業績：「相互作用ガバナンスとしての社会的包摂──イギリスの近隣地域再生政策を事例に」（『比較政治研究』3 号、2017 年）、「EU 離脱後の地域再生政策──「社会的包摂」と「レベル・アップ」の連続性」（『山形大学法政論叢』76・77 合併号、2023 年）

大和田 悠太（おおわだ・ゆうた）　　［編者、第 2 章、終章］
一橋大学大学院社会学研究科博士後期課程修了、博士（社会学）
一橋大学大学院社会学研究科特任講師
専門：政治学、政治過程論
主要業績：『公共利益を組織する──日本消費者連盟と市民社会のデモクラシー』（法政大学出版局、2025 年刊行予定）

井上 睦（いのうえ・まこと）　　［編者、第 6 章、終章］
1984 年まれ
一橋大学大学院法学研究科博士課程修了、博士（法学）
北海学園大学法学部准教授
専門：比較政治、福祉政治
主要業績：「福祉と政治」（上村泰弘編『新 世界の社会福祉 第 7 巻 東アジア』旬報社、2020

年）、「ケアの社会化をめぐる方法と課題──家族化と市場化をつなぐ視点」（『北海学園大学法学研究』58(4)、2023 年）

石神 圭子（いしがみ・けいこ）　　［第 1 章］
北海道大学法学部法学研究科単位取得満期退学、博士（法学）
福岡女子大学国際文理学部准教授
専門：政治学、アメリカ政治
主要業績：『ソール・アリンスキーとデモクラシーの挑戦── 20 世紀アメリカにおけるコミュニティ組織化運動の政治史』（北海道大学出版会、2021 年）、『コミュニティ・オーガナイジングの理論と実践──領域横断的に読み解く』（室田信一・竹端寛との共編、有斐閣、2023 年）

大嶋 えり子（おおしま・えりこ）　　［第 5 章］
1984 年生まれ
早稲田大学大学院政治学研究科博士後期課程満期退学、博士（政治学）
慶應義塾大学経済学部准教授
専門：フランス政治、国際関係論
主要業績：『ピエ・ノワール列伝──人物で知るフランス領北アフリカ引揚者たちの歴史』（パブリブ、2018 年）、『旧植民地を記憶する──フランス政府による〈アルジェリアの記憶〉の承認をめぐる政治』（吉田書店、2022 年）

西山 渓（にしやま・けい）　　［第 7 章］
1990 年生まれ
キャンベラ大学熟議民主主義とグローバルガヴァナンス研究センター博士課程修了、Doctor of Philosophy
開智国際大学教育学部専任講師
専門：政治学、教育学、哲学
主要業績：*Children, democracy and education: A deliberative reconsideration*（SUNY Press, 2025 年）、*Research methods in deliberative democracy*（分担、Oxford University Press, 2022 年）

安藤 有史（あんどう・ゆうじ）　　[第 8 章]
1991 年生まれ
立教大学大学院法学研究科博士課程後期課程退学（2023 年）、修士（政治学）
立教大学法学部助教
専門：政治理論、現代イギリス政治
主要業績：「統治技法としてのレジリエンス──複雑性・ネオリベラリズム・予行訓練」（『年報カルチュラル・スタディーズ』9 巻、2021 年）、「脅威を統治する──「予防」と「抑止」から「先制」と「レジリエンス（復元力）」へ」（『生活経済政策』255 号、2018 年）

宮川 裕二（みやがわ・ゆうじ）　　[第 9 章]
1973 年生まれ
法政大学大学院公共政策研究科博士課程修了、博士（公共政策学）
法政大学大学院兼任講師
専門：公共政策学
主要業績：『「新しい公共」とは何だったのか──四半世紀の軌跡と新自由主義統治性』（風行社、2023 年）

西山 真司（にしやま・しんじ）　　[第 10 章]
1983 年生まれ
名古屋大学法学研究科博士後期課程満期退学、博士（法学）
関西大学政策創造学部教授
専門：政治理論
主要業績：『信頼の政治理論』（名古屋大学出版会、2019 年）

佐藤 圭一（さとう・けいいち）　　[第 11 章]
一橋大学大学院社会学研究科博士課程単位取得退学、博士（社会学）
一橋大学大学院社会学研究科専任講師
専門：政治社会学、環境社会学、社会ネットワーク分析
主要業績："Left-libertarian values and post-Fukushima social movements: Analyzing newcomers to protests in Japan" *Contemporary Japan* 34(2) (2022)、『脱原発をめざす市民活動』（町村敬志との共編、新曜社、2016 年）

インフォーマルな政治の探究

政治学はどのような政治を語りうるか

2025 年 3 月 14 日　初版第 1 刷発行

編 著 者	松 尾 隆 佑
	源 島 穣
	大 和 田 悠 太
	井 上 睦
発 行 者	吉 田 真 也
発 行 所	合同会社 吉田書店

102-0072　東京都千代田区飯田橋 2-9-6 東西館ビル本館 32
TEL：03-6272-9172　FAX：03-6272-9173
http://www.yoshidapublishing.com/

装幀　野田和浩　　　　　　　　　　印刷・製本　藤原印刷株式会社
DTP　閏月社
定価はカバーに表示してあります。
©MATSUO Ryusuke et al. 2025

ISBN978-4-910590-27-1

──────── 吉田書店刊 ────────

政務調査会と日本の政党政治──130年の軌跡

奥健太郎・清水唯一朗・濱本真輔 編

政調会は、なぜこれほど発達したのか？　政治学と歴史学を融合し、政調会の本質に迫る！　気鋭の研究者が、明治から平成までの政調会史を振り返る 11 論文。執筆＝奥健太郎・清水唯一朗・濱本真輔・末木孝典・手塚雄太・岡﨑加奈子・小宮京・笹部真理子・石間英雄。　　　　　　　　　　　　　　　　　　　　　　　4500 円

議員外交の世紀──列国議会同盟と近現代日本

伊東かおり 著

"議員外交"の先駆であり、現在も活動も活動を続ける国際組織 IPU（列国議会同盟）に 1908 年に加盟した日本。二度の大戦を経つつ、どのような多国間議員外交を展開したか。　　　　　　　　　　　　　　　　　　　　　　　　　　　4000 円

公正の遍歴──近代日本の地域と国家

佐藤健太郎・荻山正浩 編

人々は何を公正なものと捉え、その実現のために行動してきたのか。日本の近代化の過程に目を向け、地域と国家の視点から分析。執筆＝佐藤健太郎・荻山正浩・中西啓太・加藤祐介・冨江直子・青木健・尾原宏之・今野裕子・井上直子・池田真歩・出口雄大。　　　　　　　　　　　　　　　　　　　　　　　　　　4800 円

ルソーからの問い、ルソーへの問い──実存と補完のはざまで

熊谷英人 著

「ルソー的なるもの」をめぐる思想史論集。政治の源流たる古代ギリシア・ローマ、戦争と革命に彩られた西洋と日本の近代、そして『エヴァンゲリオン』…。3800 円

解けていく国家──現代フランスにおける自由化の歴史

M・マルゲラーズ／D・タルタコウスキ 著　中山洋平／尾玉剛士 訳

公共サーヴィスの解体と民衆による抵抗運動…。自由化・市場化改革の歴史を新たに描き直す。　　　　　　　　　　　　　　　　　　　　　　　　　3200 円

ドイツ「緑の党」史
──価値保守主義・左派オルタナティブ・協同主義的市民社会

中田潤 著

「新しい社会運動」はいかにして「緑の党」へと転化していったのか。1970 年代からドイツ再統一期までの歴史を丹念に描く。　　　　　　　　　　　　　5200 円

定価は表示価格に消費税が加算されます。
2025 年 3 月現在